MICHAEL COLLINS PIPER

LE GOLEM
UN MONDE PRIS EN OTAGE

La bombe nucléaire israélienne et la route vers l'Armageddon mondial

Une étude de l'"israélisation" de la politique étrangère américaine et de ses implications pour la survie de l'humanité.

MICHAEL COLLINS PIPER

Michael Collins Piper était un écrivain politique américain et animateur de radio. Il est né en 1960 en Pennsylvanie, aux États-Unis. Il était un collaborateur régulier de The Spotlight et de son successeur, American Free Press, des journaux soutenus par Willis Carto. Il est décédé en 2015 à Cœur d'Alène, Idaho, aux États-Unis.

Le Golem – Un monde pris en otage
La bombe nucléaire israélienne et la route vers l'Armageddon mondial
Une étude de l'"israélisation" de la politique étrangère américaine et de ses implications pour la survie de l'humanité

The Golem – A world held hostage
Israel' nuclear hell bomb and the road to Global Armageddon
A study of the "israelization" of American foreign policy and its implications for the survival of mankind

Première impression aux États-Unis : Juin 2002 American Free Press

Traduit et publié par
Omnia Veritas Limited

OMNIA VERITAS.

www.omnia-veritas.com

© Omnia Veritas Ltd – 2025

Tous droits réservés. Aucune partie de cette publication ne peut être reproduite, distribuée ou transmise sous quelque forme ou par quelque moyen que ce soit, y compris la photocopie, l'enregistrement ou d'autres moyens électroniques ou mécaniques, sans l'autorisation écrite préalable de l'éditeur, sauf dans le cas de brèves citations dans des revues critiques et d'autres utilisations non commerciales autorisées par la loi sur les droits d'auteur.

QU'EST-CE QUE LE GOLEM ? 14
UNE NOTE DE L'AUTEUR... 17

ISRAËL M'A NOMMÉ AU "PANTHÉON DE LA HONTE" 17

DÉDICACEUR 20

Au Dr. Mahathir Mohamad 20
A feu F. C. Schellenberg. 20
Et à Mordechai Vanunu. 20
Le premier coup de feu de la guerre d'Israël pour la suprématie nucléaire a-t-il été tiré à Dallas (Texas) le 22 novembre 1963 ? 22

AVANT-PROPOS 24

UN MONDE PRIS EN OTAGE 24

LE GOLEM 27
INTRODUCTION 31

QU'EST-CE QUE LE GOLEM ? QUEL EST LE RAPPORT ENTRE CETTE ICÔNE RELIGIEUSE JUIVE ET L'ARSENAL D'ARMES NUCLÉAIRES DE DESTRUCTION MASSIVE LE PLUS DANGEREUX QUE L'ON PUISSE TROUVER AUJOURD'HUI SUR LA PLANÈTE ? 31

CHAPITRE PREMIER 41

LE RACISME INSTITUTIONNEL D'ISRAËL, UNE SOURCE D'INQUIÉTUDE DANS LE CONTEXTE DE SON GOLEM NUCLÉAIRE 41

DEUXIÈME CHAPITRE 48

LA MONTÉE DU FANATISME DANS L'ARÈNE POLITIQUE ISRAÉLIENNE ET SES IMPLICATIONS POUR LE GOLEM NUCLÉAIRE ISRAÉLIEN : AVIGDOR LIEBERMAN SERA-T-IL L'ARCHITECTE DE L'ARMAGEDDON ? 48

CHAPITRE TROIS 51

UNE GUERRE CIVILE EN ISRAËL ? DES EXTRÉMISTES JUIFS FANATIQUES POURRAIENT-ILS PRENDRE LE CONTRÔLE DU GOLEM NUCLÉAIRE ISRAÉLIEN ? 51

CHAPITRE QUATRE 56

PAS SEULEMENT LES "FANATIQUES" ... LES PRINCIPAUX DIRIGEANTS ISRAÉLIENS ET LA MENACE DU GOLEM 56

CHAPITRE CINQ 60

OUI, ISRAËL ATTAQUERA LE PREMIER... ET ATTAQUERA ÉGALEMENT UN "ALLIÉ". 60

CHAPITRE SIX **66**

LE SECRET SACRÉ D'ISRAËL : LE GOLEM SIONISTE, PRINCIPAL MOTEUR DE L'ESCALADE NUCLÉAIRE AU MOYEN-ORIENT 66

CHAPITRE SEPT **73**

LES GROUPES AMÉRICAINS À BUT NON LUCRATIF EXONÉRÉS D'IMPÔTS FINANCENT LE GOLEM NUCLÉAIRE ISRAÉLIEN 73

CHAPITRE HUIT **76**

LE GOLEM ISRAÉLIEN A-T-IL FUSIONNÉ AVEC L'ARSENAL NUCLÉAIRE AMÉRICAIN ? 76

CHAPITRE NEUF **79**

"ISRAËL : LES ANALYSTES DE L'U.S. ARMY WAR COLLEGE ESTIMENT QUE L'IRAN ABANDONNERAIT SON PROGRAMME NUCLÉAIRE SI ISRAËL LE FAISAIT. 79

CHAPITRE DIX **82**

LA RELATION "EMPOISONNÉE" : UN INTELLECTUEL JUIF APPELLE À UN REVIREMENT DE LA POLITIQUE ÉTRANGÈRE AMÉRICAINE À L'ÉGARD DU GOLEM D'ISRAËL 82

CHAPITRE 11 .... **85**

L'AXE ÉTATS-UNIS-ISRAËL-INDE ET SES IMPLICATIONS POUR LA PROLIFÉRATION NUCLÉAIRE 85

CHAPITRE 12 .... **90**

LA GUERRE SECRÈTE DE JFK CONTRE ISRAËL : THE UNTOLD STORY OF HOW THE CONTROVERSY OVER ISRAEL'S GOLEM WAS CENTRAL TO THE JFK ASSASSINATION CONSPIRACY (EN ANGLAIS) 90

CHAPITRE TREIZE **105**

LE "PROBLÈME JUIF" DE JIMMY CARTER : LA GUERRE DE LONGUE DATE, PAS SI SECRÈTE, MENÉE CONTRE JIMMY CARTER PAR ISRAËL ET SON PUISSANT LOBBY À WASHINGTON 105

CHAPITRE QUATORZE **111**

BILL CLINTON A-T-IL "TOURNÉ LE DOS" À ISRAËL ? LES INTRIGUES SIONISTES DERRIÈRE LE "MONICA-GATE" (EN ANGLAIS) 111

CHAPITRE QUINZE **121**

LA RÉVOLTE DES GÉNÉRAUX : L'ÉLITE MILITAIRE AMÉRICAINE PREND POSITION CONTRE LES PARTISANS AMÉRICAINS D'ISRAËL 121

CHAPITRE 16 126

LA GRANDE CHASSE AUX SORCIÈRES DU 21E SIÈCLE : LES SIONISTES DEMANDENT L'EXPULSION DES CRITIQUES D'ISRAËL DU GOUVERNEMENT ET DE L'ARMÉE DES ÉTATS-UNIS 126

CHAPITRE DIX-SEPT 131

LA RÉVOLTE DES UNIVERSITAIRES : DES UNIVERSITAIRES DE HAUT NIVEAU POSENT LA QUESTION : "LES RELATIONS SPÉCIALES ENTRE LES ÉTATS-UNIS ET ISRAËL SONT-ELLES BONNES POUR L'AMÉRIQUE ? 131

CHAPITRE DIX-HUIT 135

LA GUERRE DU SIONISME CONTRE LES NATIONS UNIES : LA MISE EN PLACE D'UN NOUVEAU MÉCANISME POUR L'ÉTABLISSEMENT D'UN IMPERIUM MONDIAL 135

CHAPITRE 19 144

L'IRAK ET L'IRAN COMME CIBLES : UN ÉLÉMENT CLÉ DE LA STRATÉGIE À LONG TERME DU SIONISME POUR LA DOMINATION DU MOYEN-ORIENT ET DU MONDE 144

CHAPITRE 20 147

QUI BONO ? ISRAËL, UNIQUE BÉNÉFICIAIRE DE LA POLITIQUE AMÉRICAINE À L'ÉGARD DE L'IRAK ET DE L'IRAN 147

CHAPITRE VINGT ET UN 153

DES "EMPREINTES JUIVES INDÉLÉBILES" : QUI VEUT QUE L'AMÉRIQUE FASSE LA GUERRE À L'IRAN ? 153

CHAPITRE 22 156

ILS SONT DE RETOUR : LES GRANDS PRÊTRES DE LA GUERRE EN IRAK VEULENT MAINTENANT DÉTRUIRE L'IRAN 156

CHAPITRE VINGT-TROIS 159

LES "NEW YORKAIS DE L'ARGENT" : UN GÉNÉRAL AMÉRICAIN D'ORIGINE JUIVE POINTE DU DOIGT LES FAUTEURS DE GUERRE 159

CHAPITRE 24 162

"FABRIQUÉ EN ISRAËL" : L'ORIGINE RÉELLE DE LA CONTROVERSE SUR LE NUCLÉAIRE IRANIEN, TELLE QU'ELLE A ÉTÉ DÉTERMINÉE PAR LES PRINCIPAUX EXPERTS EN MATIÈRE D'ARMES NUCLÉAIRES 162

CHAPITRE 25 .... **164**

    Le président iranien s'exprime : Défier de front le nouvel ordre mondial 164

CHAPITRE VINGT-SIX **173**

    Il est temps de faire la guerre contre la guerre : le Dr Mahathir Mohamad s'exprime 173

CHAPITRE VINGT-SEPT **177**

    Israël, un "État défaillant" prêt à briser le tabou nucléaire ; les néoconservateurs cherchent à dominer le monde 177

CHAPITRE VINGT-HUIT **180**

    La fin de la vie sur terre : Les terribles conséquences d'une prolifération nucléaire incontrôlée 180

CHAPITRE VINGT-NEUF **183**

    "La désinformation institutionnalisée : Le rôle du monopole des médias dans la promotion de la guerre 183

CHAPITRE TRENTE **186**

    "Le plus grand crime du XXe siècle : l'appel à la raison d'un prophète : 186

CONCLUSION **202**
UN DERNIER MOT **223**

    Que faire ? 223

AUTRES TITRES **237**

Depuis plus de 30 ans, Michael Collins Piper lutte contre les guerres inutiles et l'impérialisme mondial. Il a voyagé dans le monde entier pour dire aux bonnes gens de toute la planète que les vrais Américains ne soutiennent pas les actions criminelles de l'élite sioniste qui règne en maître sur le sol américain...

Ci-dessus, à gauche, Michael Collins Piper partage un moment de détente à Kuala Lumpur avec l'ancien Premier ministre malaisien de longue date, le Dr Mahathir Mohamad. À droite, Michael Collins Piper, grand amoureux des animaux, visite le mémorial du célèbre sanctuaire Yasukuni de Tokyo, qui rend hommage aux chiens ayant servi aux côtés des troupes japonaises en temps de guerre. Ci-dessous, à droite, avec le président iranien Mahmoud Ahmadinejad. Ci-dessous, à gauche, M. Piper donne des conférences devant le groupe de réflexion de la Ligue arabe, le Centre international Zayed pour la coordination et le suivi, à Abou Dhabi, dans les Émirats arabes unis.

Ci-dessous, à gauche, sur la Place Rouge à Moscou. Sanusi Junid, président de l'Université islamique internationale de Malaisie (à gauche), et le comte Hans Christophe Von Sponeck (à droite), ancien secrétaire général adjoint des Nations unies et coordinateur du programme humanitaire de l'ONU en Irak avant l'invasion américaine. À droite, il dirige son forum radiophonique nocturne sur le Republic Broadcasting Network.

Qu'est-ce que le Golem ?

Cette question provocante, dont la réponse est essentielle à la survie de la vie sur terre, est abordée en termes clairs dans cette étude explosive, la première du genre ...

Dans la tradition juive, un éminent rabbin a magiquement fait surgir de l'argile de la terre une créature brutale - le Golem - qu'il a envoyée dans le monde pour vaincre les ennemis du peuple juif. Comme le raconte la légende, qui inspira plus tard le Frankenstein de Mary Shelley, le Golem devint incontrôlable et se révéla même une menace pour la survie du peuple juif.

En fait, un Golem bien réel (et très dangereux) existe sur notre planète en ces temps modernes. Fabriqué à partir d'un minerai appelé uranium, ce Golem est - comme l'a décrit le père fondateur d'Israël, David Ben-Gourion - l'arme nucléaire "sacrée" de destruction massive d'Israël, la principale source de problèmes dans le domaine précaire de la prolifération atomique sur notre planète aujourd'hui en proie à des conflits.

Dans cet ouvrage qui fera date, l'auteur chevronné Michael Collins Piper ne mâche pas ses mots en affirmant que la bombe nucléaire israélienne pousse la civilisation vers l'Armageddon mondial et que la perpétuation de ce programme d'armement incontrôlé a pris le monde en otage. Piper explique le danger auquel la planète est confrontée comme conséquence directe de la collaboration américaine avec un Israël doté de l'arme nucléaire, une nation qui a un passé historique ouvert d'hostilité envers les autres peuples, basé sur des enseignements religieux juifs peu connus qui ont été la philosophie sur laquelle Israël - depuis ses premiers jours - a travaillé sans relâche pour construire un arsenal atomique - son Golem - le fondement de sa stratégie de sécurité nationale.

En décrivant l'ensemble de cette histoire choquante, Piper démontre que la politique internationale des États-Unis a été détournée par des partisans d'Israël fortunés qui, associés à des médias dominés par des familles et des intérêts financiers juifs, sont devenus les maîtres du destin de l'Amérique et de l'humanité elle-même.

Piper appelle ce phénomène "l'israélisation" de la politique étrangère américaine.

Après avoir produit six études différentes (traduites en plusieurs langues), toutes largement acclamées, portant sur divers aspects des intrigues sionistes, Piper est aujourd'hui internationalement reconnu comme l'un des principaux critiques de longue date de la politique américaine à l'égard d'Israël et du monde musulman. Dans The Golem, Piper a rassemblé un nombre impressionnant de faits indiscutables qui mènent à une conclusion sans équivoque : Les citoyens des États-Unis et du monde entier doivent travailler ensemble pour s'assurer que le Golem d'Israël soit démantelé.

Ce volume monumental pourrait y contribuer ...

LE GOLEM

En 1994, Jane's Intelligence Review, l'autorité mondiale en matière d'industrie de l'armement, a confirmé qu'Israël [possédait] 200 têtes nucléaires, ce qui en faisait la sixième puissance nucléaire mondiale.

La politique de deux poids, deux mesures qui se manifeste à chaque fois que l'on entend les mots "armes de destruction massive" ne peut être excusée par le fait qu'Israël respecte les règles internationales.

Israël refuse de signer tout traité réglementant l'utilisation des armes nucléaires. Toute la correspondance concernant l'accord de non-prolifération nucléaire, le traité d'interdiction des essais nucléaires et d'autres accords copieusement négociés sur les armes de destruction massive va dans les poubelles du gouvernement israélien.

Pourtant, Israël reçoit 3 milliards de dollars [d'aide] par an de la part des États-Unis. Et ce, en dépit de la législation - l'accord de Symington - qui empêche le gouvernement américain d'accorder une aide aux pays qui développent des armes nucléaires en dehors de tout contrôle ou accord international.

-Hilary Wainwright *The Guardian* 4 octobre 2002

A PROPOS DE LA COUVERTURE : Il s'agit du "Golem", tiré du film expressionniste allemand classique des années 1920 qui racontait l'histoire (basée sur une légende juive populaire) de la création par un rabbin juif d'une créature géante en argile, connue sous le nom de "Golem", destinée à protéger les juifs assiégés de Prague contre leurs ennemis. Cependant, le Golem devint incontrôlable et devint une menace pour les Juifs. Sur la poitrine du Golem figure une étoile à cinq branches, ancien symbole juif de la ville de Jérusalem. Aujourd'hui, il existe un Golem bien réel : L'arsenal israélien d'armes nucléaires de destruction massive. Le danger que le Golem nucléaire d'Israël représente pour le monde - et pour la survie même du peuple juif - est le sujet de ce volume.

Un mot de l'auteur...

Israël m'a nommé au "Hall of Shame"...

Cet "honneur" plutôt inhabituel - pour ainsi dire - a été conféré par un forum d'État israélien connu sous le nom de Forum de coordination pour la lutte contre l'antisémitisme, qui est coparrainé par le bureau du Premier ministre israélien, les ministères israéliens de l'éducation et des affaires étrangères, ainsi que par d'éminentes organisations juives mondiales telles que la Ligue anti-diffamation, le Congrès juif mondial, le B'nai B'rith et l'Agence juive, parmi d'autres.

Mon "crime" est d'avoir participé - avec quelque 70 chercheurs et universitaires de 30 pays du monde entier - à une conférence organisée à Téhéran en décembre 2006 par le président iranien Mahmoud Ahmadinejad et l'Institut d'études politiques et internationales du ministère iranien des affaires étrangères.

Bien que le thème officiel de cette conférence ait été le sujet omniprésent de "l'Holocauste", l'accent a été mis sur les problèmes constants découlant du rôle central d'Israël dans les conflits du Moyen-Orient, en particulier le traitement par Israël des chrétiens et des musulmans de Palestine - des politiques qui rappellent notamment celles qui auraient été pratiquées par l'Allemagne nazie à l'encontre des Juifs d'Europe.

Permettez-moi de dire sans hésitation que je considère cette condamnation par Israël comme un insigne d'honneur que je porte avec fierté : la vérification formelle que j'ai consacré plus de la moitié de ma vie à lutter contre les guerres insensées dans lesquelles l'Amérique a été entraînée au nom d'Israël et de l'agenda sioniste international.

Je ne m'excuse en aucune façon d'avoir pris une position franche contre les méfaits d'Israël et l'ingérence mondiale des États-Unis en faveur d'Israël.

Je suis fermement convaincu que ce que j'appelle "le problème d'Israël" menace la survie même de la vie sur Terre. Il est la force motrice des deux maux que sont la guerre et l'impérialisme, un véritable dragon à deux têtes qu'il faut abattre.

C'est pourquoi j'ai écrit ce livre. Les armes nucléaires de destruction massive d'Israël - son Golem - sont au cœur du problème et ce problème doit être résolu rapidement.

Espérons que ce livre contribuera à la résolution du problème.

-MICHAEL COLLINS PIPER

Washington, DC 11 septembre 2007

Pour en savoir plus sur les efforts déployés par le Dr Mahathir Mohamad pour lutter contre la guerre et l'impérialisme, consultez le site web du Perdana Global Peace Forum : perdana4peace.org.

Mahathir Mohamad, ancien premier ministre de Malaisie (ci-dessus), a été un fervent défenseur de la paix dans le monde. En médaillon, une photo du demi-frère de Michael Collins Piper, F. C. Schellenberg, qui a sauté d'un camion pendant son entraînement militaire avant d'être déployé au Viêt Nam. Schellenberg n'était qu'un des millions d'Américains envoyés combattre dans des guerres étrangères inutiles.

DÉDICACE

Au Dr. Mahathir Mohamad

Le père de la Malaisie moderne et un guerrier de première ligne pour la paix mondiale

Nous devons bannir la guerre en tant qu'option dans le règlement des différends et des conflits entre les nations ; reconnaître et définir la guerre comme un meurtre de masse légitimé, inhumain et non civilisé".

J'appelle le monde à rejeter totalement la guerre et à accepter la paix comme la véritable expression de l'humanité et de la noblesse du genre humain, la mesure ultime du niveau de civilisation que l'humanité doit s'efforcer d'atteindre, qu'elle doit atteindre.

Au nom de la démocratie, de la liberté et de Dieu, les criminels de guerre ont mené et continuent de mener des guerres d'agression et de commettre des crimes de guerre odieux. Au nom de la paix, nous devons déployer un effort mondial pour empêcher les criminels de guerre de mener des guerres et de massacrer des innocents.

Nous devons être déterminés. Nous ne devons pas flancher face à l'adversité. Notre cause est juste et la victoire est assurée, même si la lutte sera longue et ardue. Si Dieu le veut, la paix prévaudra.

Un voyage de mille lieues commence par les premiers pas. Nous avons fait de nombreux pas. Allons de l'avant dans cette lutte pour parvenir à une véritable civilisation, pour criminaliser la guerre.

-DR. MAHATHIR MOHAMAD

A feu F. C. Schellenberg.

Il a été enrôlé pour participer à la guerre du Viêt Nam, une autre guerre qui n'avait pas lieu d'être et qui n'aurait pas dû être menée. Bien que mon grand frère soit rentré dans notre famille - et ait fondé la sienne - les cicatrices d'une guerre dont il ne m'a jamais parlé - sauf une fois - l'ont conduit à une mort prématurée.

À bien des égards, le fils aîné de ma mère était déjà mort dans la jungle de l'Asie du Sud-Est plusieurs années auparavant.

Et à Mordechai Vanunu.

Le monde a une grande dette envers Mordechai, un prophète de notre temps. Espérons que les avertissements de Mordechai concernant le Golem nucléaire d'Israël seront entendus et qu'il atteindra enfin la liberté dont il a rêvé pendant les 18 années passées dans l'enfer d'une prison israélienne.

Le prisonnier d'opinion israélien s'exprime :

Nommé à plusieurs reprises pour le prix Nobel de la paix, l'ancien technicien nucléaire israélien Mordechai Vanunu a passé 18 ans en prison en Israël, dont 11 ans à l'isolement, condamné pour trahison et espionnage pour avoir (en 1986) donné au Sunday Times de Londres des informations privilégiées sur le programme israélien de construction d'armes atomiques de destruction massive.

Depuis sa sortie de prison en 2004, M. Vanunu a été pris pour cible à plusieurs reprises par les autorités israéliennes en raison de son refus persistant de se conformer à la demande d'Israël de cesser tout contact avec les journalistes étrangers. M. Vanunu souhaite quitter Israël, mais le gouvernement israélien ne le lui permet pas. Le 25 juillet 2004, le Jerusalem Post a rapporté que M. Vanunu avait affirmé, lors d'une interview accordée au journal arabe basé à Londres, al-Hayat, qu'il pensait que l'assassinat de John F. Kennedy était le résultat direct des efforts déployés par ce dernier pour empêcher Israël de fabriquer des armes nucléaires. C'est un autre dissident israélien de premier plan, Israel Shamir, qui a présenté pour la première fois à Vanunu cette thèse, exposée dans le livre de Michael Collins Piper, Final Judgment. Piper est l'un de ceux avec qui Vanunu s'est entretenu, bravant l'interdiction israélienne de contact avec les journalistes étrangers.

Le temps est venu pour les États-Unis et l'Europe d'informer tous les peuples du Moyen-Orient qu'Israël possède toutes les armes atomiques. Il est temps de préparer tous les États et tous les peuples à la future guerre nucléaire. Guerre nucléaire.

Parce qu'Israël n'est pas encore prêt à respecter toutes les normes démocratiques, les droits de l'homme, cela signifie qu'Israël se dirige vers une guerre nucléaire à l'avenir.

Toutes ces discussions et réunions n'apporteront pas la paix. Ils ne font qu'aider les Israéliens à se tromper eux-mêmes. Tant que le mur existera, l'occupation, les colonies, les camps de réfugiés, il n'y aura jamais de paix.

Les Juifs d'Israël doivent se réveiller de leurs rêves sionistes, se réveiller de la politique de Ben Gourion et de Shimon Peres qui font confiance aux armes atomiques. Ils rendent la guerre nucléaire inévitable.

Les États-Unis et l'Europe ont donc l'obligation d'annoncer très clairement et ouvertement que la guerre est imminente.

Le premier coup de feu de la guerre d'Israël pour la suprématie nucléaire a-t-il été tiré à Dallas (Texas) le 22 novembre 1963 ?

> ... [John F. Kennedy a placé la limitation de la course aux armements nucléaires au centre de la politique étrangère américaine... L'entreprise nucléaire d'Israël était en contradiction directe avec les principes de sa politique....
>
> Le correspondant de Ha'aretz à Washington pendant les présidences de Kennedy et de Johnson, Amos Elon, a publié un rapport indiquant que lors d'un entretien avec James Reston du New York Times, Kennedy avait déclaré qu'en matière nucléaire, [le Premier ministre israélien David] Ben-Gurion était un "homme sauvage".
>
> *L'historien israélien Michael Karpin La bombe dans le sous-sol : Comment Israël est devenu nucléaire et ce que cela signifie pour le monde*

L'assassinat du président américain John F. Kennedy a mis un terme abrupt aux pressions massives exercées par l'administration américaine sur le gouvernement israélien pour qu'il abandonne le programme nucléaire. [Dans Israël et la bombe, Avner] Cohen démontre longuement les pressions exercées par Kennedy sur Ben-Gurion ... dans lesquelles Kennedy fait clairement comprendre au premier ministre israélien qu'il n'acceptera en aucun cas qu'Israël devienne un État nucléaire.

Le livre laisse entendre que si Kennedy était resté en vie, il n'est pas certain qu'Israël disposerait aujourd'hui d'une option nucléaire.

> -Reuven Pedatzer dans le journal israélien Ha'aretz du 5 février 1999, commentant l'ouvrage d'Avner Cohen intitulé Israel and the Bomb (Israël et la bombe).

Des privilèges spéciaux pour une nation - et une seule - à la surface de la planète entière... Tout le monde s'accorde à dire qu'Israël est un État doté de l'arme nucléaire. Il a été la sixième nation au monde - et la première au Moyen-Orient - à développer et à acquérir des armes nucléaires. En effet, bien que les chiffres exacts soient spéculatifs, les forces nucléaires d'Israël seraient (en termes qualitatifs au moins) plus proches de celles de la France et du Royaume-Uni que de celles de l'Inde et du Pakistan.

Pourtant, le code de conduite et le discours d'Israël dans le domaine nucléaire diffèrent nettement de ceux des autres États dotés d'armes nucléaires. Contrairement aux sept nations nucléaires reconnues - les cinq États nucléaires de jure signataires du traité de non-prolifération (TNP) (les États-Unis, la Russie, le Royaume-Uni, la France et la Chine) et les deux États nucléaires de facto non signataires du TNP (l'Inde et le Pakistan) - Israël n'a jamais fait la publicité de son statut nucléaire, ni même ne l'a admis. Personne, en Israël ou à l'étranger, n'ose poser aux dirigeants israéliens des questions gênantes sur le statut nucléaire du pays... À Washington, et par la suite dans d'autres capitales occidentales, la bombe israélienne est devenue une question extrêmement sensible, presque intouchable... en vertu de laquelle les États-Unis traitent Israël comme un cas nucléaire spécial (et unique). Dans le cadre de cette politique, les États-Unis ont exercé leur influence et leur pouvoir diplomatique pour ignorer et protéger le cas israélien. Israël est traité comme une exception, en quelque sorte exemptée du régime de non-prolifération qui s'applique à tous les autres.

Les amis et les adversaires d'Israël (et des États-Unis) doivent tenir compte de cette aura d'exceptionnalisme. Pour les amis, il s'agit d'une question d'embarras politique ; pour les ennemis, cela met en évidence le double standard et l'inégalité de l'approche américaine en matière de non-prolifération.

-L'historien israélien Avner Cohen "The Last Taboo : Israel's Bomb Revisited" Current History - avril 2005

Avant-propos

Un monde pris en otage ...

L'existence de l'arsenal israélien d'armes de destruction massive est le plus grand "secret de polichinelle" du monde. Malheureusement, de nombreux Américains pensent que le feu d'enfer atomique d'Israël est tout simplement splendide, un don de Dieu.

Cependant, la plupart des personnes bien informées sur toute la surface de notre planète - des personnes de toutes les croyances et de toutes les couleurs - ne partagent pas ce point de vue. Et parce que les peuples de notre monde - l'immense majorité - ne partagent pas ce point de vue, ils ont commencé à percevoir les États-Unis comme n'étant guère plus qu'un outil honteux et impudique d'Israël.

Si certains ont été entendus suggérer que la situation est tout à fait inverse, qu'Israël est, au contraire, un outil des États-Unis, l'ensemble des documents rassemblés dans les pages de ce volume devrait les convaincre du contraire.

Quoi qu'il en soit, ce qui est incontestablement incontestable, c'est que la soi-disant "relation spéciale" entre les États-Unis et Israël est, comme l'a écrit un critique, une "relation empoisonnée" qui n'augure rien de bon pour l'avenir de l'humanité - et il va sans dire que c'est un euphémisme.

Un certain nombre d'ouvrages importants, rédigés en grande partie par des auteurs juifs (dont plusieurs Israéliens), ont exploré en profondeur l'histoire, jusqu'ici peu connue, de la volonté d'Israël de se doter d'armes nucléaires.

Cependant, ce livre, Le Golem, a pour but d'expliquer comment la réalité de la bombe nucléaire israélienne - que nous avons baptisée "Le Golem" - est devenue une réalité omniprésente (dangereuse et effrayante) qui a eu un impact destructeur sur la conduite de la politique étrangère des États-Unis.

L'existence de ce Golem a également conféré au lobby israélien de Washington, fou de pouvoir, un poids supplémentaire qui va bien au-delà des millions (voire des milliards) d'argent politique dont dispose le lobby. Tout cela a fait d'Israël et de ses partisans en Amérique les dictateurs incontestés du système américain.

Les deux principaux partis politiques américains sont étroitement contrôlés au plus haut niveau par le lobby juif et sont prêts à faire tout ce que ce lobby exige. En outre, nous constatons que tous les grands magazines d'information, tous les grands journaux et tous les grands réseaux de radiodiffusion sont fermement entre les mains de familles juives et d'intérêts financiers profondément attachés à la promotion des intérêts d'Israël et du sionisme mondial. En vérité, ceux qui contrôlent les médias en Amérique contrôlent le processus américain et l'utilisent pour faire avancer l'agenda sioniste.

La mort du président John F. Kennedy à Dallas (Texas) le 22 novembre 1963 a mis fin aux efforts constants de JFK pour empêcher Israël de mettre en place la pierre angulaire de son programme de longue date en matière de sécurité nationale : la construction d'un arsenal nucléaire. L'assassinat politique du président Richard Nixon qui, à l'instar de JFK, avait osé défier Israël en coulisses, a consolidé le pouvoir d'Israël sur le système américain et a fait progresser son programme nucléaire.

Depuis lors, Israël est allé de l'avant, faisant jouer son pouvoir politique démesuré et certainement inégalé sur l'Amérique, utilisant la menace de sa capacité nucléaire pour faire chanter, extorquer et contraindre les États-Unis et l'Occident - en fait l'ensemble du monde civilisé - à accepter l'agenda national (et international) d'Israël, qui est enraciné dans la vision du monde raciste et ethnocentrique séculaire du sionisme et ses antécédents philosophiques dans le corpus de lois juives connu sous le nom de Talmud.

Bien que les médias dominés par les sionistes fassent régulièrement la promotion d'histoires d'horreur (fausses de surcroît) sur les passages "anti-chrétiens" du Coran, ces mêmes médias ignorent la rhétorique ignoble et haineuse du Talmud qui vise les non-Juifs. Et ne vous y trompez pas, l'idéologie talmudique d'Israël est dangereuse, d'autant plus qu'elle est au cœur de l'agenda géopolitique d'Israël, qui repose sur l'arsenal nucléaire israélien.

En bref, nous vivons dans un monde pris en otage par le Golem nucléaire d'Israël. Et même si vous n'avez jamais entendu le terme "Golem" - ce qui est probable - vous comprendrez bientôt pourquoi ce terme inhabituel est si remarquablement précis (et si profond) pour décrire la bombe de l'enfer d'Israël.

Jamais, dans toute l'histoire de l'humanité, la civilisation n'a été aussi directement menacée par un tel ennemi. Pourtant, étonnamment, un grand nombre d'Américains n'ont pas encore pris conscience de cet horrible danger.

L'ancien Premier ministre malaisien, le Dr Mahathir Mohamad, a déclaré que les peuples du monde constituent la "deuxième superpuissance" de la planète et que, grâce à leurs efforts conjoints, la guerre peut enfin être définitivement éradiquée. Espérons qu'il a raison. Je souhaite que ce livre soit un outil efficace entre les mains de cette deuxième superpuissance.

Si ce livre accomplit quelque chose, que ce soit simplement ceci : préparer le terrain pour que les Américains reprennent leurs esprits et se lèvent avec la plus grande fermeté pour exiger, une fois pour toutes, que les éléments corrompus par le sionisme dans les couloirs du pouvoir américain soient mis au pas, que le mécanisme de contrôle entre les mains d'Israël et de son lobby à Washington soit démantelé par la force, qu'un nouveau système américain, libéré de l'emprise du sionisme, resserre les rangs avec les peuples de cette planète et force Israël et le mouvement sioniste international à rejoindre la communauté de l'humanité et à se débarrasser de son monstre, son Golem nucléaire.

Si et quand cela se produira, nous pourrons faire un pas de plus vers l'arrêt de la destruction de notre monde tel que nous le connaissons aujourd'hui.

-MICHAEL COLLINS PIPER

LE GOLEM

Que doit faire Israël ? Je fais aussi d'autres rêves, des rêves apocalyptiques. Je pense qu'Israël fabrique des armes nucléaires depuis trente ans. Les Juifs ont compris ce que l'acceptation passive et impuissante du malheur a signifié pour eux dans le passé et ils s'en sont prémunis. Massada n'était pas un exemple à suivre - il n'a pas fait le moindre mal aux Romains, mais Samson à Gaza ? Avec une bombe H ?

Qu'est-ce qui rendrait le mieux service au monde juif en guise de remboursement pour des milliers d'années de massacres, si ce n'est un hiver nucléaire ? Ou inviter tous ces hommes d'État et militants pacifistes européens à nous rejoindre dans les fours ?

Pour la première fois dans l'histoire, un peuple menacé d'extermination pendant que le monde entier ricane ou détourne le regard... a le pouvoir de détruire le monde. La justice ultime ?

-Professeur David Perlmutter
Université d'État de Louisiane
"Pensées sombres et désespoir tranquille".
Le Los Angeles Times

7 avril 2002

Nous [les Israéliens] possédons plusieurs centaines d'ogives et de roquettes atomiques et pouvons les lancer sur des cibles dans toutes les directions, peut-être même sur Rome. La plupart des capitales européennes sont des cibles pour notre armée de l'air. Nos forces armées ne sont pas les 30 plus puissantes du monde, mais plutôt les deuxièmes ou troisièmes. Nous avons la capacité d'entraîner le monde dans notre chute. Et je peux vous assurer que cela se produira avant qu'Israël ne disparaisse.

-Martin van Crevald
Université hébraïque
Jérusalem [Palestine occupée] Israël

Ci-dessus, une illustration du XIXe siècle représentant le rabbin Loew de Prague en train de conjurer le légendaire Golem de la tradition juive. Un Golem bien réel existe aujourd'hui en Israël : son arsenal d'armes nucléaires de destruction massive.

À gauche, une scène de l'un des célèbres films en trois parties du cinéaste expressionniste allemand Paul Wegener, racontant l'histoire du "Golem". Ici, le rabbin Loew (à droite) et un homme de main s'accrochent au monstre créé par le rabbin.

L'histoire du Golem - commémorée dans la presse, sur scène et dans les films au cours des siècles - est (peut-être involontairement) un avertissement pour notre monde sur les dangers du fanatisme religieux. Le Golem nucléaire israélien des temps modernes est au centre des troubles mondiaux actuels et doit être détruit.

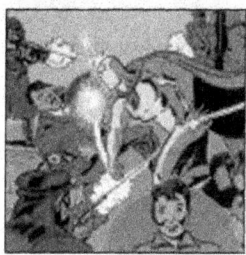

Ce n'est pas un hasard si, dans l'Israël d'aujourd'hui, une icône culturelle de la littérature populaire est une incarnation du "Golem", qui combat les ennemis d'Israël. Ci-dessus, le Golem (son nom en hébreu en haut). En médaillon, le Golem avance en compagnie d'un jeune officier israélien à l'allure brillante. À droite, on voit le Golem terrasser Adolf Hitler. L'ancienne légende juive du

Golem est au premier plan de la réflexion géostratégique israélienne et, à ce titre, doit être reconnue comme le danger qu'elle représente.

Introduction

Qu'est-ce que le Golem ? Quel est le rapport entre cette icône religieuse juive et l'arsenal d'armes nucléaires de destruction massive le plus dangereux que l'on puisse trouver aujourd'hui sur la planète ?

La légende du Golem, sous une forme ou une autre, remonte aux temps les plus anciens du folklore juif et est notamment mentionnée dans le Talmud, un long recueil de discussions entre rabbins juifs sur des questions relatives aux lois, à l'éthique, aux coutumes et à l'histoire juives, datant du milieu du premier siècle de notre ère.

Une version ultérieure a été publiée en 1909 par Yudl Rosenberg dans un recueil de nouvelles sur le Golem intitulé The Golem and the Wondrous Deeds of the Maharal of Prague.

Celui que l'on appelle le Maharal de Prague était un véritable rabbin du XVIe siècle, une autorité très respectée en matière de mysticisme juif, qui a vécu entre 1525 et 1609. Généralement connu à l'époque sous le nom de Yehudah Levin ben Betzalel Levai (ou Loew) - ou des variantes de ce nom - le rabbin est le plus souvent évoqué dans la légende du Golem comme étant simplement "Rabbi Loew". (Le titre du rabbin, "MaHaRaL", est d'ailleurs l'acronyme hébreu de "Moreinu ha-Rav Loew", qui signifie simplement "Notre maître le rabbin Loew"). Riche héritier d'une famille juive distinguée dont son oncle était le rabbin des juifs du Saint Empire romain, le rabbin Loew était non seulement influent à Prague, mais à un moment donné, il s'est rendu en Pologne où il a été nommé grand rabbin de Pologne. Aujourd'hui, sa tombe à Prague, la ville où il est retourné pendant ses dernières années, est une attraction touristique populaire.

Le travail de Loew, en tant qu'érudit talmudique et professeur d'érudits talmudiques, est salué à l'époque moderne comme étant essentiel à la fondation de la philosophie juive. Le fait que le rabbin Loew soit le personnage clé de l'histoire du Golem est donc tout à fait pertinent. Il s'agit d'un être humain vivant, respirant et inscrit dans l'histoire, qui a été très estimé par le peuple juif pendant plus de 500 ans.

Selon l'idée maîtresse de la légende du Golem, l'empereur de l'empire des Habsbourg avait proclamé que les Juifs de Prague devaient être expulsés ou tués - un "Holocauste" avant l'heure, en quelque sorte. La légende varie, mais il est clair que l'empereur était mal intentionné à l'égard des Juifs.

Quoi qu'il en soit, à l'époque, la communauté juive de Prague était sous le feu des critiques - comme de nombreuses communautés juives d'Europe l'ont été à maintes reprises - parce que certains Juifs étaient accusés d'avoir tué des enfants chrétiens et d'avoir utilisé leur sang dans les rituels de la Pâque. (La question de savoir si les juifs de , en tant que groupe ou en tant qu'individus, ou si des factions de juifs ont réellement commis de tels crimes, fait l'objet d'un sérieux débat, comme en témoigne un récent scandale en Italie dans lequel un érudit juif italien, Ariel Toaff, basé à l'université Bar-Illan en Israël, a suggéré dans un livre - par la suite retiré de la circulation pour être révisé après une réaction frénétique des organisations juives - qu'il existe des preuves historiques solides de ces crimes, généralement connus sous le nom de "meurtres rituels juifs".

Quoi qu'il en soit, à l'époque, des chrétiens en colère à Prague croyaient aux allégations de meurtre rituel et menaient une campagne de représailles contre les Juifs. Selon la légende du Golem, c'est le rabbin Loew qui a trouvé le moyen de défendre le peuple juif.

Le rabbin, adepte de la mystique juive, recueille de l'argile dans la rivière Vitava et crée le Golem, un grand personnage ressemblant à un homme - un monstre de Frankenstein avant l'heure, plus ou moins - pour défendre la communauté juive et riposter aux méchants chrétiens.

(Certains prétendent que Mary Shelley, l'auteur de Frankenstein, s'est inspirée de la légende du Golem lorsqu'elle a écrit son célèbre conte).

La légende veut que Rabbi Loew ait transformé l'image d'argile en un être vivant en plaçant dans sa bouche un parchemin, appelé "Shem", sur lequel était inscrit "le Nom de Dieu, créateur de vie et ineffable", selon Nathan Ausubel, qui écrit dans The Book of Jewish Knowledge (Le livre de la connaissance juive).

Cependant, la création du bon Rabbin, note Ausubel, devint "ivre de l'immense pouvoir qu'il exerçait, menaça toute la communauté juive, essayant même de plier le Maharal à sa volonté, qui était devenue mauvaise et destructrice".

Finalement, le rabbin retire le "Shem" de la bouche du Golem et prive le monstre fou de sa force vitale.

Pourtant, le rabbin conserva le corps du Golem et enferma le monstre dans le grenier de l'Ancienne-Nouvelle Synagogue de Prague, en interdisant à quiconque de s'y rendre. La légende raconte que le Golem est toujours là aujourd'hui.

On prétend que même la Gestapo allemande n'a pas osé pénétrer dans le grenier de la vieille synagogue pendant la Seconde Guerre mondiale et que, probablement en raison de la présence du Golem, la vieille-nouvelle synagogue a en quelque sorte survécu à la destruction par les nazis. C'est du moins ce que dit la légende.

Sur le site Jewishmag.com, Joyce Ellen Weinstein donne un aperçu concis de la légende du "Golem", notant que le Talmud mentionne plusieurs cas où des rabbins ont créé des créatures ressemblant à des hommes et les ont utilisées pour faire des courses. Cependant, dans la version populaire de la légende du Golem, comme nous l'avons vu, la créature s'est déchaînée et s'est même retournée contre son créateur. Mme Weinstein note :

> Le mot golem vient du mot hébreu gelem, qui signifie matière première. Le golem est extérieurement une personne réelle, mais il lui manque la dimension humaine de la personnalité et de l'intellect.
>
> La vie lui est insufflée par un processus mystique utilisant le nom spécial de Dieu. Il est créé à partir du sol, comme le premier homme. Lorsque sa mission est terminée, le nom de Dieu lui est retiré et il retourne à la terre.
>
> Beaucoup font remonter le golem à l'enseignement mystique du livre kabbalistique appelé "Sefer HaYetzera", le livre de la formation. Ce livre ancien est encore imprimé aujourd'hui et étudié par les mystiques juifs. Il traite en détail du processus de création de l'univers.

En substance, la légende du Golem suggère que les êtres humains - en l'occurrence, les rabbins juifs - ont un pouvoir presque égal à celui de Dieu : celui de créer une créature vivante qui est presque humaine, mais pas tout à fait.

Et ceci est significatif, d'un point de vue théologique, dans la mesure où, contrairement aux traditions chrétienne et musulmane, ce pouvoir est réservé à Dieu et à Dieu seul : Seul Dieu peut créer la vie.

Mais la tradition juive accorde manifestement des pouvoirs supérieurs aux rabbins, habiles dans les arts magiques qu'ils ont utilisés (ou peut-être abusés ou détournés, quelle que soit la définition que l'on en donne) à leurs propres fins terrestres et, dans la légende populaire du Golem, le rabbin Loew a utilisé un pouvoir surnaturel pour donner vie à une créature ressemblant à un homme, fabriquée à partir des éléments naturels donnés à l'homme par Dieu, en l'occurrence, l'argile de la rivière Vltava.

C'est ainsi que dans la Bible hébraïque (voir Psaumes 139:16) et dans le Talmud juif, le terme galem ou gelem - ou Golem - désigne une "substance informe".

L'édition israélienne de 1971 de l'*Encyclopedia Judaica* fait état de l'évolution du concept selon lequel le Golem, en tant que serviteur de son créateur, "a développé de dangereux pouvoirs naturels ... [et que le thème sous-jacent du Golem] est rejoint par le nouveau motif de la puissance incontrôlée des éléments qui peut provoquer la destruction et le chaos".

Le fait que le Golem du folklore juif ait été créé à partir de la terre pour défendre le peuple juif, pour ensuite devenir une force maléfique - qui pourrait même se retourner contre son créateur et le peuple juif - est un point qui mérite d'être répété, et qui demande à être porté à l'attention du monde entier. Car aujourd'hui, un Golem bien réel est sur le point d'amener le monde à l'Armageddon tant attendu.

La légende du Golem a été racontée dans la littérature, sur scène et au cinéma. En 1915, Gustav Meyrink a commémoré l'histoire dans un roman en langue allemande intitulé Der Golem, bien que l'écrivain yiddish du XXe siècle, Isaac Bashevis Singer, lauréat du prix Nobel de la paix, ait plus largement commémoré la légende dans sa propre nouvelle, publiée pour la première fois en 1969 en yiddish, puis traduite en anglais.

Sans aucun doute, la production cinématographique la plus connue de cette histoire (celle qui a introduit une image visuelle du Golem dans le monde) a été réalisée dans une série de trois films muets (de 1914 à 1920) par l'acteur et réalisateur allemand Paul Wegener, dont l'épisode le plus connu est le dernier film, The Golem : How He Came Into the World, un drame expressionniste dans lequel Wegener lui-même joue le rôle du Golem. Ce film est sorti aux États-Unis en 1921 sous le titre The Golem. L'image du Golem, qui figure sur la couverture de ce livre, est tirée du film de Wegener. Ce film est considéré comme un classique, selon toutes les estimations.

Cette histoire, également intitulée Le Golem, a été écrite par un célèbre écrivain yiddish, H. Leivick, et a été présentée pour la première fois en 1924 à Moscou. Elle a été rejouée à maintes reprises et, en 2002, David Fishelson l'a produite à New York par l'intermédiaire de son Manhattan Ensemble Theater.

Le 7 avril 2002, le New York Times a parlé de la pièce dans un article intitulé "A Jewish Avenger, a Timely Legend" (Un vengeur juif, une légende opportune).

À propos de la pièce sur le thème du judaïsme, le Times a noté ce qui suit : "Sa préoccupation centrale concerne les conséquences autodestructrices du recours à la violence par les Juifs pour se défendre... Le Golem exerce une vengeance féroce et les Juifs le proclament héros. Mais il se laisse emporter. Il se déchaîne, faisant couler le sang de ceux qu'il était censé protéger".

En 1984, l'écrivain yiddish très apprécié Isaac Bashevis Singer (qui, comme nous l'avons vu, avait déjà adapté l'histoire du Golem) a écrit sur la légende du Golem et, à juste titre, a comparé le Golem à la course à l'armement nucléaire : "Alors que nous tentons de surpasser nos ennemis et de créer de nouveaux golems plus destructeurs, l'affreuse possibilité qu'ils développent une volonté propre, qu'ils deviennent des golems rancuniers, traîtres et fous, nous guette".

Seymour Hersh, journaliste juif américain lauréat du prix Pulitzer, a suscité la controverse en publiant, en 1991, The Samson Option, son livre révélateur sur les ambitions nucléaires d'Israël.

Mais depuis lors, le journaliste israélien Avner Cohen, dans son livre de 1999, Israel and the Bomb, a non seulement validé les travaux antérieurs de Hersh, mais a fourni un exposé encore plus détaillé de l'histoire des armes nucléaires de destruction massive d'Israël.

Dans cet ouvrage, Cohen raconte comment David Ben-Gourion, la grande icône israélienne (et juive), l'un des pères fondateurs d'Israël puis son premier ministre, s'est concentré sur le développement d'une bombe atomique et comment Ben-Gourion considérait les armes nucléaires comme essentielles à la survie même d'Israël.

Ben-Gurion était en fait obsédé par la bombe. Décrivant l'obsession de Ben-Gourion pour la suprématie nucléaire israélienne - et son insatisfaction face aux efforts du président John F. Kennedy pour mettre un terme aux ambitions nucléaires d'Israël - Cohen écrit : "Imprégné des leçons de l'Holocauste, Ben-Gourion était rongé par la crainte pour la sécurité d'Israël...".

Dans ses discours publics et ses écrits en tant que Premier ministre, Ben-Gourion a rarement évoqué l'Holocauste. En revanche, dans ses conversations privées et ses communications avec des dirigeants étrangers, il revenait sans cesse sur les leçons de l'Holocauste.

Dans sa correspondance avec le président John F. Kennedy en 1963, il a établi un lien entre l'hostilité des Arabes à l'égard d'Israël et la haine d'Hitler à l'égard des Juifs, et a écrit :

> "En tant que juif, je connais l'histoire de mon peuple et je porte en moi le souvenir de tout ce qu'il a enduré pendant trois mille ans et des efforts qu'il a fallu déployer pour accomplir ce qui a été réalisé dans ce pays au cours des dernières générations ... Monsieur le Président, mon peuple

a le droit d'exister, à la fois en Israël et partout où il peut vivre, et cette existence est en danger" ...

L'anxiété suscitée par l'Holocauste a dépassé le cadre de Ben-Gourion pour imprégner la pensée militaire israélienne. La destruction d'Israël a défini l'horizon ultime de la menace contre Israël. Les planificateurs militaires israéliens ont toujours envisagé un scénario dans lequel une coalition militaire arabe unie lancerait une guerre contre Israël dans le but de libérer la Palestine et de détruire l'État juif.

C'est ce que l'on appelait au début des années 1950 le mikre hkol, ou le "scénario du tout". Ce type de planification était propre à Israël, car peu de nations disposent de plans d'urgence militaires visant à prévenir l'apocalypse.

Ben-Gourion n'avait aucun scrupule quant à la nécessité pour Israël de disposer d'armes de destruction massive... Ben-Gourion considérait que l'hostilité des Arabes à l'égard d'Israël était profonde et durable...

Le pessimisme de Ben-Gourion ... a influencé la politique étrangère et de défense d'Israël pendant des années. La vision du monde de Ben-Gourion ( ) et son style de gouvernement décisif ont façonné son rôle essentiel dans le lancement du programme nucléaire israélien ...

Ben-Gourion pensait que la science et la technologie avaient deux rôles à jouer dans la réalisation du sionisme : faire progresser l'État d'Israël sur le plan spirituel et matériel, et assurer une meilleure défense contre ses ennemis extérieurs.

La détermination de Ben-Gourion à lancer un projet nucléaire était le résultat d'une intuition stratégique et de craintes obsessionnelles, et non d'un plan mûrement réfléchi. Il pensait qu'Israël avait besoin d'armes nucléaires comme assurance s'il ne pouvait plus rivaliser avec les Arabes dans une course aux armements, et comme arme de dernier recours en cas d'extrême urgence militaire. Les armes nucléaires pourraient également persuader les Arabes d'accepter l'existence d'Israël, ce qui conduirait à la paix dans la région [pensait-il].

Le 27 juin 1963, onze jours après avoir annoncé sa démission, Ben-Gourion a prononcé un discours d'adieu devant les employés de l'Autorité de développement de l'armement dans lequel, sans faire référence aux armes nucléaires, il a justifié le projet nucléaire : "Je ne connais aucune autre nation dont les voisins déclarent vouloir y mettre fin, et non seulement le déclarent, mais s'y préparent par tous les moyens à leur disposition. Nous ne devons pas nous faire d'illusions : ce qui est déclaré chaque jour au Caire, à Damas et en Irak ne sont que des mots. C'est cette pensée qui guide les dirigeants arabes...

Je suis persuadé que la science est capable de nous fournir l'arme qui assurera la paix et dissuadera nos ennemis".

En résumé : L'"option nucléaire" n'était pas seulement au cœur de la vision personnelle du monde de Ben-Gourion, mais le fondement même de la politique de sécurité nationale d'Israël. Les Israéliens étaient essentiellement prêts, si nécessaire, à "faire exploser le monde" - y compris eux-mêmes - s'ils devaient le faire pour détruire les voisins arabes qu'ils détestent tant.

Cette politique est mieux connue sous le nom de "l'option Samson", que l'auteur juif-américain Seymour Hersh, lauréat du prix Pulitzer, a appelé dans le livre du même nom : Samson de la Bible, après avoir été capturé par les Philistins, a abattu le temple de Dagon à Gaza et s'est tué en même temps que ses ennemis. Comme le dit Hersh : Pour les partisans israéliens du nucléaire, l'option Samson est devenue une autre façon de dire "plus jamais ça" (en référence à la prévention d'un nouvel Holocauste).

Lorsque Winston Churchill, aujourd'hui décédé, a déclaré que deux peuples anciens - les Grecs et les Juifs - souffraient d'une forte pulsion d'autodestruction, il n'était pas loin de la vérité.

La plupart des Américains ignorent que la possibilité d'un véritable "attentat-suicide" nucléaire perpétré par l'État d'Israël lui-même est une pierre angulaire de la politique de sécurité nationale d'Israël

Il n'en reste pas moins effrayant de constater que l'attitude des juifs (et en particulier des Israéliens) à l'égard des non-juifs pourrait jouer un rôle majeur dans l'activation du Golem moderne (et bien réel) d'Israël : son arsenal nucléaire d'armes de destruction massive.

Pour comprendre ce danger, nous devons nous tourner vers les révélations et les idées fascinantes de feu l'écrivain israélien Israel Shahak, originaire de Pologne, qui a passé une partie de son enfance dans le camp de concentration nazi de Dachau et qui a émigré en Palestine en 1945. Au fil des ans, Shahak est devenu un critique ouvert et très virulent des politiques israéliennes, tant étrangères que nationales, une source précieuse de faits sur Israël que peu d'Occidentaux oseraient aborder.

Si ses admirateurs ont qualifié Shahak de "prophète" et ses détracteurs de "juif qui se déteste", il ne fait aucun doute que Shahak était un analyste et un critique franc, éloquent et intrépide de la politique étrangère israélienne et que ses écrits en témoignent de manière spectaculaire.

Dans son livre *Open Secrets : Israeli Nuclear and Foreign Policies*, Shahak a déclaré que, contrairement à la perception générale, Israël ne cherche pas la paix.

C'est un mythe, a-t-il dit, qu'il y ait une différence réelle entre les politiques soi-disant "conflictuelles" poursuivies par les blocs "opposés" du Likoud et des travaillistes, dont les rivalités se sont jouées sur la scène mondiale et ont débordé sur le processus politique américain, opposant les partisans américains du Likoud aux partisans des travaillistes en Amérique.

Shahak a affirmé que le lobby israélien aux États-Unis - avec toutes ses factions - soutient en fin de compte la politique d'expansion d'Israël dans le but final de consolider "Eretz Israël" - un État impérial contrôlant entièrement la quasi-totalité du Moyen-Orient.

Shahak a osé souligner que les politiques nucléaires d'Israël - et l'influence du lobby israélien sur le processus politique américain - constituent un danger très réel à un certain égard que peu de gens oseraient imaginer. Non seulement Israël est prêt à s'autodétruire, mais en raison de sa bigoterie religieuse et raciale sous-jacente à l'égard des non-Juifs - les Gentils -, les perspectives d'Israël à l'égard du monde en général sont guidées par une hostilité profondément enracinée, fondée sur les enseignements religieux du judaïsme lui-même.

Les écrits de Shahak dans le domaine de la politique étrangère d'Israël étaient presque entièrement basés sur des déclarations publiques dans la presse en langue hébraïque en Israël et, dans ce domaine, Shahak a souligné que ce que le gouvernement israélien dit à son propre peuple au sujet de ses politiques est totalement incohérent avec l'insistance d'Israël auprès de l'Occident et du monde en général sur le fait qu'Israël "veut la paix".

Israël, selon Shahak, est essentiellement un État militariste et non démocratique, comme en témoigne le statut de second ordre accordé à ses habitants arabes et aux Palestiniens chrétiens et musulmans des territoires occupés. On ne peut pas comprendre Israël tant qu'on ne comprend pas ce fait vital.

Le fondement même de la nation repose sur ses politiques militaires et de défense qui, comme l'a clairement expliqué Shahak, découlent en fin de compte des tendances religieuses fanatiques qui dictent la pensée de ses chefs militaires et de renseignement, qui sont les principaux moteurs de la machine d'État.

Bien qu'Israël soit tout à fait capable de forger des alliances temporaires (et souvent secrètes) et des accords stratégiques, même avec des États arabes - au point de traiter avec le détesté Saddam Hussein lorsque cela était dans l'intérêt immédiat d'Israël - l'essentiel est, tout simplement, que - comme Shahak l'a démontré de manière assez glaçante - Israël dira et fera n'importe quoi pour poursuivre son objectif déterminé de conquérir la domination totale à n'importe quel prix.

En cas d'échec, Israël est parfaitement disposé à choisir "l'option Samson".

La légende du Golem, d'abord contée dans les récits du Talmud, puis introduite dans la conscience populaire (ou plutôt juive) dans l'histoire du rabbin Loew de Prague, est une véritable mise en garde pour notre monde moderne.

L'État d'Israël a extrait l'uranium de la terre pour produire son "Golem" atomique, tout comme le rabbin Loew a extrait l'argile de la rivière Vitava pour produire le sien.

Et Israël proclame que son Golem est le moyen de protéger Israël de ses ennemis, réels ou supposés.

Ainsi, aujourd'hui, en Israël, la montée du fanatisme religieux, associée à l'hystérie croissante concernant les prétendues menaces pour la survie de la nation, soulève la très forte possibilité que son Golem puisse être mis en œuvre. Israël est déterminé à empêcher les autres nations du Moyen-Orient d'assembler leurs propres armes nucléaires ou même d'avoir accès aux utilisations pacifiques de l'énergie nucléaire.

Mais comme le Golem de Prague, le Golem d'Israël pourrait produire des résultats horribles que même le peuple juif ne pourrait pas imaginer. C'est pourquoi le "Golem" israélien des temps modernes, bien réel, est un danger pour le monde, un danger auquel il faut s'attaquer.

Est-il possible de douter que la mission singulière et centrale du monde moderne et civilisé doit être de s'assurer, une fois pour toutes, que le Golem nucléaire d'Israël est démantelé, avant qu'il ne soit trop tard ?

Alors que certains pourraient être enclins à suggérer que nous ciblons injustement le "petit Israël - la nation qui s'est élevée des cendres de l'Holocauste, une nation qui ressent à juste titre le besoin de se défendre contre un autre Holocauste", le fait est que - comme nous le démontrerons dans les pages qui suivent - c'est l'existence même du Golem d'Israël qui pourrait en effet conduire à un autre Holocauste - un Holocauste très réel dans la définition du dictionnaire du mot.

La possibilité d'une catastrophe nucléaire découlant des problèmes entourant le Golem pourrait conduire à la destruction absolue non seulement de l'État d'Israël, mais aussi déclencher une conflagration mondiale susceptible d'entraîner la fin de la vie sur Terre.

À tout le moins, l'existence du Golem nucléaire israélien - et les problèmes qu'il a entraînés au Moyen-Orient et dans le monde entier (notamment en raison de la "relation spéciale" inébranlable entre les États-Unis et Israël) -

pourrait très bien déclencher une vague mondiale de ferveur antijuive. Ni Israël ni le peuple juif en diaspora ne souhaitent cela.

Dans des ouvrages tels que Future Fastforward et Brainwashed for War, Programmed to Kill, le diplomate et avocat malaisien Matthias Chang a démontré que le programme sioniste de guerre mondiale est mis en œuvre par un complexe militaro-industriel-médiatique au cœur du monde de la guerre qui sévit aujourd'hui dans l'humanité. Et selon Chang, Israël et ses intrigues seront la cheville ouvrière d'une guerre nucléaire à venir et inévitable.

Bien que Chang prévoie un "effondrement" des forces financières de grande envergure qui alimentent cette machine de guerre, cet effondrement ne se produira pas sans lutte - et en fait, dit-il, cette lutte a déjà commencé, car nous sommes confrontés à une longue guerre au XXIe siècle. La perspective n'est pas attrayante pour ceux qui recherchent la paix.

Ce maelström de violence tourbillonne autour d'Israël et de son Golem, résultat direct de l'imposition de l'État d'Israël à la Palestine en 1948 et des conséquences qui en ont découlé, en particulier lorsqu'Israël a cherché à s'affirmer - avec le soutien des États-Unis - comme une puissance régionale, les États-Unis menant des guerres (secrètes ou non) pour promouvoir les intérêts d'Israël dans toute une série de domaines.

Mais nous devons garder à l'esprit que la conception philosophique et religieuse institutionnelle d'Israël à l'égard du reste de la planète est à la base du problème auquel nous sommes confrontés du fait de l'existence du Golem.

C'est pourquoi, dans le chapitre qui suit, nous passerons en revue certains des travaux antérieurs du dissident israélien Israel Shahak sur le thème du racisme juif et de ses attitudes à l'égard de "l'autre".

Comme nous le verrons, cette perspective raciale et religieuse juive institutionnalisée a des conséquences importantes lorsque l'on considère le fait qu'Israël possède effectivement son propre Golem nucléaire.

Chapitre 1

Le racisme institutionnel d'Israël, une source d'inquiétude dans le contexte de son golem nucléaire

Ceux qui s'efforcent de faire preuve d'équité et d'ouverture d'esprit à l'égard des autres religions, en particulier dans le cadre de la discussion sur le conflit au Moyen-Orient, sont souvent entendus proclamer que "le sionisme n'est pas le judaïsme", en référence au fait que certaines sectes juives rejettent effectivement le sionisme et remettent en question (du moins pour l'instant) la nécessité de l'entité que nous connaissons sous le nom d'Israël.

Il n'en reste pas moins qu'Israël, tel qu'il est actuellement constitué, est un État juif qui a notoirement imposé un statut de seconde classe à ses citoyens arabes et mené des politiques infernales à l'encontre des Arabes - chrétiens et musulmans - dans les territoires occupés. Il existe une abondante documentation à ce sujet et il n'est pas nécessaire de s'étendre sur ce point.

Ce que beaucoup de gens ne réalisent pas - même de nombreux critiques d'Israël, à vrai dire - c'est que les raisons de ces politiques contre les Arabes ont beaucoup plus à voir avec la religion et le racisme qu'avec la politique. Comme le Dr. Israel Shahak, cité dans l'introduction, l'a clairement démontré dans son étude monumentale, *Jewish History, Jewish Religion*,[1] le racisme profondément enraciné d'Israël - et son fanatisme religieux - ont joué un rôle majeur dans sa politique à l'égard des non-Juifs à l'intérieur d'Israël et dans les territoires occupés, ainsi que dans sa vision du monde dans son ensemble.

Et en raison de la volonté d'Israël d'utiliser son "option Sampson" nucléaire - faire exploser le monde dans le cadre d'un acte de suicide national - l'existence du Golem nucléaire est une bonne raison de s'inquiéter, précisément en raison du racisme institutionnel sous-jacent d'Israël.

Shahak est une étude révélatrice des enseignements de l'orthodoxie juive, qui examine comment cette persuasion peu comprise - très puissante, dans sa

---

[1] Traduit et publié par Omnia Veritas Ltd. www.omnia-veritas.com.

forme originale, en Israël aujourd'hui (et pas seulement parmi les juifs orthodoxes) - influe sur la politique intérieure et étrangère israélienne et sur la vision israélienne des peuples non juifs dans le monde entier.

Bien que les médias américains regorgent d'histoires d'horreur sur la prétendue hostilité des musulmans à l'égard des chrétiens et des juifs, le fait - documenté par Israël Shahak - de l'hostilité religieuse et raciale des juifs à l'égard de tous les non-juifs n'est jamais abordé. Je répète : on n'en parle jamais.

Un ouvrage des plus inconfortables pour les chrétiens - qui aimeraient croire que le judaïsme orthodoxe est une sorte de grand-oncle amical de la foi chrétienne - et pour les juifs qui voudraient que les Américains, en particulier, croient qu'Israël est une manifestation biblique exotique des temps modernes et un modèle dont le monde civilisé devrait s'inspirer - le Dr. L'ouvrage de Shahak, Histoire juive, religion juive, a établi le dissident israélien dans l'esprit des libres penseurs ( ) en tant qu'exposant direct des circonstances historiques - et de l'état d'esprit religieux et philosophique - qui guident ensemble Israël et son élite dirigeante d'aujourd'hui. Dans cet ouvrage, Shahak écrit Un État juif, qu'il soit fondé sur son idéologie juive actuelle ou, s'il devient encore plus juif qu'il ne l'est aujourd'hui, sur les principes de l'orthodoxie juive, ne pourra jamais contenir une société ouverte.

Deux choix s'offrent à la société israélo-juive. Elle peut devenir un ghetto entièrement fermé et belliqueux, une Sparte juive, soutenue par le travail des esclaves arabes, maintenue en existence par son influence sur l'establishment politique américain et par la menace d'utiliser ses pouvoirs nucléaires, ou elle peut essayer de devenir une société ouverte.

Le second choix dépend d'un examen honnête de son passé juif, de l'admission de l'existence du chauvinisme et de l'exclusivisme juifs, et d'un examen honnête des attitudes du judaïsme à l'égard des non-Juifs.

Shahak a décrit avec franchise la nature de l'hostilité envers les non-Juifs que l'on retrouve dans les enseignements religieux juifs :

Il faut admettre d'emblée que le Talmud et la littérature talmudique - indépendamment de la tendance générale anti-gentils qui les traverse - contiennent des déclarations et des préceptes très offensants dirigés spécifiquement contre le christianisme.

Par exemple, outre une série d'allégations sexuelles calomnieuses à l'encontre de Jésus, le Talmud affirme que son châtiment en enfer est d'être immergé dans des excréments bouillants - une déclaration qui n'est pas exactement calculée pour faire aimer le Talmud aux chrétiens dévots. On peut également citer le précepte selon lequel les juifs ont pour instruction de brûler, publiquement si possible, tout exemplaire du Nouveau Testament qui leur tombe sous la main.

(Ainsi, le 23 mars 1980, des centaines d'exemplaires du Nouveau Testament ont été brûlés publiquement et cérémonieusement à Jérusalem sous les auspices de Yad Le'akhim, une organisation religieuse juive subventionnée par le ministère israélien des religions).

Commentant le fait que de nombreux chrétiens en Occident ont découvert les enseignements anti-chrétiens virulents du Talmud, Shahak a décrit comment les dirigeants juifs ont cherché à "réviser" le Talmud afin que les futurs chrétiens qui chercheraient à étudier le Talmud soient effectivement trompés par ces révisions :

Les passages du Talmud dirigés contre le christianisme ou les non-Juifs devaient disparaître ou être modifiés - la pression était trop forte.

C'est ce qui a été fait : quelques passages parmi les plus choquants ont été retirés de toutes les éditions imprimées en Europe après le milieu du XVIe siècle.

Dans tous les autres passages, les expressions "païen", "non-Juif", "étranger" (gay, eino yehudi, nokhri) - qui figurent dans tous les manuscrits et imprimés anciens ainsi que dans toutes les éditions publiées dans les pays islamiques - ont été remplacées par des termes tels que "idolâtre", "païen" ou même "cananéen" ou "samaritain", termes qui pouvaient être expliqués, mais qu'un lecteur juif pouvait reconnaître comme des euphémismes pour les anciennes expressions.

Cependant, dans la Russie tsariste, note Shahak, les euphémismes nouvellement insérés pour désigner les non-Juifs ont été immédiatement reconnus pour ce qu'ils étaient précisément. C'est pourquoi les érudits talmudiques ont procédé à de nouvelles révisions : Les autorités rabbiniques ont alors substitué les termes "arabe" ou "musulman" (en hébreu, Yishma'eli, qui signifie les deux) ou parfois "égyptien", calculant à juste titre que les autorités tsaristes ne s'opposeraient pas à ce genre d'abus.

Cependant, pour la consommation des Juifs eux-mêmes, souligne Shahak, les érudits talmudiques ont fourni des lignes directrices afin que les étudiants du Talmud (et les Juifs en général) puissent comprendre les nouveaux mots "codes" : Parallèlement, des listes d'omissions talmudiques ont été diffusées sous forme de manuscrits, expliquant tous les nouveaux termes et signalant toutes les omissions. Parfois, un avertissement général était imprimé avant la page de titre de chaque volume de littérature talmudique, déclarant solennellement, parfois sous serment, que toutes les expressions hostiles contenues dans ce volume ne visaient que les idolâtres de l'antiquité, ou même les Cananéens disparus depuis longtemps, plutôt que les "peuples sur la terre desquels nous vivons".

Après la conquête britannique de l'Inde, certains rabbins ont trouvé le subterfuge de prétendre que toute expression péjorative particulièrement outrageante qu'ils utilisent n'est destinée qu'aux Indiens. À l'occasion, les aborigènes d'Australie ont également été ajoutés comme souffre-douleur.

Inutile de dire que tout ceci était un mensonge calculé du début à la fin ; et après la création de l'État d'Israël, une fois que les rabbins se sont sentis en sécurité, tous les passages et expressions offensants ont été rétablis sans hésitation dans toutes les nouvelles éditions.

Shahak a parlé du grand érudit juif Moïse Maïmonide dont le Guide des Perplexes est, comme l'a noté Shahak, "considéré à juste titre comme le plus grand ouvrage de philosophie religieuse juive et est largement lu et utilisé encore aujourd'hui".

En fait, comme l'a révélé Shahak, Maïmonide était intensément raciste, au sens moderne classique du terme : cette figure emblématique du judaïsme, autorité majeure du Talmud, était, comme l'a dit Shahak, "un raciste anti-Noirs" : "un raciste anti-Noir". Shahak a écrit :

Vers la fin du Guide, dans un chapitre crucial (livre III, chapitre 51), il examine comment les différentes couches de l'humanité peuvent atteindre la valeur religieuse suprême, le véritable culte de Dieu. Parmi ceux qui sont incapables de s'en approcher, il y a.. : "Une partie des Turcs [c'est-à-dire la race mongole] et des nomades du nord, des Noirs et des nomades du sud, et de ceux qui leur ressemblent sous nos climats. Et leur nature est semblable à celle des animaux muets, et selon mon opinion, ils ne sont pas au niveau des êtres humains, et leur niveau parmi les choses existantes est inférieur à celui de l'homme et supérieur à celui du singe, parce qu'ils ont l'image et la ressemblance de l'homme plus que celle du singe."

Constatant cela, Shahak s'interroge : "Que fait-on d'un tel passage dans un ouvrage très important et nécessaire du judaïsme ? Faire face à la vérité et à ses conséquences ? Dieu nous en préserve ! Admettre (comme tant d'érudits chrétiens, par exemple, l'ont fait dans des circonstances similaires) qu'une autorité juive très importante avait également des opinions anti-noires rabiques, et par cet aveu faire une tentative d'auto-éducation dans l'humanité réelle ?".

Commentant la nature incendiaire de ces écrits provenant de la plume d'un érudit talmudique estimé, Shahak a ajouté :

Je peux presque imaginer les érudits juifs des États-Unis se consulter entre eux : "Que faire ?" Car le livre devait être traduit, en raison du déclin de la connaissance de l'hébreu parmi les Juifs américains. Que ce soit par consultation ou par inspiration individuelle, une heureuse "solution" a été trouvée : dans la traduction américaine populaire du Guide par un certain Friedlander, publiée pour la première fois en 1925 et réimprimée depuis lors dans de nombreuses éditions, dont plusieurs en livre de poche, le mot hébreu Kushim, qui signifie Noirs, a été simplement translittéré et apparaît comme "Kushites", un mot qui ne signifie rien pour ceux qui n'ont aucune connaissance de l'hébreu, ou à qui un rabbin obligeant ne donnera pas d'explication orale.

Shahak a également relevé l'ironie de la situation : "Il existe encore une autre idée fausse sur le judaïsme, particulièrement répandue chez les chrétiens ou les personnes fortement influencées par la tradition et la culture chrétiennes.

C'est l'idée trompeuse que le judaïsme est une "religion biblique", que l'Ancien Testament a dans le judaïsme la même place centrale et la même autorité juridique que la Bible pour le christianisme protestant ou même catholique".

Rien, a-t-il dit, ne pourrait être plus éloigné de la vérité, et il a compris que cela surprendrait beaucoup de chrétiens qui ont apporté leur soutien à Israël, croyant que le judaïsme (et Israël) s'est élevé à partir des mêmes principes de la foi chrétienne qui prédomine dans l'Amérique d'aujourd'hui.

Shahak a souligné la nature des enseignements talmudiques à l'égard des non-Juifs, en rappelant que le Talmud déclare : "Un Juif qui assassine un Gentil n'est coupable que d'un péché contre les lois du Ciel, non punissable par un tribunal : "Un Juif qui assassine un Gentil n'est coupable que d'un péché contre les lois du Ciel, non punissable par un tribunal. Provoquer indirectement la mort d'un Gentil n'est pas un péché du tout".

Au cas où quelqu'un douterait qu'il s'agit là de la philosophie d'Israël, en tant qu'État, Shahak a souligné que l'aumônier en chef du commandement de la région centrale de l'armée israélienne a écrit dans un livret religieux destiné à être distribué aux soldats israéliens ce qui suit :

Lorsque nos forces rencontrent des civils au cours d'une guerre, d'une poursuite ou d'un raid, tant qu'il n'y a pas de certitude que ces civils sont incapables de nuire à nos forces, alors, selon la Halakha, ils peuvent et même doivent être tués... Il ne faut en aucun cas faire confiance à un Arabe, même s'il donne l'impression d'être civilisé.

En temps de guerre, lorsque nos forces prennent l'ennemi d'assaut, la Halakha leur permet et leur enjoint même de tuer des civils, c'est-à-dire des civils qui sont ostensiblement bons.

(souligné par l'auteur).

(La Halakha - mentionnée ci-dessus - est le système juridique du judaïsme classique, basé principalement sur le Talmud de Babylone, et est maintenue à ce jour sous la forme du judaïsme orthodoxe, qui est une force puissante en Israël. Le plus ancien code de loi talmudique est le Mishneh Torah, rédigé par Moïse Maïmonide à la fin du XIIe siècle). Shahak a noté que l'enseignement juif classique associe Satan aux non-Juifs et que les femmes juives sont averties qu'elles doivent se méfier de toute rencontre avec ces créatures sataniques : "Gentil, porc, chien ou singe".

Si une femme juive rencontre une telle créature après avoir pris son bain rituel mensuel de purification, on lui dit qu'elle doit se baigner à nouveau. Cet avertissement figure dans Shevat Musar - un livre sur la conduite morale juive - qui, comme l'a noté Shahak, est "encore largement lu dans certains cercles orthodoxes". En revanche, les enseignements juifs concernant les femmes non juives sont tout à fait différents : Toute femme païenne est considérée comme N. Sh. G. Z. - acronyme des mots hébreux niddah, shifhah, goyah, zonah (non purifiée par les menstrues, esclave, païenne, prostituée). En se convertissant au judaïsme, elle cesse en effet d'être niddah, shifhah, goyah, mais reste considérée comme zonah (prostituée) pour le reste de sa vie, simplement parce qu'elle est née d'une mère païenne.

À la lumière de tout cela - et de bien d'autres choses encore - Shahak a reconnu que les groupes juifs organisés et les dirigeants juifs, en particulier aux États-Unis et en Occident, comprennent - comme ils le devraient - que les non-Juifs pourraient être offensés par de tels enseignements et que "dans les circonstances actuelles, ils ne peuvent pas exprimer ouvertement ces attitudes à l'égard des non-Juifs aux États-Unis, où les non-Juifs représentent plus de 97 % de la population".

Shahak a déclaré que les Juifs (et les Israéliens) doivent reconnaître le racisme sous-jacent de leur psyché ethnique et nationale israélienne : "Bien que la lutte contre l'antisémitisme (et toutes les autres formes de racisme) ne doive jamais cesser, la lutte contre le chauvinisme et l'exclusivisme juifs, qui doit inclure une critique du judaïsme classique, est aujourd'hui d'une importance égale ou supérieure à ... Sans crainte ni complaisance, nous devons nous élever contre ce qui appartient à notre propre passé

De nombreuses critiques instructives des girations et manipulations de la politique étrangère d'Israël ont été rédigées à partir d'une variété de points de vue, y compris quelques dissections dignes d'intérêt des dangers posés à la politique américaine par le soutien continu et déséquilibré des États-Unis à "Israel Uber Alles", mais le travail de Shahak s'imposera comme une analyse décisive des véritables objectifs et motivations d'Israël.

La discussion franche de M. Shahak sur les enseignements religieux juifs est en effet effrayante, surtout si l'on considère le pouvoir d'Israël sur l'élaboration des politiques des États-Unis aujourd'hui. Ensuite, lorsqu'on réfléchit à l'impact de cette idéologie religieuse sur la stratégie géopolitique d'Israël - d'autant plus qu'elle est basée sur l'arsenal central d'armes nucléaires de destruction massive de cette nation - le tableau d'ensemble laisse entrevoir un avenir possible pour le monde, trop horrible pour être imaginé.

Chapitre 2

La montée du fanatisme dans l'arène politique israélienne et ses implications pour le Golem nucléaire israélien : Avigdor Lieberman sera-t-il l'architecte de l'Armageddon ?

À la lumière des avertissements du Dr Israël Shahak - avertissements qui sont largement passés inaperçus et qui, lorsqu'ils ont été entendus, n'ont pas été pris en compte - et de la montée croissante des idéologues religieux et politiques intransigeants en Israël (un phénomène qui est peu compris en dehors des rangs de ceux qui font de l'étude des affaires israéliennes leur responsabilité), la question du Golem nucléaire israélien devint d'autant plus critique.

L'étude de cas parfaite de la montée de la soi-disant "droite radicale" israélienne se trouve dans le cas d'Avigdor Lieberman. La plupart des Américains (en fait, la plupart des gens sur la planète) n'ont jamais entendu parler d'Avigdor Lieberman, mais ils doivent savoir précisément qui est ce démagogue dangereux et influent. À ce stade critique, il est le fonctionnaire israélien qui définit la politique belliciste d'Israël à l'égard de l'Iran.

En tant qu'intermédiaire israélien de haut niveau, Lieberman pourrait bien être la personne qui a la capacité réelle de déclencher la prochaine guerre mondiale. Il est le principal tacticien de l'État sioniste dans l'effort permanent d'Israël et de son lobby américain pour forcer les mères et les pères des États-Unis à envoyer leurs fils et leurs filles dans une guerre contre l'ennemi numéro un d'Israël : la République islamique d'Iran.

Vétéran de l'incitation à la haine en Israël, connu pour sa rhétorique raciste visant les Arabes chrétiens et leurs frères musulmans, Lieberman est un personnage incontournable de la politique israélienne depuis plus de 20 ans, en dépit - ou peut-être à cause - de ses liens présumés avec des éléments du crime organisé juif basé en Russie, qui conservent la citoyenneté israélienne.

La popularité et l'influence politique croissantes de Lieberman, nouveau vice-premier ministre d'Israël et tout premier "ministre des affaires stratégiques" au niveau ministériel, ne sont pas seulement le reflet de ce que certains appellent "le côté obscur d'Israël", mais représentent plutôt la réalité de l'opinion d'une grande partie de la population israélienne d'aujourd'hui.

On a dit de Lieberman qu'il était un "dur" et un "droitier", qu'il était "l'Hitler israélien" et, en fait, ses opinions reflètent une forme de "fascisme juif", une image frappante du soi-disant "fascisme islamique" dont nous entendons tant parler dans les médias contrôlés par les pro-Israéliens en Amérique aujourd'hui.

Lieberman est le contact clé en Israël avec lequel les défenseurs bien nantis d'Israël aux États-Unis sont en liaison dans le cadre de la pression soigneusement orchestrée pour que l'administration Bush, avec le soutien de ses "critiques" ostensibles au Congrès, attaque l'Iran, même en utilisant des armes nucléaires.

Grâce à son influence, Lieberman coordonne les groupes de pression et de propagande israéliens basés aux États-Unis, tels que l'American Israel Public Affairs Committee, l'American Jewish Congress, l'American Jewish Committee et l'Anti-Defamation League (ADL) of B'nai B'rith, entre autres, afin de pousser l'Amérique à s'engager dans de nouvelles guerres au Moyen-Orient.

Lieberman reste très apprécié non seulement de ses partisans israéliens, mais aussi des partisans américains d'Israël, qui n'ont aucune réserve à l'égard de ce bigot sans états d'âme. Sa rhétorique acerbe à l'encontre des Palestiniens chrétiens et de leurs frères musulmans rappelle les sorties venimeuses d'un ancien ministre israélien, Rehavam Ze-evi, qui avait qualifié les chrétiens et les musulmans de "poux" et déclaré qu'ils étaient comme un "cancer" détruisant l'État juif.

Issu de l'école de pensée traditionnelle du "Grand Israël", Lieberman rêve du jour où l'État juif s'étendra "du Nil à l'Euphrate". En d'autres termes, les frontières d'Israël s'étendront de l'intérieur des frontières actuelles de l'Égypte vers l'est, pour prendre le contrôle non seulement du Liban, de la Syrie et de la Jordanie, mais aussi de portions substantielles de l'Irak et de l'Arabie saoudite.

L'occupation actuelle de l'Irak par les États-Unis, à la suite de l'offensive américaine contre cette république arabe laïque - largement stimulée par la pression du lobby israélien à Washington - est perçue aujourd'hui par de nombreuses personnes dans le monde arabe (et dans le monde musulman en général) comme une étape partielle vers la réalisation du rêve du Grand Israël. La destruction de l'Iran, suivie d'une occupation américaine, ne serait qu'un nouvel accaparement de terres au nom des ambitions géopolitiques d'Israël.

Des observateurs de tous les horizons politiques affirment que l'alliance de Lieberman avec le gouvernement du Premier ministre israélien Ehud Olmert, chef du parti Kadima, a renforcé Lieberman et son propre parti, Yisrael Beiteinu. Bien que la traduction anglaise du nom du parti - "Israël est notre maison" - semble pittoresque et confortable, le parti de Lieberman appelle à ce qui n'est rien de moins que le "nettoyage ethnique" des chrétiens et des musulmans vivant en Israël.

Un nombre croissant de compatriotes de Lieberman l'acclament pour ses demandes tapageuses de "transfert" des Arabes chrétiens et musulmans vivant à l'intérieur d'Israël ou sous contrôle israélien. En réalité, ce que Lieberman et ses partisans préconisent est un génocide pur et simple, tel qu'il est défini par la Convention internationale sur le génocide. Le génocide n'est pas seulement un meurtre, selon les termes de la convention mondiale. Il comprend également le transfert forcé de populations ethniques.

Ainsi, alors que Lieberman et ses coreligionnaires en Israël et dans le monde entier ne cessent de déplorer les politiques génocidaires passées à l'encontre du peuple juif, qu'elles soient réelles ou imaginaires, Lieberman est devenu une voix très appréciée de nombreux Israéliens qui souhaitent qu'un génocide soit perpétré à l'encontre des Arabes musulmans et chrétiens de Terre sainte.

Bien que certains, tant en Israël qu'aux États-Unis, affirment que Lieberman est une sorte d'aberration politique - qu'il représente un groupe d'opinion bruyant et fanatique mais relativement restreint en Israël -, des analystes bien informés n'adhèrent pas à cette théorie.

Selon eux, Lieberman ne fait que répéter haut et fort et sans hésitation ce que pensent de nombreuses personnes en Israël et dans son satellite, l'Amérique, en dépit des protestations contraires.

Le fait que des personnes comme Lieberman puissent un jour être en charge du Golem nucléaire israélien est une raison suffisante pour que le monde examine de très près la nécessité de démanteler l'arsenal israélien d'armes de destruction massive.

Mais il y a plus...

Chapitre trois

Une guerre civile en Israël ? Des extrémistes juifs fanatiques pourraient-ils prendre le contrôle du golem nucléaire israélien ?

Au moins deux publications américaines respectées, connues pour être des voix de premier plan dans le soutien à Israël, ont mis en lumière les spéculations ouvertes de ces derniers temps sur l'imminence d'une guerre civile en Israël.

Pourtant, cette nouvelle, qui est couramment rapportée dans la presse européenne et librement discutée en Israël et dans les journaux juifs américains, est un profond et sombre secret pour de nombreux Américains qui s'en remettent au monopole des médias américains pour leurs nouvelles et leurs informations.

Ces préoccupations tout à fait légitimes pourraient inciter la communauté internationale à exiger que des mesures soient prises rapidement pour démanteler la cache controversée - et officiellement "inexistante" - d'armes nucléaires de destruction massive d'Israël, son Golem.

Si une guerre civile venait à déchirer Israël, des éléments extrémistes en Israël - qui sont nombreux, y compris au sein de l'élite militaire et des services de renseignement - pourraient prendre le contrôle de l'arsenal nucléaire israélien, ce qui pourrait entraîner un risque très réel de guerre nucléaire.

La crainte que des armes nucléaires - où qu'elles soient - ne tombent entre les mains d'extrémistes a toujours été la pierre angulaire des efforts déployés au niveau mondial pour contrôler la prolifération nucléaire.

Ainsi, les inquiétudes concernant les divisions politiques d'Israël, exprimées même par des partisans d'Israël, font planer un spectre très effrayant sur ce qui pourrait potentiellement se produire et sur les raisons pour lesquelles le démantèlement de l'arsenal nucléaire d'Israël est plus urgent que jamais.

Dans le numéro du 27 septembre 2004 de la revue pro-israélienne The New Republic (TNR), l'écrivain juif américain très respecté Leon Wieseltier - dont la rubrique "Washington Diarist" dans TNR est considérée comme une lecture incontournable dans certains cercles - a brandi le spectre d'une guerre civile en Israël. C'est sous le titre "Israel's Coming War Within" que TNR a donné un coup de pouce à l'effrayante chronique de Wieseltier.

Citant des traductions du numéro du 10 septembre 2004 de la version en hébreu du journal israélien Ha'aretz, Wieseltier a décrit comment des figures éminentes du mouvement conservateur dur d'Israël avaient appelé les membres de l'armée israélienne à résister à tout ordre de participer à l'expulsion ou au déplacement des colons juifs dans la bande de Gaza, territoire historiquement égyptien saisi par Israël lors de la guerre de juin 1967 et occupé par Israël jusqu'à son récent "retrait".

Wieseltier a souligné que même le dirigeant israélien Ariel Sharon, au langage ferme, qui avait présenté des plans pour un retrait ordonné des colons juifs de Gaza - à la grande colère et au choc de ses propres partisans de longue date - était maintenant traité de "dictateur" et était "menacé par ce que Wieseltier a décrit comme des malédictions kabbalistiques et des complots extrémistes".

Selon le jugement de Wieseltier - qui est assez bien considéré parmi les partisans d'Israël - l'opposition interne à Sharon en Israël était si intense, la haine si profondément ressentie, que "l'on pourrait penser qu'Ariel Sharon était Hadrien, ou Ferdinand, ou le tsar", faisant référence à trois dirigeants historiques qui ont expulsé le peuple juif de leurs terres. Wieseltier a cité la rhétorique des détracteurs de Sharon qui ont déclaré que les ordres de Sharon étaient "un crime contre la nation et un crime contre l'humanité, une expression de cruauté, de méchanceté et d'impéritie". Tout cela, a déclaré Wieseltier, est "un motif d'effroi".

En écho virtuel à Wieseltier, le rabbin Sholom Riskin - un critique de Sharon - a écrit une colonne publiée dans le numéro du 1er octobre 2004 de Forward, l'un des journaux communautaires juifs les plus influents d'Amérique. Riskin, qui est le rabbin de l'une des plus grandes colonies juives controversées, est en fait considéré comme l'une des voix les plus "modérées" parmi les colons, et pourtant, selon lui, "le spectre du désengagement de Gaza et le déracinement concomitant de ses habitants menacent le tissu même de l'État juif". Riskin a écrit :

La droite fait des déclarations extrémistes sur la trahison des dirigeants politiques et suggère de refuser d'exécuter les ordres d'évacuation, tandis que la gauche dépeint l'ensemble de la communauté des colons comme des fauteurs de guerre civile et des perturbateurs de la paix.

Riskin a conclu son évaluation de la situation précaire en Israël en affirmant : "Aussi tragique que cela puisse paraître, il est difficile d'exclure la possibilité d'une guerre civile imminente : "Aussi tragique que cela puisse paraître, il est difficile d'exclure la possibilité d'une guerre civile imminente".

Comme le savent les lecteurs réguliers de la presse étrangère, Sharon lui-même a souvent accusé ses détracteurs d'inciter à la guerre civile, alors même que l'on discutait ouvertement de la possibilité d'une scission au sein de l'armée israélienne elle-même.

À un moment donné, de nombreux officiers et soldats israéliens en service actif ont exprimé leur inquiétude quant à la possibilité de suivre les ordres de Sharon et ont laissé entendre qu'ils se rebelleraient contre les dirigeants civils si on leur demandait de déraciner les colons juifs de Gaza.

Toute étude attentive des détails de la situation démontrerait que beaucoup de ces Israéliens en question sont sous la discipline de dirigeants aussi extrémistes que certains infâmes dirigeants musulmans qui sont constamment mis en avant dans les médias américains qui préfèrent ignorer l'existence des dirigeants juifs extrémistes en Israël (et ailleurs).

Et avant que l'on ne soit enclin à rejeter les inquiétudes concernant les dangers des armes nucléaires israéliennes tombant entre les mains d'extrémistes juifs, il convient de noter qu'il y a eu des spéculations ouvertes, dans les cercles de défense américains, sur les dangers potentiels liés à l'arsenal nucléaire israélien qui pourraient résulter de l'instabilité politique en Israël.

Les Américains qui apprécient la réflexion stratégique de leurs propres chefs militaires feraient bien de tenir compte du commentaire concernant les armes nucléaires d'Israël du lieutenant-colonel de l'armée américaine Warner D. Farr, qui a organisé une séance d'information spéciale sur ce sujet "controversé" avec le Centre de contre-prolifération de l'armée de l'air américaine au Collège de guerre de l'armée de l'air de l'Université aérienne de la base aérienne de Maxwell, en Alabama, en septembre 1999.

Étant donné que le centre a été créé, selon ses propres termes, "pour fournir des informations et des analyses aux décideurs américains en matière de sécurité nationale et aux officiers de l'USAF afin de les aider à contrer la menace posée par des adversaires équipés d'armes de destruction massive", il convient de noter que le document de M. Farr est assez franc à l'égard d'Israël.

Dans son évaluation sans complaisance de la situation en Israël. Intitulé

"Le saint des saints du troisième temple : Les armes nucléaires d'Israël", note le document du colonel Farr :

Un autre domaine de spéculation concerne la sécurité nucléaire israélienne et son éventuelle utilisation abusive. Quelle est la chaîne de décision et de contrôle des armes israéliennes ? Dans quelle mesure sont-elles susceptibles d'être utilisées à mauvais escient ou volées ?

En l'absence de débat public ouvert et franc sur les questions nucléaires, il n'y a pas eu de débat ou d'information sur les garanties existantes. Cela a conduit à des accusations de "vues monolithiques et d'intentions sinistres".

Un gouvernement militaire de droite déciderait-il d'utiliser des armes nucléaires de manière inconsidérée ?

Ariel Sharon, partisan déclaré du "Grand Israël", aurait déclaré : "Les Arabes ont peut-être le pétrole, mais nous avons les allumettes". Le Gush Emunim, une organisation religieuse de droite, ou d'autres, pourraient-ils détourner un engin nucléaire pour "libérer" le Mont du Temple en vue de la construction du troisième temple ? Les chances sont faibles, mais elles pourraient augmenter à mesure que les radicaux dénoncent le processus de paix.

Un article de 1997 sur les forces de défense israéliennes a souligné à plusieurs reprises la possibilité et la nécessité de se prémunir contre un coup d'État militaire religieux et de droite, d'autant plus que la proportion de [fanatisme] religieux au sein de l'armée s'accroît.

Ainsi, bien que les craintes concernant la possibilité immédiate d'une guerre civile israélienne semblent s'être apaisées, du moins pour le moment, de graves conflits subsistent au sein de la société israélienne. Il convient donc de garder à l'esprit les avertissements du lieutenant-colonel Farr.

L'ouvrage de Noah Efron, Real Jews. Secular vs. Ultra-Orthodox and the Fightle for Jewish Identity in Israel (Les vrais juifs : Secular vs. Ultra-Orthodox and the Struggle for Jewish Identity in Israel.

Efron, qui enseigne à l'université Bar-Ilan près de Tel-Aviv, a documenté les problèmes étonnants (et peu connus en dehors des cercles juifs) qui déchirent Israël. Le livre décrit "un pays en guerre contre lui-même... un pays en ruine, confronté à la guerre, à la terreur, à la corruption, à la pauvreté et à la décadence". Tout cela ne correspond guère à l'image d'Israël dans l'esprit des chrétiens américains qui le soutiennent ! En outre, selon le travail d'Efron, les éléments orthodoxes purs et durs ont fait "pencher la balance entre la gauche et la droite, leur donnant un pouvoir politique disproportionné".

Il est clair que les choses ne sont pas aussi paisibles dans les cercles juifs d'Israël que l'Américain moyen pourrait le croire. Et comme l'a déclaré l'éditeur de l'ouvrage d'Efron, "ce conflit ne peut plus être ignoré".

Israël est en effet une poudrière où le pouvoir politique est à prendre - et où son Golem est le prix ultime. Et bien qu'Ariel Sharon ne soit plus sur la scène, ayant été victime d'une attaque cérébrale, la présence d'Avigdor Lieberman au sein du gouvernement israélien lui-même - sans parler des tensions persistantes entre les différentes factions au sein d'Israël - laisse toujours entrevoir le danger potentiel d'une guerre civile en Israël un jour dans l'avenir, un danger qui ne peut être écarté à la lumière de l'existence du Golem nucléaire d'Israël.

Une guerre civile en Israël pourrait - ne serait-ce que temporairement - mettre le contrôle des armes nucléaires israéliennes à la disposition d'extrémistes israéliens dont la dernière préoccupation est de savoir ce que les États-Unis - ou le monde - penseraient.

Ces extrémistes pensent qu'ils agissent selon la volonté de Dieu. Le monde doit donc être mis en garde.

Cependant, malgré toutes les inquiétudes concernant les fanatiques de la ligne dure qui prennent le contrôle des armes nucléaires en Israël, la vérité est que, comme le montre l'histoire, Israël était sur le point de "devenir nucléaire" dans un passé pas si lointain. Les "extrémistes" israéliens ne sont pas les seuls à représenter un danger en ce qui concerne l'utilisation du Golem nucléaire israélien.

Chapitre 4

Pas seulement les "fanatiques" ... Les principaux dirigeants israéliens et la menace du Golem

Jusqu'à présent, dans notre étude du Golem nucléaire israélien, nous nous sommes essentiellement concentrés sur la menace du fanatisme religieux en Israël et sur son impact possible sur la politique israélienne en matière d'armes nucléaires.

Toutefois, nous aurions tort de laisser croire au lecteur que seuls les éléments les plus fanatiques d'Israël seraient enclins à utiliser l'arsenal nucléaire israélien.

Comme nous l'avons déjà souligné, il faut toujours garder à l'esprit que la politique d'Israël en matière d'armes nucléaires est au cœur même de la stratégie géopolitique et militaire du pays. Il s'agit d'un élément fondamental de l'existence de la nation.

La constitution d'un arsenal nucléaire - depuis longtemps réalisée - était l'un des principaux objectifs du père fondateur d'Israël, David Ben-Gourion, et tous les dirigeants israéliens qui ont suivi se sont appuyés sur les politiques nucléaires d'Israël comme pièce maîtresse de leur politique étrangère.

Quoi qu'il en soit, l'histoire montre que même les dirigeants israéliens "traditionnels" - y compris David Ben-Gourion lui-même - étaient très enclins à une pensée impériale lourde qui n'est guère différente de celle de certains partisans modernes de la ligne dure israélienne comme Avigdor Lieberman, que nous avons examinés dans un chapitre précédent.

Et comme nous l'avons souligné, Lieberman, pour sa part, devient de plus en plus "mainstream" chaque jour. À certains égards, Lieberman ne fait que reprendre publiquement ce que Ben-Gourion a dit en privé. Malgré les dénégations enflammées des dirigeants israéliens qui s'accrochent toujours au rêve d'un "Grand Israël"

Le fait est que ce rêve inachevé est encore très présent dans la pensée sioniste dominante.

En outre, bien que les défenseurs d'Israël affirment que l'État juif n'a jamais attaqué d'autres nations, leurs affirmations sont démenties par un large éventail de données rassemblées par divers auteurs (ayant des points de vue différents) qui soutiennent qu'Israël, en fait, pourrait être cité à juste titre comme le véritable instigateur de plus d'une des guerres israélo-arabes qui se sont déroulées depuis la création d'Israël en 1948.

En outre, il convient de rappeler, en particulier, qu'Israël - avec la France et la Grande-Bretagne - a joué un rôle déterminant dans l'offensive contre l'Égypte lors de la crise de Suez. Israël n'est donc pas exempt de tout reproche en ce qui concerne les guerres d'agression. Ceux qui affirment le contraire se trompent.

Et c'est pendant l'affaire de Suez que le Premier ministre de l'époque, Ben-Gourion, a franchement parlé des ambitions impériales d'Israël, de son rêve d'étendre ses frontières géographiques au-delà de celles établies en 1948.

Pour en savoir plus, nous nous tournons vers les travaux du lieutenant-colonel Warner Farr, de l'armée américaine. Dans sa note d'information citée précédemment, "The Third Temple's Holy of Holies : Israel's Nuclear Weapons". Farr écrit : "Lors d'un tête-à-tête avec [le Premier ministre français Guy]

Mollet, Ben-Gourion a déclaré qu'il avait l'intention de prendre le contrôle de tout le Sinaï et de l'annexer à Israël, afin d'exploiter le pétrole qui, selon lui, s'y trouve. Lors de la réunion avec la délégation française qui a ouvert la conférence de Sèvres, Ben-Gourion a exposé sa vision d'un règlement global au Moyen-Orient, fondé sur les principes suivants :

Internationalisation du canal de Suez, dissolution du royaume de Jordanie et partage entre l'Irak et Israël, patronage britannique sur l'Irak et la péninsule arabique, et patronage français sur la Syrie et le Liban (où la domination chrétienne serait assurée).

Les Français ont écouté le plan poliment et [le général israélien Moshe] Dayan a écrit dans son journal que le plan "pourrait être considéré comme fantastique, voire naïf".

Ben-Gourion se laisse parfois emporter par ses idées visionnaires lors de ses rencontres avec les dirigeants du monde.

Si le collègue de Ben-Gourion, le général Dayan, peut qualifier les ambitions impériales du père fondateur d'Israël de "visionnaires", les voisins arabes d'Israël - sans parler de la majeure partie du reste du monde - peuvent considérer ces ambitions comme une toute autre chose : une menace.

En fait, le 6 novembre 1956 - au plus fort de la campagne de Suez - Ben-Gourion a prononcé un discours annonçant la formation du "Troisième Royaume d'Israël", faisant ainsi référence au rêve du "Grand Israël" qui - à ce moment-là - était clairement perçu par Ben-Gourion comme une possibilité très réelle puisque le petit Israël était allié aux puissances européennes de la Grande-Bretagne et de la France contre l'Égypte. Seule l'intervention du président américain Dwight D. Eisenhower a empêché ce rêve de devenir réalité.

Ce que l'on appelle le "troisième royaume" était (et est toujours) le fondement philosophique de la vision du monde des fanatiques en Israël. Pourtant, c'est Ben-Gourion, qui s'est publiquement présenté au monde comme une force séculière dans les affaires israéliennes, qui a adopté cette rhétorique impériale.

Et bien que les défenseurs de Ben-Gourion aient suggéré depuis lors que les tensions du conflit de Suez, associées à une grippe dont Ben-Gourion souffrait à l'époque, étaient à l'origine de ce que le lieutenant-colonel Farr a qualifié à juste titre de "bizarre poussée messianique" de Ben-Gourion, il n'en reste pas moins que le dirigeant israélien s'exprimait effectivement en ces termes potentiellement apocalyptiques. Ainsi, même les dirigeants israéliens "traditionnels", tels que le célèbre Ben-Gourion, ont montré leur capacité - quelles qu'en soient les raisons - à s'orienter dans des directions dangereuses.

Mais Israël ne disposait pas d'un arsenal nucléaire en 1956. Cependant, selon toutes les estimations, Israël disposait d'un arsenal nucléaire au moment de la guerre dite "des Six Jours" en 1967 et Farr a souligné dans son étude qu'Israël s'est en fait mis en état d'alerte nucléaire pendant cette guerre, prêt à utiliser son Golem pour vaincre ses ennemis arabes. Et ce n'était que la première fois.

En octobre 1973, alors qu'Israël menait la guerre du Kippour contre l'Égypte et la Syrie, les lignes de front israéliennes s'effondraient et, selon Farr, citant le magazine Time, le général israélien Moshe Dayan, alors ministre de la défense, déclara au Premier ministre Golda Meir que "c'est la fin du Troisième Temple". En d'autres termes, la fin de l'État d'Israël, selon le jugement de Dayan, était proche.

Et ce n'est pas pour rien que le mot "temple" - rappelle Farr - est aussi le mot code pour les armes nucléaires.

Ainsi, alors qu'Israël préparait des frappes nucléaires contre des cibles égyptiennes et syriennes et que la nouvelle de ce plan avait été communiquée aux États-Unis par l'intermédiaire du secrétaire d'État Henry Kissinger - peut-être le principal défenseur d'Israël au sein de l'administration du président Richard Nixon -, les États-Unis (sous la pression de la menace israélienne d'utiliser la puissance de feu nucléaire) ont commencé à ouvrir une ligne de ravitaillement pour les forces israéliennes.

Cependant, avant même que le soutien des États-Unis n'ait franchi les lignes, les Israéliens ont été en mesure de contre-attaquer et d'acculer leurs ennemis arabes à la soumission. Et comme l'a souligné Warner Farr : "C'est ainsi qu'a commencé l'utilisation subtile et opaque de la bombe israélienne pour s'assurer que les États-Unis tiennent leur promesse de maintenir l'avantage d'Israël sur ses ennemis en matière d'armes conventionnelles".

L'histoire montre donc qu'à deux reprises au moins, les Israéliens (sous la direction de ce qu'il est convenu d'appeler le "courant dominant") se sont dirigés vers l'Armageddon nucléaire, mettant leur Golem en état de marche, prêts à passer à l'action dans le cadre de la première utilisation d'armes atomiques en temps de guerre depuis 1945.

Le Golem nucléaire d'Israël - dans les mains de n'importe quel gouvernement israélien - a déjà été dévoilé. Ce ne sont pas "seulement les fanatiques" qui pourraient être tentés d'utiliser le Golem sioniste. Israël est une nation - dont la stratégie de sécurité nationale est fondée sur le concept de "suicide national si nécessaire" pour vaincre ses ennemis - qui a fait ses preuves en matière de provocation nucléaire. La prochaine fois, il n'y aura peut-être aucun moyen de l'arrêter.

Israël n'est l'ami d'aucune nation, si ce n'est de lui-même, comme nous le verrons dans le chapitre suivant.

Chapitre 5

Oui, Israël attaquera en premier... Et attaquera également un "allié".

L'assaut sur le Liberty et la connexion nucléaire israélienne.

L'État d'Israël a démontré que, pour parvenir à ses fins, il n'hésite pas à attaquer ses anciens "amis", tout comme il est prêt à attaquer ses ennemis.

En fait, certains éléments portent à croire que l'attaque délibérée et non provoquée d'Israel contre le navire espion américain U.S.S. Liberty, le 8 juin 1967, pourrait être due, du moins en partie, à la crainte d'Israël que le Liberty ait pu surveiller le programme d'armement nucléaire ultrasecret d'Israël.

Bien que le débat sur les raisons de l'attaque continue de faire rage, un bref aperçu des circonstances choquantes entourant l'assassinat de 34 Américains par les forces armées d'Israël dans cette attaque terroriste que peu d'Américains connaissent démontre précisément la nature dangereuse de l'État sioniste, qui est maintenant armé d'un arsenal massif d'armes nucléaires.

Alors que les défenseurs d'Israël (en particulier les politiciens américains qui sont à la solde du lobby juif bien financé de Washington) continuent d'insister sur le fait que l'attaque du Liberty était une grave "erreur", les survivants du Liberty affirment le contraire, et les circonstances de l'attaque montrent très clairement qu'elle était délibérée et que les Israéliens savaient très bien que c'était un navire américain qu'ils cherchaient à détruire.

Bien que le président George W. Bush ait appelé à maintes reprises le peuple américain à "soutenir les troupes", les survivants du Liberty restent les seules troupes américaines connues que le président Bush et les politiciens américains des deux principaux partis politiques refusent de soutenir. Cela en dit long sur la situation de l'Amérique d'aujourd'hui.

L'attaque du Liberty, qui navigue paisiblement en Méditerranée, a eu lieu au milieu d'un après-midi ensoleillé. Le drapeau américain à bord du Liberty flottait clairement dans la brise. Trois avions israéliens banalisés, accompagnés de trois torpilleurs, ont mené l'assaut brutal.

L'attaque a commencé par des roquettes, puis s'est poursuivie avec du napalm, un produit chimique brûlant qui s'accroche à la peau humaine avec des résultats effroyables. Les torpilleurs ont ensuite bombardé le pont du Liberty avec leurs mitrailleuses, tandis que les marins américains tentaient d'éteindre les incendies provoqués par le napalm. Le Liberty a ensuite été torpillé non pas une, mais trois fois, mais, miraculeusement, il n'a pas coulé. Trente-quatre Américains sont morts dans l'incident et 171 autres ont été blessés.

Lorsque la nouvelle de l'attaque est parvenue à la Maison Blanche, le président Lyndon Johnson a alerté le commandant de la sixième flotte pour qu'il se prépare à une action de représailles, en supposant que les Égyptiens étaient responsables. Plus tard, lorsqu'il a appris que les Israéliens étaient responsables, il a annulé l'alerte.

La presse américaine a très peu parlé de cette tragédie. Le peu d'informations disponibles indiquent qu'il s'agit d'une "erreur tragique". En outre, les médias ont sous-estimé le nombre de morts.

Ensuite, sous la direction de l'amiral John S. McCain, commandant en chef des forces navales américaines en Europe, une enquête a été menée par le contre-amiral I. C. Kidd. McCain et Kidd étaient bien placés pour le savoir, mais ils ont tout de même annoncé que l'attaque était un "cas d'erreur d'identité".

(La couverture par McCain du massacre par Israël des enfants de la marine américaine a forgé un lien unique entre la famille McCain et Israël, de sorte qu'aujourd'hui, le fils de McCain, John, sénateur républicain de l'Arizona, est l'un des républicains préférés d'Israël).

On a dit aux survivants de Liberty de "se taire". Ceux qui parlent sont menacés de cour martiale." Si quelqu'un demande", les marins devaient "dire que c'était un accident". Les survivants ont été dispersés dans le monde entier afin qu'aucun homme ne soit envoyé au même endroit.

L'incident a été mentionné en passant dans divers médias - enterré, par exemple, sur une dernière page du New York Times immédiatement après l'horrible événement - mais la première fois que l'histoire choquante a été racontée à l'échelle nationale, c'était dans The Spotlight, le 26 avril 1976.

Pourtant, dès le mois suivant la tragédie du 15 juillet 1967, le bulletin Washington Observer, publié par Liberty Lobby, l'institution populiste basée à Washington, a informé ses lecteurs que l'attaque israélienne contre le navire américain était bel et bien délibérée.

Il ne fait aucun doute que les Israéliens avaient non seulement l'intention de couler le Liberty, mais aussi de tuer tout l'équipage afin qu'aucun témoin vivant ne puisse apparaître pour pointer du doigt les Israéliens. Les Israéliens espéraient rejeter la responsabilité du crime sur les Arabes - une technique de "faux drapeau" utilisée depuis longtemps par Israël dans ses nombreux actes de terrorisme.

Les défenseurs d'Israël exigent de savoir pourquoi les Israéliens souhaiteraient la destruction totale du Liberty et le meurtre en masse de tous les passagers. Pourquoi Israël attaquerait-il un allié ? La réponse est troublante, et c'est un euphémisme.

Un rapport Spotlight du 21 novembre 1977 a impliqué le chef du contre-espionnage de la CIA, James J. Angleton, dans l'orchestration de l'attaque du Liberty avec Israël, dans l'intention de faire porter le chapeau aux Arabes.

Fidèle d'Israël, qui dirigeait la liaison entre la CIA et l'agence de renseignement israélienne, le Mossad, et qui a également joué un rôle clé en aidant Israël à développer son arsenal nucléaire (au mépris du président John F. Kennedy), Angleton pensait que la destruction du Liberty pourrait être utilisée comme un incident du type "Pearl Harbor" ou "Remember the Maine" pour enflammer les passions américaines à l'encontre des Arabes.

Et c'est ce qui s'est passé lors de l'incident du Liberty. Ce n'est que parce que le Liberty n'a pas coulé, malgré les efforts les plus dégoûtants des Israéliens pour détruire le navire et tous ceux qui se trouvaient à bord, que le plan a été déraillé. Les marins américains ont vécu pour dire la vérité : c'est Israël qui a attaqué leur navire, pas les Arabes.

Le documentaire choquant du journaliste britannique Peter Hounam, U.S.S. Liberty : Dead in the Water, confirme le rapport de The Spotlight, indiquant que l'attaque du Liberty a failli entraîner une véritable attaque nucléaire des États-Unis contre Le Caire, la capitale égyptienne.

Et ce sont des faits qu'Israël et ses défenseurs veulent étouffer.

En 1983, un rapport top secret préparé en 1967 par le conseiller juridique du secrétaire d'État américain a été publié (sans fanfare) pour la première fois. Ce rapport évaluait les affirmations d'Israël selon lesquelles l'attaque était une erreur. Le rapport a démontré que les affirmations d'Israël étaient des mensonges. Par exemple :

- Les Israéliens ont affirmé que le Liberty se déplaçait à une vitesse élevée (et donc suspecte) de 28 à 30 nœuds. En réalité, le navire dérivait à seulement cinq nœuds.

- Les Israéliens ont prétendu que le Liberty avait refusé de s'identifier. En fait, les seuls signaux émis par les torpilleurs israéliens l'ont été après le lancement de l'attaque, de sorte que 25 marins étaient déjà morts lorsque le Liberty a été touché par une torpille israélienne.

- Les Israéliens ont affirmé que le Liberty n'arborait pas de drapeau américain ni d'insigne d'identification. En fait, non seulement le Liberty arborait un drapeau américain flottant au vent, mais après que ce drapeau ait été abattu, un autre drapeau, beaucoup plus grand, a été hissé par les marins américains lorsqu'ils se sont rendu compte qu'ils étaient attaqués par des forces ostensiblement "amies" de "notre allié, Israël". En outre, le nom et les numéros d'identification du Liberty étaient clairement affichés sur la coque qui venait juste d'être peinte.

Selon les survivants du Liberty, l'avion israélien avait en fait tourné autour du navire pas moins de 13 fois pendant plusieurs heures avant le début de l'attaque. Certains marins du Liberty ont même salué les Israéliens "amicaux" depuis le pont du navire, sans savoir qu'ils allaient être anéantis peu de temps après.

Ce qui suit n'est qu'une poignée de commentaires de survivants américains de l'attaque israélienne contre le Liberty. Leur point de vue représente celui de très nombreux autres survivants. Un si grand nombre de militaires américains pourraient-ils se "tromper" ou "mentir" - comme le prétendent les défenseurs d'Israël - sur la culpabilité d'Israël dans la tragique affaire du Liberty ?

- Ernie Gallo : "La veille, j'étais en haut lorsque des avions israéliens sont passés, très près de nous, de sorte que nous pouvions saluer les pilotes et qu'ils étaient aussi près que nous pouvions les saluer à notre tour.

- Rick Aimetti : "C'était une journée très claire C'était une journée chaude, le soleil brillait, une belle brise soufflait et je me souviens très bien avoir entendu le drapeau [américain] claquer au vent".

- Phil Tourney : "Il y a eu environ treize sorties sur notre navire [par des avions israéliens] de six heures à midi. Nous avons eu un exercice général de quarantaine qui a duré environ quarante-cinq minutes."

- Stan White : "Je suis sorti sur le pont, un avion est passé et j'ai regardé dans le cockpit. Il m'a fait signe. J'ai fait un signe de la main. C'est dire à quel point ils étaient proches. Ils savaient qui nous étions :

- George Golden : "De tous les vols de reconnaissance qu'ils ont effectués ce matin-là, celui qui a survolé notre navire a duré six à sept heures. Ils avaient une bonne idée de ce qu'ils faisaient et ils nous ont frappés durement et rapidement avec tout ce qu'ils avaient".

- James Smith : "J'étais sur le pont pour lutter contre les incendies et effectuer d'autres travaux de contrôle des dégâts pendant toute la durée de l'attaque. En même temps, j'ai pu observer les avions à réaction qui volaient au-dessus de moi et j'ai également observé le drapeau américain qui flottait sur le mât. À aucun moment, ce drapeau n'a été suspendu au mât".

Joe Meadors : "Mon seul travail pendant l'attaque était de m'assurer que le drapeau flottait. Toutes les quelques minutes, je me rendais à la passerelle de signalisation, au niveau du mât.

Les survivants américains de l'attaque terroriste brutale d'Israël contre l'USS Liberty ont affirmé que la nature de l'assaut constituait définitivement un crime de guerre.

Par exemple, Lloyd Painter, un survivant, s'est souvenu : "J'ai personnellement assisté au mitraillage des radeaux de sauvetage qui passaient à proximité. Les membres de l'équipage des torpilleurs israéliens ont tiré à la mitrailleuse sur les radeaux de sauvetage, s'assurant que s'il y avait eu quelqu'un dans les radeaux, il n'aurait pas survécu".

Un autre survivant, Don Bocher, a souligné que les plans d'abandon du navire ont été annulés parce que les radeaux de sauvetage avaient été détruits par des tirs. En fait, tirer sur les radeaux de sauvetage d'un navire en détresse est un crime de guerre.

Josey Toth Linen, dont le frère Stephen est mort sur le Liberty, a également fait remarquer : "Mon frère a été envoyé sur la passerelle du navire pour savoir qui étaient les avions et d'où ils venaient. Ils ne portaient aucune marque. C'est contraire aux règles de guerre de Genève... Il a été fauché par les avions".

Par conséquent, Israël a bel et bien commis des crimes de guerre lors de son attaque injustifiée contre le navire américain ami.

David Lewis, un survivant, ajoute : "Si [le navire] avait coulé, je suppose que lorsque des débris se seraient échoués sur le rivage le lendemain, on aurait accusé l'Égypte [...].

Les hélicoptères de combat, j'en suis sûr, auraient éliminé les survivants si nous avions abandonné le navire. Ils ont été envoyés pour nous achever. Les avions ont été envoyés pour nous rendre incommunicables afin que nous ne puissions pas lancer de SOS. Les torpilleurs ont été envoyés pour nous couler.

"Et les hélicoptères ont été envoyés pour récupérer les survivants. C'était une opération militaire parfaitement exécutée. Si vous regardez les photos du Liberty après l'attaque, vous verrez que lors du premier mitraillage, ils ont utilisé des missiles à tête chercheuse qui ont détruit la section d'accord de tous les émetteurs du navire. En moins de deux secondes, ils ont supprimé toutes nos capacités de communication".

Le capitaine du navire, W. L. McGonagle, s'est fait l'écho des préoccupations des autres survivants, en notant que "la férocité de l'attaque semblait indiquer que les attaquants avaient l'intention de couler le navire : "D'après la férocité de l'attaque, il semble que l'intention des assaillants était de couler le navire. Peut-être espéraient-ils qu'il n'y ait pas de survivants afin de ne pas être tenus pour responsables de l'attaque après qu'elle ait eu lieu".

Le 20 septembre 2001, à la suite de la tragédie terroriste du 11 septembre, le président George W. Bush a déclaré sans ambages au monde entier : "Soit vous êtes avec nous, soit vous êtes avec les terroristes".

Ce qui s'est passé le 8 juin 1967 est un acte de terrorisme, quelle qu'en soit la définition. Ce jour-là, Israël a démontré au peuple américain qu'il était "avec les terroristes". Au contraire, ils étaient les terroristes.

Il s'agit d'un pays qui contrôle l'un des plus grands arsenaux nucléaires de la planète.

Sur la base de ce seul crime - le meurtre de 34 Américains et les blessures infligées à 174 autres - Israël a non seulement perdu le droit de se qualifier d'"allié" des États-Unis, mais aussi le droit d'être autorisé à conserver des armes nucléaires de destruction massive.

Si les nations du monde choisissaient un jour de pénétrer en Israël et de démanteler de force l'arsenal nucléaire israélien - ce qui sera très certainement le cas - il serait tout à fait approprié que le cri de ralliement soit simplement le suivant : "Souvenez-vous de la liberté" : "Souvenez-vous de la Liberté"

Chapitre 6

Le secret sacré d'Israël : le golem sioniste, principal moteur de l'escalade nucléaire au Moyen-Orient

Pour éviter tout doute sur le fait que les armes nucléaires de destruction massive d'Israël sont la pierre angulaire de la politique de défense nationale israélienne ou que cette politique est fondée sur un fanatisme religieux (voire raciste) profondément enraciné et sous-jacent - sur cette base, on peut dire à juste titre que cela suffit à susciter des craintes très réelles pour le monde, sachant qu'Israël conserve cet arsenal dangereux -, il faut également garder à l'esprit le fait essentiel que le père fondateur d'Israël, David Ben-Gourion, attachait une signification religieuse fervente, voire mystique, au programme de développement d'armes nucléaires de sa nation.

Selon l'historien israélien Michael Karpin, qui écrit dans son livre The Bomb in the Basement (La bombe dans le sous-sol), Ben-Gourion appelait les seigneurs de l'argent juifs qui ont donné quelque 40 millions de dollars dans les années 1950 (l'équivalent de 250 millions de dollars aujourd'hui) pour lancer le programme d'armement les "makdishim", ou consacreurs, et leurs contributions "hakdasha", consécration. Karpin l'a noté : Ces deux mots hébreux dérivent du mot kadosh, sacré, qui est également la racine du mot Mikdash, ou Temple, l'institution la plus sacrée du judaïsme.

À l'intérieur du Temple se trouve le Kodesh Hakodashim, le Saint des Saints.

Et comme le Temple, qui a été érigé grâce aux contributions des enfants d'Israël (Exode 25:1), le programme nucléaire d'Israël sera lui aussi construit grâce à des contributions.

Aux yeux de Ben-Gourion, le projet nucléaire était sacré.

(souligné par l'auteur).

Bien que les propagandistes pro-israéliens des médias dominés par les sionistes - en particulier aux États-Unis - évoquent souvent les dangers de la "bombe islamique", le danger réel qui existe aujourd'hui dans le monde est celui de la "bombe juive".

Bien que le gouvernement israélien nie officiellement l'existence même de la bombe de l'enfer juif, le gouvernement américain, obéissant à Israël et à son lobby à Washington, organise une étrange mascarade dans laquelle il fait semblant, à des fins de relations publiques, de croire les affirmations d'Israël concernant son arsenal nucléaire.

C'est donc à juste titre que feu le dissident israélien Israël Shahak a qualifié la bombe israélienne de "secret de polichinelle" auquel le monde doit s'attaquer. Et pourtant, bien que l'ancien Premier ministre israélien Shimon Peres ait formellement abandonné la politique de longue date d'Israël consistant à nier ses capacités en matière d'armes nucléaires, en reconnaissant l'existence du Golem nucléaire, dans un discours prononcé le 20 février 2003 à Jérusalem devant une délégation de la puissante Conférence des présidents des principales organisations juives américaines, ce fait n'a été que très peu mentionné dans la presse américaine.

Au lieu de cela, elle a été mentionnée - même brièvement - dans les pages des journaux de la communauté juive américaine, un clin d'œil classique à l'affreuse vérité qu'Israël a si longtemps niée.

En réalité, il serait faux de dire que la vérité sur la capacité nucléaire d'Israël n'est jamais mentionnée dans les médias américains. C'est le cas. Mais cette mention est rare et largement limitée aux pages des médias d'élite et aux revues spécialisées dans les affaires militaires et politiques. L'Américain moyen comprend mal (ou connaît mal) les dangers du Golem d'Israël et l'impact qu'il a eu sur l'escalade nucléaire au Moyen-Orient.

La plupart des Américains, à vrai dire, sont convaincus que les "méchants musulmans" construisent des armes nucléaires pour "atteindre Israël" et "tuer l'Amérique, le Grand Satan", mais ils ne comprennent pas que c'est Israël qui est à l'origine de tout ce désordre nucléaire au Moyen-Orient.

Certains journalistes américains ont abordé le sujet, même discrètement. Par exemple, dans le numéro du 6 mars 2005 du Washington Post, traitant de la prolifération nucléaire au Moyen-Orient, Walter Pincus, l'un des principaux correspondants du Post et un Américain de confession juive, a admis franchement :

Alors que la politique américaine a consisté à soutenir le concept d'un Moyen-Orient dénucléarisé, les responsables de l'administration ne reconnaissent presque jamais publiquement que la possession par Israël de telles armes peut être un facteur dans les actions d'autres puissances régionales, telles que l'Iran, la Syrie, l'Égypte ou l'Arabie saoudite. La CIA omet régulièrement de mentionner les armes nucléaires d'Israël dans ses rapports semestriels au Congrès sur les armes de destruction massive.

L'article note que si "Israël refuse de confirmer qu'il possède des armes nucléaires" - bien que, comme nous l'avons souligné, des responsables israéliens aient fait des déclarations publiques qui ont effectivement reconnu l'existence de ces armes - "les services de renseignement américains ont indiqué au Congrès qu'Israël dispose depuis les années 1970 d'un stock estimé entre 200 et 300 bombes et missiles".

Compte tenu de tout cela, il est important de noter qu'Israël a toujours refusé de signer le traité international de non-prolifération nucléaire ou d'ouvrir ses programmes nucléaires à l'inspection ( ). Il n'est donc pas étonnant que Mohamed El Baradei, directeur de l'Agence internationale de l'énergie atomique (AIEA), ait déclaré que l'intransigeance d'Israël en matière de divulgation des informations nucléaires avait "incité des pays à se doter d'une capacité d'armement égale ou similaire".

Dans le même ordre d'idées, l'ancien président iranien Ali Akbar Hashemi Ransanjani a noté que son propre pays a été victime d'abus de la part des États-Unis, qui ont accusé l'Iran de chercher à fabriquer des armes nucléaires, alors même "qu'Israël a stocké des armes nucléaires interdites sans aucune protestation ou opposition de la part de l'AIEA".

De son côté, le prince Saud Faisal, ministre des affaires étrangères d'Arabie saoudite, a également souligné que "l'Iran est toujours mentionné, mais personne ne mentionne Israël, qui possède déjà des armes (nucléaires). Nous souhaitons que la communauté internationale renforce le mouvement visant à faire du Moyen-Orient une zone dénucléarisée".

John F. Kennedy n'était pas dupe. Lorsqu'il a pris la décision audacieuse de s'attaquer à la volonté d'Israël de se doter d'armes nucléaires, il savait que la tâche serait difficile. Mais la vérité est que son opposition aux intentions nucléaires d'Israël était la pierre angulaire de toute sa politique étrangère, tout comme la détermination d'Israël à avoir la bombe était la pierre angulaire de la politique géostratégique d'Israël. L'historien israélien Avner Cohen a bien résumé la position de JFK :

... Le président Kennedy était déterminé à contrecarrer la quête nucléaire d'Israël. Et pour Kennedy, Israël était au centre de la bataille contre la prolifération nucléaire. Le cas d'Israël, pensait-il, était le point de départ de la nouvelle norme de non-prolifération. Israël était perçu comme la ligne de démarcation entre l'ancienne et irréversible prolifération nucléaire du passé et la nouvelle non-prolifération de l'avenir.

Cependant, JFK a été démis de ses fonctions prématurément et - comme nous le verrons plus loin dans ces pages - il existe des preuves solides de l'implication d'Israël dans l'assassinat de JFK et, en conséquence directe et immédiate, les ambitions nucléaires d'Israël n'ont finalement pas été entravées.

Pourtant, la plupart des Américains ne semblent pas comprendre que c'est Israël, et non l'Irak ou l'Iran, qui a lancé la course aux armements au Moyen-Orient.

Cela s'explique bien sûr par le simple fait que les médias américains sont si favorables à Israël que même les vérités les plus simples peuvent être déformées ( ). L'article principal du New York Times du 15 avril 2007 en est un parfait exemple. Cet article, intitulé "With Eye on Iran, Rivals Also Want Nuclear Power" (Les yeux rivés sur l'Iran, les rivaux veulent aussi une puissance nucléaire), laissait entendre, par la nature même de son titre, que les intentions nucléaires de l'Iran étaient en quelque sorte la cause de l'escalade croissante de l'intérêt pour l'énergie nucléaire par d'autres États de la région. L'article indiquait que l'Arabie saoudite, la Turquie et l'Égypte, soit une douzaine d'États de la région du Moyen-Orient, s'orientaient désormais vers l'énergie nucléaire.

Mais cet aveu a été dissimulé dans l'article, qui est assez long : "Le Moyen-Orient a déjà été le théâtre d'une course régionale aux armements nucléaires. Après qu'Israël a obtenu sa première arme il y a quarante ans, plusieurs pays se sont engagés sur la voie du nucléaire", et la confirmation qu'"il y a des décennies, c'est la volonté d'Israël de se doter d'armes nucléaires qui a provoqué les premières inquiétudes atomiques dans la région".

Cependant, le New York Times est revenu au mantra actuel : "L'Iran est à blâmer". Pourtant, les faits montrent qu'Israël a été au centre de l'escalade des armes nucléaires au Moyen-Orient, précisément parce qu'il a été le premier État à se doter de l'arme nucléaire et qu'en conséquence directe, d'autres États de la région (avec de bonnes raisons) ont décidé qu'ils devaient eux aussi être en mesure d'assurer leur propre défense nationale, précisément comme le faisaient les Israéliens.

En réalité, les États arabes et musulmans du Moyen-Orient - qui reconnaissent le fanatisme profondément enraciné et le fondement religieux de la politique israélienne en matière d'armes nucléaires - ne peuvent être blâmés pour avoir cru qu'ils étaient des cibles potentielles, dans une guerre préventive, du Golem d'Israël, précisément en raison de ce que nous avons déjà documenté dans ces pages. À la lumière de l'histoire de la détermination d'Israël à construire un arsenal nucléaire, associée à la "relation spéciale" désormais solidement établie entre Israël et les États-Unis, peut-on s'étonner que les États arabes et musulmans qu'Israël perçoit comme ses ennemis ne veuillent pas avoir les moyens de se défendre d'une telle alliance ?

Nous avons souligné précédemment l'honnêteté du correspondant du Washington Post, Walter Pincus, qui s'est abstenu de parler du rôle d'Israël dans l'escalade des armes nucléaires au Moyen-Orient. Ce n'était d'ailleurs pas la première fois que Pincus abordait le sujet.

Le 17 avril 2003, M. Pincus a reconnu, dans un article portant sur les déclarations furieuses de l'administration Bush concernant les prétendues "armes de destruction massive" de la Syrie, que la Syrie avait construit son arsenal pour "égaliser les chances" et que "les armes d'Israël ont suscité les craintes [de la Syrie]".

Bien qu'à l'époque de l'article de Pincus, la Syrie ait demandé une résolution des Nations Unies appelant à l'inspection des armes nucléaires dans tout le Moyen-Orient, y compris en Israël, personne ne s'attendait à ce que les Etats-Unis se rallient à la demande de la Syrie. Et, bien sûr, les États-Unis l'ont fait , malgré la position officielle des États-Unis qui, selon le secrétaire d'État de l'époque, Colin Powell, aimerait voir toute la région débarrassée des armes de destruction massive. L'article de Pincus concernant la volonté de la Syrie de se doter d'un arsenal militaire destiné à contrer le Golem d'Israël est en effet instructif. Pincus écrit :

L'arsenal actuel d'ogives chimiques et de missiles Scud de la Syrie a été mis en place il y a plus de 30 ans pour contrer le développement et la possession d'armes nucléaires par Israël, selon d'anciens et d'actuels responsables des services de renseignement américains.

"Ils ont développé des armes chimiques pour égaliser leur force avec celle des Israéliens", a déclaré hier un ancien analyste principal des services de renseignement. "Hafez al-Assad, le père de l'actuel président, voyait dans les produits chimiques un moyen de menacer les Israéliens et un moyen d'égaliser leur programme nucléaire.

Assad savait, selon l'ancien analyste, que "l'aide militaire des Soviétiques ne serait jamais en mesure d'égaler ce qu'Israël a développé dans le domaine nucléaire et a reçu des États-Unis".

La possession d'armes chimiques par la Syrie a été un élément important de la récente offensive verbale de l'administration Bush contre Damas, qui a duré une semaine. Mais elle a également attiré brièvement l'attention sur une autre question très sensible : l'impact de l'arsenal nucléaire d'Israël sur ses ennemis au Moyen-Orient.

Les experts du Moyen-Orient s'accordent à dire que presque tous les pays de la région ont poursuivi des programmes d'armes de destruction massive, et qu'ils l'ont fait principalement en raison de l'arsenal qu'Israël a constitué, a déclaré Joseph Cirincione, responsable du programme de non-prolifération de la Fondation Carnegie pour la paix internationale.

"On ne peut pas se débarrasser des programmes chimiques, biologiques ou nucléaires des pays arabes si l'on ne s'occupe pas également de l'élimination des programmes nucléaires et chimiques d'Israël", a déclaré hier M. Cirincione.

La Defense Intelligence Agency a indiqué que le programme syrien de développement d'armes chimiques offensives a débuté au début des années 1970 "en raison de la perception d'une menace israélienne".

Damas a obtenu ses premières armes chimiques de l'Égypte juste avant la guerre d'octobre 1973, selon un document historique de la CIA.

En 1999, alors que le président égyptien Hosni Moubarak subissait d'énormes pressions de la part des États-Unis pour signer la convention sur les armes chimiques, il a refusé de le faire tant qu'Israël n'aurait pas signé le traité de non-prolifération nucléaire (TNP).

"Pourquoi les Israéliens parlent-ils de la puissance militaire de l'Égypte et pas du développement de leur défense [celle d'Israël] ? aurait déclaré Moubarak à l'époque.

Ni l'Égypte ni la Syrie n'ont signé le traité sur les armes chimiques ; Israël l'a signé en 1993, mais ne l'a pas ratifié. Israël n'a pas non plus signé le TNP.

La première réaction syrienne aux plaintes concernant ses armes chimiques a été de se concentrer sur l'arsenal israélien. La semaine dernière, lorsque des responsables israéliens ont répété les affirmations du premier ministre Ariel Sharon selon lesquelles l'ancien président irakien Saddam Hussein avait transféré des armes biologiques et chimiques à la Syrie, un porte-parole syrien a déclaré que l'objectif de Sharon était de "détourner l'attention de l'arsenal nucléaire, chimique et biologique qu'Israël possède".

Entre-temps, les faucons civils pro-israéliens de l'administration Bush ont continué à battre le tambour pour une guerre contre la Syrie, malgré le fait que, une fois de plus, les professionnels militaires américains ne considèrent pas la Syrie comme une menace pour les intérêts américains, pas plus qu'ils ne considéraient auparavant l'Irak comme une menace pour l'Amérique.

Le dossier montre clairement qu'Israël - et Israël seul - est responsable de l'escalade de toutes sortes d'équipements militaires au Moyen-Orient, et pas seulement des armes nucléaires.

Le Golem "sacré" d'Israël est une cause dangereuse d'instabilité dans la région (et dans le monde entier). Pourtant, à la consternation de nombreux Américains, leur propre gouvernement "donne un laissez-passer" au Golem nucléaire d'Israël, alors même que le gouvernement américain s'agite contre les autres nations de la région pour qu'elles s'occupent de leurs propres besoins de défense.

Et ce qui rend la situation encore plus effrayante, c'est que non seulement le gouvernement américain "regarde ailleurs", mais qu'il fournit également d'autres moyens de soutien qui contribuent à faire avancer les objectifs nucléaires d'Israël. Les chapitres qui suivent examinent ce phénomène plus en détail et de manière plus inquiétante.

Chapitre sept

Des groupes américains à but non lucratif exonérés d'impôts financent le golem nucléaire israélien

Les partisans américains d'Israël peuvent être fiers à juste titre Grâce à leur poids politique considérable, par l'intermédiaire de leurs groupes de pression qui ont un impact considérable sur la conduite de la politique étrangère des États-Unis, les aides étrangères massives accordées par les États-Unis à Israël - rendues possibles par les membres du Congrès qui sont massivement fidèles aux intérêts d'Israël - ont fait de ce minuscule État du Moyen-Orient une véritable puissance mondiale, résultat direct des transferts massifs de plusieurs milliards de dollars du Trésor américain.

Tout cela sans parler du fait que l'aide militaire américaine à Israël - complétée par des subventions directes de technologie militaire américaine (et le vol direct de technologie américaine par des espions israéliens opérant sur le sol américain) - a fait du petit Israël l'État unique de loin le plus puissant de tout le Moyen-Orient.

En fait, les contribuables américains subventionnent à la fois directement et indirectement la centrale nucléaire israélienne, dont on dit qu'elle est peut-être la cinquième du monde.

Quelques faits concernant le statut d'Israël ont été révélés au public américain dans une publicité inhabituelle parue dans une édition récente (2007) du New York Times.

Sponsorisée par l'American Technion Society (ATS), un groupe de soutien à l'Institut Technion-Israël de technologie en Israël (décrit comme "l'une des meilleures universités scientifiques et technologiques au monde"), la publicité se vante, dans un titre, que "la seule ressource naturelle d'Israël [est] la puissance cérébrale de son peuple".

La publicité, qui est un appel à des contributions financières pour aider l'ATS à aider Israël, par le biais du travail du Technion-Israel Institute of Technology, se lit comme suit :

Sans pétrole, sans eau en quantité suffisante et avec une masse terrestre de la taille du New Jersey, Israël se concentre sur le développement de sa seule ressource naturelle : la matière grise de son peuple. Israël est devenu un leader mondial dans les domaines de la science, de la technologie et de la médecine.

Elle compte plus de jeunes entreprises technologiques par habitant que n'importe quel autre pays, plus d'entreprises sur le Nasdaq que n'importe quel autre pays, à l'exception des États-Unis et du Canada, et un niveau de vie qui la place fermement parmi les nations du premier monde.

La rhétorique de cette publicité ne correspond pas à la réalité.

Les personnes qui connaissent le soutien financier massif des États-Unis à Israël - en particulier à la suite de l'assassinat du président John F. Kennedy et de l'arrivée au pouvoir de son successeur, Lyndon Johnson, qui a été le principal responsable de la dynamisation de l'aide étrangère des États-Unis à Israël - ne peuvent s'empêcher de noter que la publicité de l'ATS ne mentionne pas que c'est le soutien des contribuables américains qui a permis à Israël de s'épanouir.

Toute autre nation ayant reçu le soutien financier américain sans réserve dont Israël a bénéficié pourrait très certainement se vanter des mêmes réalisations attribuées à la "matière grise de son peuple".

Le directeur étranger de l'ATS en Israël est également une source majeure de ressources financières destinées au programme israélien d'assemblage et d'entretien de l'arsenal officiellement inexistant, mais néanmoins substantiel, d'armes nucléaires de destruction massive, source singulière de conflit au Moyen-Orient aujourd'hui, souvent citée comme la raison même pour laquelle d'autres nations du Moyen-Orient - de l'Irak à la Syrie, puis à l'Iran et à l'Arabie saoudite - ont manifesté leur intérêt pour la construction de leurs propres arsenaux d'armes nucléaires.

Ce qui rend la collecte de fonds de l'ATS pour Israël si remarquable, c'est que l'ATS - qui aide une université étrangère qui est une agence d'une nation étrangère - est, de son propre aveu, une organisation à but non lucratif avec le statut 501(c)3 accordé par l'Internal Revenue Service. Cela signifie donc que les contributions à l'ATS peuvent faire l'objet d'une déduction au titre d'une œuvre de bienfaisance publique. Les partisans américains d'Israël, parmi lesquels figurent de nombreux milliardaires et millionnaires de haut niveau, peuvent ainsi réduire leur contribution annuelle à l'IRS en versant des sommes colossales pour aider leur nation étrangère préférée et son arsenal nucléaire.

Ainsi, alors que les Américains souffrent chez eux, que les familles de la classe moyenne ne peuvent pas envoyer leurs enfants à l'université, que les personnes âgées ne peuvent pas acheter de médicaments et que de nombreuses personnes n'ont pas les moyens de se procurer des soins de santé de base, alors que les routes et les ponts s'effondrent, et que de jeunes Américains meurent en Irak (et peut-être bientôt en Iran) pour protéger Israël - et alors que la maladie, la famine et les sans-abri restent des points sensibles sur la scène américaine - les Américains en difficulté qui ont du mal à payer leurs propres impôts paient en fait directement la facture des avancées domestiques et militaires d'Israël et le font aussi indirectement, puisque les super-riches qui soutiennent Israël bénéficient d'allègements fiscaux grâce à leurs dons à une organisation américaine exonérée d'impôts qui subventionne la vie en Israël au point qu'Israël (en réalité, un bénéficiaire de l'aide sociale) est prospère.

C'est la raison d'être de la démocratie américaine, dit-on aux contribuables américains. "Nous devons payer nos impôts pour assurer la sécurité du monde".

Et cela inclut le financement du Golem nucléaire d'Israël ...

Chapitre 8

Le Golem israélien a-t-il fusionné avec l'arsenal nucléaire américain ?

Non seulement les contribuables américains subventionnent le Golem nucléaire israélien par l'intermédiaire d'organisations à but non lucratif exonérées d'impôts, mais la vérité est qu'il est possible d'affirmer que les installations nucléaires américaines ont été fusionnées avec celles d'Israël. Voici les faits : Une société israélienne, Magal Security Systems, détenue en partie par le gouvernement israélien, est chargée de la sécurité des installations nucléaires et de stockage d'armes les plus sensibles des États-Unis.

Magal, la plus grande entreprise de sécurité périmétrique au monde, a débuté en tant que division d'Israeli Aircraft Industries (IAI), qui était détenue en partie par le gouvernement israélien.

Ces dernières années, Magal est devenue une société cotée en bourse, bien que l'IAI (et donc le gouvernement israélien) détienne toujours une part substantielle de cette entreprise très prospère.

Cela signifie que le gouvernement d'Israël contrôle la sécurité des armes nucléaires américaines.

Les partisans d'Israël estiment qu'il s'agit d'une excellente idée, Israël étant considéré comme le plus proche allié de l'Amérique. Toutefois, certains critiques s'interrogent sur l'opportunité de confier la sécurité nucléaire de l'Amérique à une nation étrangère, en particulier à Israël, qui est au cœur du conflit sur l'escalade nucléaire au Moyen-Orient.

Les intérêts mondiaux de Magal sont très variés. Après avoir sécurisé 90 % des frontières d'Israël grâce à un large éventail de technologies de l'"ère spatiale", Magal s'est maintenant tournée vers l'international. Non seulement Magal assure la sécurité des installations nucléaires américaines, mais elle patrouille également dans la plupart des grandes installations nucléaires d'Europe occidentale et d'Asie.

L'entreprise israélienne garde l'aéroport O'Hare de Chicago et, depuis 15 ans, elle surveille le célèbre palais de Buckingham de la reine d'Angleterre à

Londres. Magal protège 90 % des prisons américaines qui utilisent des systèmes électroniques.

Magal se vante d'avoir d'autres clients dans le monde entier : frontières, aéroports, sites industriels, centres de communication, installations militaires, établissements pénitentiaires, agences gouvernementales, domaines et résidences de personnalités, bâtiments commerciaux et parcs d'entreposage. Il n'y a guère de grand pays ou de grande entreprise dont les activités ne sont pas surveillées de près par les spécialistes de la sécurité de Magal.

Magal n'est manifestement pas une petite entreprise. Si 27 % de ses ventes totales sont réalisées sur le marché israélien, son marché le plus important est l'Amérique du Nord, qui représente actuellement 35 % de ses ventes.

Toutefois, la portée américaine de Magal devrait s'accroître considérablement, surtout depuis que la société a ouvert un bureau à Washington, , qui assurera la promotion de ses produits auprès des agences fédérales et des membres du Congrès, qui financent les projets de sécurité supervisés par le gouvernement fédéral dans tout le pays, à tous les niveaux : local, étatique et national.

L'actuel tsar de la sécurité intérieure des États-Unis, Michael Chertoff, est non seulement un fervent partisan d'Israël, mais il est également le fils d'une femme qui a des liens étroits avec ce pays, et qui a même travaillé pour El Al, la compagnie aérienne nationale d'Israël.

Magal, qui appartient en partie à Israeli Aircraft Industries, sera le grand favori aux yeux des responsables de Washington qui ont le pouvoir d'accorder des contrats de sécurité lucratifs.

Magal possède actuellement quatre filiales aux États-Unis : deux en Californie, Stellar Security Products Inc. et Perimeter Products Inc. ainsi que Smart Interactive Systems Inc. basée à New York et Dominion Wireless Inc. basée en Virginie.

Au total, la société israélienne détient une part de 40 % du marché mondial des systèmes de détection d'intrusion dans le périmètre et s'efforce d'étendre ses activités à la protection des oléoducs.

Magal s'intéresserait également à la surveillance des canalisations d'eau dans le monde entier, en particulier aux États-Unis. En fait, Magal pourrait avoir une chance d'obtenir le monopole de la surveillance des réserves d'eau américaines.

Le 19 juillet 2006, l'Agence pour la protection de l'environnement de l'administration Bush a annoncé un "partenariat" avec le ministère israélien des infrastructures nationales afin d'améliorer "la sécurité des systèmes d'approvisionnement en eau aux États-Unis et en Israël". Étant donné que Magal est très respecté en Israël, il y a fort à parier qu'il sera bientôt chargé de surveiller l'approvisionnement en eau aux États-Unis.

L'idée même que les arsenaux d'armes nucléaires américains soient "gardés" par une société détenue, même en partie, par le gouvernement d'une nation étrangère - Israël ou autre - devrait être une source de grande inquiétude pour tous les Américains. Il va sans dire qu'elle préoccupe également les autres nations qui perçoivent le Golem d'Israël comme une menace pour leur propre sécurité.

Si certains affirment que la sécurité d'Israël est une question d'intérêts américains, nombreux sont ceux qui pensent le contraire et affirment que les intérêts des deux nations ne sont pas les mêmes.

Et tant que l'Amérique continuera à entretenir une "relation spéciale" avec Israël, même au point de permettre à Israël d'avoir une supervision effective de l'arsenal nucléaire américain - ce que constitue l'arrangement spécial avec la société israélienne Magal - les Etats-Unis ne pourront en aucun cas prétendre être un honnête courtier face à la course aux armements nucléaires au Moyen-Orient.

L'accord spécial avec Magal est un abandon par les États-Unis de leur propre arsenal nucléaire aux mains d'une nation étrangère, qui n'a manifestement pas les intérêts de l'Amérique - mais plutôt les siens - à l'esprit.

Pour les Américains, c'est une réalité effrayante.

Chapitre neuf

"Israël : Renoncez à votre Golem" Les analystes de l'U.S. Army War College estiment que l'Iran renoncerait à son programme nucléaire si Israël le faisait

Dans le sillage d'une cacophonie médiatique américaine croissante sur les prétendus objectifs de l'Iran de construire son propre arsenal nucléaire - des "nouvelles" qui ont été largement stimulées par la rhétorique belliqueuse d'Israël lui-même - l'éminent Institut d'études stratégiques de l'U.S. Army War College, qui est un lieu de formation pour les "meilleurs et les plus brillants" parmi les officiers militaires en devenir, a adopté une approche assez différente de la question Un rapport publié en 2006 par le War College a ouvertement ciblé l'arsenal controversé - mais officiellement inexistant - d'Israël en matière d'armes nucléaires de destruction massive. Bien que le rapport - intitulé "Getting Ready for a Nuclear-Ready Iran" - ait été remarqué dans les cercles politiques de haut niveau et mentionné dans les sphères d'influence universitaires et militaires, l'ensemble du contexte du rapport a été largement ignoré lorsqu'il a été mentionné dans les médias grand public...

Tout en affirmant que ni les discussions sur une attaque militaire de l'Iran par Israël, ni les initiatives diplomatiques américaines en cours ne sont susceptibles d'empêcher l'Iran de poursuivre ses objectifs et que l'une ou l'autre voie pourrait conduire à un désastre, le rapport conclut en affirmant qu'Israël lui-même devrait prendre l'initiative de fermer son réacteur nucléaire de Dimona, de remettre le matériel nucléaire à une tierce partie et de permettre à l'Agence internationale de l'énergie atomique de maintenir une inspection régulière des opérations nucléaires d'Israël. Le rapport invite les États-Unis à faire pression sur Israël pour que cela soit possible.

Les penseurs militaires américains estiment que si Israël mettait un frein à son offensive nucléaire, les États-Unis seraient plus facilement en mesure de convaincre les autres États nucléaires du Moyen-Orient de faire de même. C'est en fait une vérité historique que c'est la détermination d'Israël à se doter d'armes nucléaires - fondement documenté de la politique de défense géopolitique de ce pays - qui a conduit les nations arabes, le Pakistan et l'Iran à chercher à se doter d'armes nucléaires en réponse à cette offensive.

Ce qui est particulièrement remarquable dans ce rapport appelant Israël à se "dé-nucléariser" est que le co-auteur de ce rapport est Patrick Clawson, directeur adjoint du Washington Institute for Near East Policy (WINEP), un lobby pro-israélien bien établi à Washington.

Cependant, le WINEP est généralement identifié au mouvement israélien dit "de la paix", qui est en désaccord avec les éléments israéliens associés aux anciens premiers ministres du Likoud, Ariel Sharon et son prédécesseur, Binyamin Netanyahou, qui se prépare à faire une nouvelle tentative pour prendre le pouvoir en Israël. Et, bien sûr, Netanyahou est l'un des éléments fanatiques pro-israéliens "néo-conservateurs" qui ont dirigé la politique américaine au Moyen-Orient dans l'administration Bush et qui sont en première ligne de la pression pour une action militaire américaine contre l'Iran afin d'empêcher cette nation de progresser dans ses objectifs nucléaires.

Tout ceci suggère qu'une fois de plus, les conflits politiques internes israéliens se répercutent sur le processus politique américain avec, en l'occurrence, les officiers de haut niveau de l'Army War College qui s'allient à certaines forces sensées de la "gauche" israélienne qui reconnaissent les dangers de la prolifération nucléaire.

Ainsi, les hommes chargés de mener les guerres américaines prennent une position publique qui pourrait - si leurs conseils sont suivis - contribuer à désamorcer le problème de la prolifération nucléaire au Moyen-Orient, à condition qu'Israël accepte de s'y plier et que l'administration Bush comprenne la logique de ce que proposent au moins certains des chefs militaires américains.

D'après ce qui est apparu dans divers médias - bien que cela n'ait pas été rendu public autant qu'il le faudrait -, les forces clés de l'armée américaine s'opposent à la guerre contre l'Iran précisément comme elles se sont opposées - du moins dans les coulisses, avant l'invasion - à la guerre contre l'Irak.

Il est particulièrement intéressant de noter ceci : Les quelques références médiatiques au rapport de l'Institut d'études stratégiques de l'U.S. Army War College appelant les États-Unis à faire pression sur Israël sur la question de son arsenal nucléaire ont largement omis de mentionner cette facette clé du rapport.

Au lieu de cela - et c'est très révélateur - les médias se sont concentrés sur le fait que le rapport affirmait que la volonté de l'Iran de se doter d'armes nucléaires était un fait accompli. Pratiquement tous les commentaires et articles de presse mentionnant le rapport (et ils ont été peu nombreux) ont laissé aux lecteurs l'impression que l'armée américaine pense que l'action militaire est la seule solution, alors qu'en fait, rien ne pourrait être plus éloigné de la vérité.

Ces rapports médiatiques ont clairement et délibérément occulté la conclusion essentielle du rapport, à savoir que les États-Unis ont la responsabilité d'user de leur influence sur Israël pour qu'il mette fin à sa propre production d'armes nucléaires et ouvre son Golem à l'inspection internationale.

Une fois de plus, les médias américains déforment effrontément la position des militaires par rapport à la position précaire des États-Unis au Moyen-Orient (et dans le monde) découlant de l'axe États-Unis-Israël qui pivote autour de l'existence du Golem nucléaire d'Israël.

Il s'agit non seulement d'une atteinte à la vérité, mais aussi d'une attaque contre les efforts sérieux visant à ramener la paix en Terre Sainte et à mettre un terme au danger très réel qui pèse sur un monde pris en otage, une planète qui pourrait bien être aujourd'hui sur la voie de l'Armageddon.

Chapitre 10

La relation "empoisonnée" : Un intellectuel juif appelle à un revirement de la politique étrangère américaine à l'égard du Golem d'Israël

Un universitaire canadien bien connu et très apprécié, fils de juifs allemands, a provoqué une onde de choc dans les cercles pro-israéliens de l'Occident.

Michael Neumann, professeur de philosophie à l'université de Trent, dans l'Ontario, au Canada, a appelé les États-Unis à rompre leur "relation spéciale" avec Israël et à se ranger ouvertement et hardiment du côté des Palestiniens et des États arabes et musulmans du monde entier. Il a exhorté les États-Unis à prendre la tête d'une coalition internationale pour forcer Israël à accepter un accord de paix négocié avec les Palestiniens et, surtout, à renoncer à son gigantesque arsenal d'armes nucléaires.

Dans son livre The Case Against Israel, Neumann affirme candidement, sur la base de sa propre étude du problème, que bien qu'il se considère "pro-israélien et pro-juif", ce sont "définitivement les Palestiniens, et non Israël, qui méritent le soutien du monde".

Neumann considère que "le projet sioniste" - le déplacement des Palestiniens et l'établissement de colonies juives en Palestine, conduisant à la création d'Israël - était, selon lui, "totalement injustifié" et qu'il fallait s'attendre à "une certaine forme de résistance violente" de la part des indigènes chrétiens et musulmans du pays. En fin de compte, Neumann a déclaré : "L'illégitimité du projet sioniste a été la cause principale de toute la terreur et de la guerre qu'il a suscitées".

M. Neumann a rejeté l'affirmation habituelle selon laquelle Israël est une sorte d'ami "spécial" des États-Unis et n'a pas tenu compte de l'idée selon laquelle le "lien" tant vanté entre les deux pays est bénéfique pour les intérêts américains. Cette relation, a-t-il affirmé en termes très clairs, "est devenue un poison pour la sécurité et l'avenir de l'Amérique". M. Neumann a déclaré qu'il était temps d'agir.

Le professeur canadien a écrit :

L'Amérique se trouverait bien mieux de l'autre côté du conflit israélo-palestinien. Elle gagnerait instantanément l'amitié chaleureuse des producteurs de pétrole arabes et obtiendrait des alliés bien plus précieux dans la guerre contre le terrorisme : non seulement les gouvernements de l'ensemble du monde musulman, mais aussi une bonne partie du mouvement fondamentaliste musulman !

La guerre contre le terrorisme, qui semble si impossible à gagner, pourrait bien être gagnée à peu de frais et rapidement. Le scénario le plus probable consisterait simplement à imposer un embargo à Israël, sous l'égide des États-Unis et en coopération avec les Nations unies.

Dans ce cas, Israël pourrait faire l'objet d'une coalition du même type que celle formée contre l'Irak lors de la première guerre du Golfe. Bien entendu, la coalition contre Israël serait beaucoup plus large et plus forte, incluant tous les pays de l'ex-Union soviétique, l'Iran, la Libye, le Pakistan et bien d'autres. Et bien qu'Israël soit suffisamment fort pour persister dans sa politique sans le soutien des États-Unis, il ne pourrait pas résister à une telle coalition. Israël serait contraint de suivre ses propres intérêts.

M. Neumann estime également que si les États-Unis s'en prenaient à Israël et adoptaient une position ferme à l'égard de cette nation que de nombreuses personnes dans le monde considèrent comme un État voyou, cela contribuerait grandement à réduire le risque d'un holocauste nucléaire.

Selon M. Neumann, il y a deux raisons principales pour lesquelles certains pays résistent à l'idée de renoncer à leurs propres arsenaux nucléaires : "la crainte d'une attaque américaine" et ce que Neumann appelle "l'exemption scandaleuse d'Israël des initiatives de non-prolifération". Neumann écrit : "Il est tout simplement absurde de supposer qu'un effort sérieux pour endiguer le développement des armes nucléaires puisse être entrepris en l'absence de toute tentative de désarmement d'Israël, dont on estime qu'il possède entre 200 et 500 ogives nucléaires. Ayant lancé ses propres satellites, il a clairement la capacité d'atteindre des cibles partout dans le monde, et il possède des missiles de croisière qui ont atteint des cibles à 950 miles de distance. Tant qu'il ne sera pas contraint de désarmer ou d'établir de bonnes relations avec ses voisins, le rythme de la prolifération ne fera qu'augmenter. Par ailleurs, les efforts déployés par les États-Unis pour neutraliser la menace nucléaire israélienne permettraient au Pakistan et à l'Iran de soutenir les efforts de non-prolifération.

En fin de compte, estime M. Neumann, cette fermeté des États-Unis profiterait à Israël lui-même et assurerait la survie de ce petit pays, pourtant riche et puissant, dans un monde aujourd'hui très hostile.

Alors qu'il y a quelques années, la chanson la plus populaire en Israël était l'hymne politiquement chargé "Le monde entier est contre nous", la triste vérité est que le titre de la chanson est essentiellement correct.

Mais le livre de Neumann propose une solution au problème d'Israël qui pourrait être réalisable et permettre à Israël et à ses partisans dans le monde entier d'entrer dans la communauté des hommes.

Chapitre 11

L'axe États-Unis-Israël-Inde et ses implications pour la prolifération nucléaire

Les récentes ouvertures des États-Unis à l'égard de l'Inde - un clin d'œil amical aux ambitions de l'Inde en matière d'armes nucléaires - contredisent les affirmations des États-Unis selon lesquelles ils s'efforcent d'éviter la prolifération nucléaire. Et, comme le montre le dossier, ces politiques américaines sont directement liées aux intrigues menées par le puissant lobby israélien, bien financé, au sein du Washington officiel.

La vérité est que, malgré tout ce que vous avez pu entendre dans les grands médias, le lobby israélien a été la principale force à l'origine de la nouvelle politique de l'administration Bush, tant annoncée, visant à promouvoir de meilleures relations entre les États-Unis et l'Inde.

Lorsque le président George W. Bush a accueilli avec enthousiasme le premier ministre indien Manmohan Singh, lors de sa visite très remarquée à Washington, tous les "initiés" chevronnés de la capitale américaine connaissaient la véritable raison de la nouvelle amitié entre les États-Unis et l'Inde, annoncée à grand renfort de publicité : cette alliance a vu le jour grâce à l'approbation du lobby pro-israélien à Washington.

Pour ceux qui n'auraient pas compris ce qui se passait réellement, une clique de "néoconservateurs" américains basés à Washington et connus pour leur dévouement aux intérêts d'Israël s'est regroupée pour former la "U.S. India League", qui encourage le soutien du Congrès et de l'opinion publique à l'initiative de l'administration Bush visant à consolider les relations stratégiques entre les États-Unis et l'Inde.

Les composantes de cette relation stratégique - telles que définies par l'administration et approuvées par les partisans d'Israël - comprennent le soutien des États-Unis à l'expansion du développement nucléaire de l'Inde ainsi que l'expansion des relations économiques des États-Unis avec l'Inde qui, ces dernières années, est apparue comme un site majeur pour l'"externalisation" des emplois américains, en particulier dans le secteur des services.

Les noms des personnes associées à la Ligue indienne des États-Unis constituent une liste virtuelle de certains des plus fervents partisans d'Israël à Washington : Il s'agit notamment de

- Don Feder, le "directeur exécutif" de la ligue, un chroniqueur syndiqué qui est l'auteur du livre "A Jewish Conservative Looks at Pagan America" (Un juif conservateur s'intéresse à l'Amérique païenne) ;

- Alan Keyes, ancien ambassadeur adjoint américain aux Nations unies, dont le chemin vers le pouvoir est dû au fait qu'il a été le compagnon de chambre de William Kristol à Harvard. Ce dernier, éditeur du magazine néoconservateur Weekly Standard, est le fils de l'ancien trotskiste et "parrain" néoconservateur Irving Kristol, qui est aujourd'hui, avec son fils, l'un des principaux stratèges d'Israël à Washington ;

- Thomas Donnelly, ancien directeur exécutif adjoint du Project for the New American Century, fondé par William Kristol, déjà cité, qui a déclaré un jour que l'Amérique avait besoin d'un "nouveau Pearl Harbor" pour commencer à étendre ses intérêts impériaux à l'étranger ;

- Kenneth R. Timmerman, polémiste politique chevronné dont les travaux ont été salués par des personnalités telles que Simon Wiesenthal, dont le "Centre" éponyme, basé à Los Angeles, est devenu une source majeure de propagande pro-israélienne. Timmerman promeut aujourd'hui la théorie selon laquelle l'Iran a été impliqué dans les attaques terroristes du 11 septembre contre l'Amérique.

- Clifford D. May, ancien correspondant du New York Times et ancien responsable du Comité national républicain, aujourd'hui président du comité politique du Comité sur le danger actuel, l'un des principaux groupes de pression pro-israéliens à Washington ; Le fait que ces tacticiens pro-israéliens poussent aujourd'hui à l'expansion des relations entre les États-Unis et l'Inde n'est pas une surprise pour ceux qui ont observé l'alliance croissante entre Israël et l'Inde qui se développe depuis un peu plus d'une décennie.

L'histoire montre que le lobby israélien, agissant en tandem avec un groupe de lobbyistes très bien payés par le gouvernement indien, des intérêts financiers privés indiens et des escrocs américains bien installés qui veulent profiter des affaires américaines en Inde, a joué le rôle principal pour "arranger" les nouvelles relations entre les États-Unis et l'Inde.

En fait, depuis quelques années, des éléments du lobby israélien et de la communauté indienne des États-Unis, de plus en plus riche et influente, collaborent étroitement à Washington sur des questions d'intérêt tactique commun. Alors que les États-Unis fournissent des milliards de dollars du contribuable à Israël, soutenant ainsi l'industrie nationale de ce pays, Israël, à son tour, a utilisé les largesses américaines pour soutenir son énorme industrie de l'armement, qui compte l'Inde parmi ses plus gros clients.

En outre, les financiers israéliens commencent à investir massivement en Inde où - comme on l'a vu précédemment et comme le savent désormais de nombreux travailleurs américains déplacés - les industries de services basées aux États-Unis (telles que certains géants des cartes de crédit, parmi beaucoup d'autres) "externalisent" des emplois à des taux de rémunération considérablement réduits à des travailleurs indiens. Les avantages pour Israël ne se limitent donc pas au domaine géopolitique.

Dans le cadre de leur argumentation en faveur de la nouvelle relation stratégique entre les États-Unis et l'Inde, l'administration Bush et ses alliés du réseau néo-conservateur à Washington affirment que l'alliance entre les États-Unis et l'Inde est une "bonne" chose, nécessaire pour contrer la puissance économique, politique et militaire croissante de la Chine en Asie.

Cet argument peut sembler sensé à ceux qui craignent les intentions de la Chine. Toutefois, si l'on considère le fait que la Chine ( ) dispose aujourd'hui d'un arsenal militaire aussi important, c'est parce que, au cours des 25 dernières années, l'industrie israélienne de l'armement (subventionnée par l'argent des contribuables américains) a été l'un des principaux fournisseurs d'armes conventionnelles et de technologies de l'armement de la Chine - dont une grande partie provenait des États-Unis - cet argument est fallacieux, voire hypocrite, pour ceux qui ont une vision plus globale de la situation.

Et c'est précisément ce tableau d'ensemble qu'Israël et son lobby à Washington préféreraient que les Américains ignorent. Le lobby israélien souhaite développer l'Inde non pas tant pour contrer la Chine que pour contrer la république du Pakistan, dominée par les musulmans et ennemie de longue date de l'Inde.

En outre, Israël sait que l'Inde, qui a longtemps été alliée au monde arabe, dans le cadre de sa politique étrangère traditionnelle et indépendante, a été un fervent partisan d'un État palestinien. Israël espère donc utiliser son nouveau levier avec l'Inde - en forgeant le soutien des États-Unis aux ambitions nucléaires de l'Inde - pour dissoudre effectivement le soutien indien antérieur à la création d'un État palestinien.

Tous ces facteurs ignorent cependant un point essentiel : en Inde, la suspicion et l'inquiétude sont largement répandues - non seulement au sein de l'importante minorité musulmane, mais aussi au sein du Parti du Congrès du Premier ministre Singh, dominé par les hindous - concernant le développement de "l'axe États-Unis-Israël-Inde", que de nombreux Indiens considèrent comme une menace pour la souveraineté et l'indépendance de l'Inde.

Ainsi, bien que le dirigeant indien ait été la coqueluche de la ville à Washington, les choses ne seront peut-être pas aussi confortables pour lui en Inde, au fur et à mesure de l'évolution de la situation.

Il convient également de noter que de nombreux Indiens pensent que le Mossad, le service de renseignement israélien, a joué un rôle secret dans l'assassinat de l'ancien premier ministre indien Rajiv Gandhi, un meurtre qui a précédé - et peut-être même rendu possible - la nouvelle "ouverture" entre Israël et l'Inde.

Ici, aux États-Unis, la figure clé de l'alliance entre le lobby israélien et le lobby indien à Washington a été l'ancien député Stephen Solarz (D-N.Y.) qui, pendant ses années au Congrès, a été un défenseur si audacieux de l'Inde qu'il s'est souvent surnommé le "député de Bombay".

Toutefois, si Solarz s'intéressait à l'Inde, c'était avant tout parce que, en tant qu'un des principaux législateurs israéliens au Capitole, il voyait dans une alliance tactique entre le lobby israélien et la communauté indienne d'Amérique, de plus en plus riche et puissante, un moyen de faire avancer les intérêts d'Israël. Il n'était donc pas rare d'entendre Solarz qualifié de "membre du Congrès de Tel Aviv" et Solarz lui-même aurait été le dernier à contester la solide vérité qui se cachait derrière ce surnom.

Après avoir quitté le Congrès, après avoir été battu pour une nouvelle nomination, Solarz est devenu un lobbyiste rémunéré pour le gouvernement indien, dont il est devenu le principal interlocuteur à Washington. Ces dernières années, cependant, Solarz a été éclipsé par d'autres lobbyistes pour l'Inde qui ont également pris part à l'action lorsqu'il est apparu que le lobbying pour l'Inde était approuvé par le lobby israélien.

Parmi les autres grands noms qui ont signé le contrat avec l'Inde figurent l'ancien sénateur Bob Dole (R-Kan.), candidat du GOP à l'élection présidentielle de 1996, et trois grandes figures du parti démocrate, l'ancien secrétaire au Trésor Lloyd Bentsen et l'ancienne gouverneure du Texas Ann Richards (aujourd'hui tous deux décédés), ainsi que l'ancien leader de la majorité au Sénat George Mitchell (CD-Maine), l'ancien président national du parti démocrate Robert Strauss et un autre grand courtier démocrate de Washington, Vernon Jordan, qui assiste régulièrement aux réunions internationales de Bilderberg.

Entre-temps, le lobby indien a reçu le soutien de groupes de pression pro-israéliens influents tels que l'Institut juif pour les affaires de sécurité nationale et, bien sûr, le Comité américain des affaires publiques israéliennes (American Israel Public Affairs Committee), un lobby étranger enregistré en faveur d'Israël.

Ironiquement, bien que le président Bush ait fait de la question de la prolifération des armes nucléaires une pierre angulaire de sa politique étrangère, l'ayant utilisée comme fondement de sa guerre contre Saddam Hussein et comme base de ses offensives actuelles contre l'Iran et la Corée du Nord, le président semble regarder de l'autre côté en ce qui concerne l'Inde. Bien que l'Inde se soit engagée à ce que son programme nucléaire soit de nature strictement pacifique, elle n'a pas encore signé le traité de non-prolifération nucléaire.

Tout ceci est une histoire de profit à Washington et de pouvoir du lobby israélien à son plus haut niveau. Mais le problème le plus grave est que toutes ces manœuvres en coulisses ont un impact direct sur la position américaine dans un monde de plus en plus préoccupé par le pouvoir du lobby israélien qui influence et souvent dirige la politique étrangère des États-Unis.

Le fait que les États-Unis donnent un coup de pouce au "Golem" nucléaire indien en échange de l'intégration effective de l'Inde dans l'axe États-Unis-Israël-Inde est une autre source d'inquiétude qui reflète encore davantage les dangers de la quête d'Israël pour renforcer son rôle sur la scène mondiale, en utilisant son propre Golem comme moyen d'atteindre ses objectifs impériaux.

Chapitre 12

La guerre secrète de JFK contre Israël : The Untold Story of How the Controversy Over Israel's Golem Was Central to the JFK Assassination Conspiracy

Les efforts déterminés (et alors secrets) déployés en coulisses par John F. Kennedy pour empêcher Israël de se doter d'un arsenal d'armes nucléaires ont-ils joué un rôle déterminant dans les événements qui ont conduit à son assassinat le 22 novembre 1963 ?

Le Mossad, le service de renseignement israélien, a-t-il joué un rôle de premier plan dans la conspiration de l'assassinat de JFK, aux côtés d'éléments de la CIA et du crime organisé international ?

Pourquoi le réalisateur hollywoodien Oliver Stone n'a-t-il pas révélé, dans son film de 1993 consacré à l'assassinat de JFK, que le héros de son épopée, l'ancien procureur de la Nouvelle-Orléans Jim Garrison, avait conclu en privé que le Mossad était en fin de compte la force motrice de l'assassinat de JFK ?

Alors que l'attention du monde entier se concentre sur les problèmes de prolifération nucléaire au Moyen-Orient, est-il valable ou approprié de soulever la question d'une éventuelle complicité israélienne dans l'assassinat d'un président américain ?

Ce ne sont là que quelques-unes des questions très controversées posées dans mon livre, Final Judgment, qui est devenu un proverbial "best-seller clandestin" aux États-Unis, le sujet d'un débat passionné sur l'internet et l'objet d'échanges furieux dans divers forums publics.

Ce qui suit est un résumé de mes conclusions dans Final Judgment, un volume de 768 pages documenté par plus de 1000 notes de référence, une section étendue de questions-réponses, 36 pages de photographies et de graphiques, et dix annexes se concentrant sur différents aspects de la conspiration de l'assassinat de JFK.

En 1992, l'ancien membre du Congrès américain Paul Findley, un républicain libéral, a fait le commentaire peu remarqué mais intriguant que "dans tous les textes que j'ai écrits sur l'assassinat de John F. Kennedy, l'agence de renseignement israélienne, le Mossad, n'a jamais été mentionnée, malgré le fait évident que la complicité du Mossad est aussi plausible que n'importe laquelle des autres théories".

Comment Findley - qui n'a jamais été connu pour être un extrémiste, loin s'en faut, et qui n'est certainement pas un adepte des théories du complot - a-t-il pu en arriver à une telle affirmation ?

En réalité, il ne s'agit pas d'une thèse si extraordinaire, si l'on considère le dossier historique, qui place toutes les théories conventionnelles sur l'assassinat de JFK dans une nouvelle perspective, en calculant des détails précédemment peu connus qui jettent une lumière crue sur les circonstances entourant la mort de JFK et les crises géopolitiques dans lesquelles le président américain était plongé au moment de son assassinat choquant.

En vérité, même l'exposition la plus récente et la plus largement diffusée de la théorie de l'assassinat de JFK - le film à succès d'Oliver Stone, JFK, sorti en 1993 - n'a même pas présenté l'ensemble du tableau.

Bien que Stone ait présenté l'ancien procureur de la Nouvelle-Orléans, Jim Garrison, comme un héros pour avoir pointé du doigt des éléments de l'armée et des réseaux de renseignement américains comme étant la force motrice de l'assassinat de JFK, il n'a pas dit à son public quelque chose d'encore plus controversé : en privé, après quelques années de recherche et de réflexion, Garrison était parvenu à une conclusion encore plus surprenante : la force motrice de l'assassinat de JFK n'était autre que le redoutable service de renseignement d'Israël, le Mossad.

Aussi étonnant que cela puisse paraître, il y a en fait de bonnes raisons de conclure que Garrison a peut-être cherché dans la bonne direction. Et à l'heure où le débat sur les "armes de destruction massive" occupe le devant de la scène mondiale, cette thèse n'est pas aussi extraordinaire qu'elle en a l'air.

Le 40e anniversaire de l'assassinat de John F. Kennedy approche et la fascination pour le meurtre du 35e président des États-Unis ne faiblit pas. Les "mordus" de l'assassinat, non seulement aux États-Unis mais dans le monde entier, continuent de s'attaquer aux conclusions des deux enquêtes officielles menées par le gouvernement américain sur cette affaire.

Bien que le rapport de 1979 d'une commission spéciale du Congrès américain ait formellement contredit la conclusion de 1964 de la commission Warren nommée par le président, selon laquelle l'assassin présumé Lee Harvey Oswald avait agi seul, et qu'il ait conclu au contraire qu'il y avait effectivement une probabilité de conspiration derrière l'assassinat du président - faisant largement allusion à l'implication du crime organisé - la décision finale de la commission du Congrès a en fait soulevé plus de questions, à certains égards, qu'elle n'y a apporté de réponses.

En 1993, Oliver Stone, de Hollywood, est entré dans la danse avec sa superproduction, JFK, qui présentait l'interprétation de Stone de l'enquête sur l'assassinat de JFK menée par Jim Garrison, alors procureur de la Nouvelle-Orléans, et qui a fait l'objet d'une large publicité entre 1967 et 1969.

Le film de Stone, dans lequel Kevin Costner incarne Garrison, soulève le spectre de l'implication de certains éléments du "complexe militaro-industriel", ainsi que d'une poignée d'exilés cubains anticastristes, de militants de droite et d'agents malhonnêtes de la Central Intelligence Agency (CIA). Le film raconte l'histoire de l'enquête menée par Garrison et des poursuites finalement infructueuses engagées contre l'homme d'affaires de la Nouvelle-Orléans Clay Shaw (alors soupçonné d'être un collaborateur de la CIA, ce qui a été prouvé par la suite) pour son implication dans la conspiration de l'affaire JFK.

Cependant, comme nous le savons maintenant, même Stone n'a pas été fidèle à son héros.

A. J. Weberman, enquêteur indépendant de longue date sur l'assassinat de JFK, a depuis révélé que, dans les années 1970 - bien après les poursuites engagées par Garrison contre Shaw -, Garrison faisait circuler le manuscrit d'un roman (jamais publié) dans lequel il désignait le Mossad israélien comme le cerveau de la conspiration de l'assassinat de JFK.

Garrison n'a jamais rien dit de cette thèse inhabituelle, du moins publiquement. Mais depuis le milieu des années 1980 et jusqu'à aujourd'hui, de nouvelles preuves sont apparues qui non seulement montrent que le Mossad avait de bonnes raisons d'agir contre John F. Kennedy, mais aussi que non seulement Clay Shaw (la cible de Garrison), mais aussi d'autres personnages clés souvent associés à l'assassinat de JFK dans les écrits publiés, étaient en fait étroitement liés au Mossad et à ses ordres.

Et ce qui est particulièrement intéressant, c'est qu'aucune des personnes en question - y compris Shaw - n'était juive. L'affirmation selon laquelle les allégations d'implication du Mossad sont en quelque sorte "antisémites" par nature tombe donc à plat sur ce seul fait. Mais la complicité du Mossad - comme l'indique le dossier - est une possibilité très réelle.

Les détracteurs de Garrison continuent d'affirmer que le procureur de la Nouvelle-Orléans n'arrivait pas à se décider sur la personne qui, selon lui, avait orchestré l'assassinat du président John F. Kennedy. C'était en effet le principal reproche fait à ce procureur turbulent, franc et haut en couleur : il n'arrivait tout simplement pas à se décider.

Et c'est l'une des raisons pour lesquelles même de nombreux partisans de Garrison ont commencé à mettre en doute sa sincérité, et même à se demander si l'enquête de Garrison valait la peine d'être menée.

En vérité, Garrison a eu tendance à tirer dans le tas. C'est peut-être là sa plus grande erreur - l'une des nombreuses - au cours de son enquête controversée sur l'assassinat du 35e président des États-Unis.

À un moment ou à un autre, au cours de cette enquête, Garrison a pointé du doigt l'un ou l'autre des différents conspirateurs possibles, allant des "extrémistes de droite" aux "barons du pétrole texans", en passant par les "exilés cubains anticastristes" et les "agents véreux de la CIA". Parfois, Garrison est allé jusqu'à dire que la conspiration incluait une combinaison de ces conspirateurs possibles.

Lorsque Garrison a finalement traduit un homme en justice, Clay Shaw, un cadre commercial très respecté de la Nouvelle-Orléans, Garrison avait réduit son champ d'action, suggérant principalement que Shaw avait été l'un des acteurs de second plan de la conspiration.

Selon Garrison, Shaw était essentiellement aux ordres de personnalités hautement placées dans ce qui a été décrit comme le "complexe militaro-industriel", cette combinaison d'intérêts financiers et de fabricants d'armements dont le pouvoir et l'influence dans le Washington officiel - et dans le monde entier - constituent une force très réelle dans les affaires mondiales.

Garrison a suggéré que Shaw et ses co-conspirateurs avaient de multiples motivations pour stimuler leur décision de s'en prendre au président Kennedy.

Il a notamment affirmé

- Les conspirateurs se sont opposés à la décision de JFK de commencer à retirer les forces américaines d'Indochine ;

- Ils lui reprochaient de ne pas avoir fourni de couverture militaire aux exilés cubains qui tentaient de renverser Fidel Castro lors de l'invasion ratée de la Baie des Cochons ;

- Ils en voulaient à JFK d'avoir limogé Allen Dulles, directeur de longue date de la CIA, grand ancien de la guerre froide contre l'Union soviétique.

- En outre, Garrison a laissé entendre que le successeur de JFK, Lyndon Johnson, aurait pu vouloir que JFK soit démis de ses fonctions afin de s'approprier la couronne, mais aussi parce que JFK et son jeune frère, le procureur général Robert Kennedy, ne complotaient pas seulement pour écarter Johnson de la liste nationale du parti démocrate en 1964, mais aussi parce que JFK et son jeune frère, le procureur général Robert Kennedy, non seulement complotaient pour écarter Johnson du ticket national démocrate en 1964, mais menaient également des enquêtes criminelles fédérales sur de nombreux associés et bailleurs de fonds proches de Johnson, y compris dans le domaine du crime organisé, dont beaucoup, comme le montre l'histoire, avaient des liens étroits (bien que peu connus) avec Israël et son service de renseignement, le Mossad. Ce n'est que plus tard - beaucoup plus tard - qu'il est apparu que Shaw avait bel et bien été un informateur de la CIA, malgré les protestations de Shaw.

Ce n'est que ces dernières années qu'il a été établi, par exemple, que la CIA américaine sabotait délibérément l'enquête de Garrison de l'intérieur, sans parler de l'aide qu'elle apportait à la défense de Shaw. Et bien que certains continuent à dire que l'acquittement de Shaw "prouve" que Shaw n'avait rien à voir avec la conspiration de JFK, le tableau d'ensemble suggère tout le contraire.

Shaw était impliqué dans quelque chose de très trouble, tout comme d'autres membres de son cercle d'amis et d'associés. Et ils étaient, à leur tour, directement liés aux étranges activités de Lee Harvey Oswald à la Nouvelle-Orléans, l'été précédant l'assassinat de John F. Kennedy, avant le séjour d'Oswald à Dallas. Des dizaines d'écrivains - dont beaucoup ont des points de vue différents - ont documenté tout cela, encore et encore.

Ainsi, même si la légende "officielle" veut que Jim Garrison pense que la CIA et le complexe militaro-industriel sont les principaux responsables de l'assassinat de JFK, en fin de compte, Jim Garrison était parvenu en privé à une conclusion tout à fait différente, qui reste largement inconnue, même des nombreuses personnes qui ont travaillé avec Garrison tout au long de son enquête.

En fait, comme on l'a vu, Garrison avait décidé, sur la base de l'ensemble de ce qu'il avait appris, à partir d'une grande variété de sources, que les commanditaires les plus probables de l'assassinat de JFK étaient des agents des services de renseignements israéliens, le Mossad.

La vérité est que - bien que Garrison ne l'ait apparemment pas su à l'époque, précisément parce que les faits n'avaient pas encore été révélés - Garrison était peut-être sur la bonne voie, bien plus qu'il ne le pensait.

Les archives publiques démontrent aujourd'hui qu'en 1963, JFK était impliqué dans un conflit secret et amer avec le dirigeant israélien David Ben-Gurion au sujet de la volonté d'Israël de fabriquer la bombe atomique ; Ben-Gurion a démissionné avec dégoût, déclarant qu'en raison de la politique de JFK, "l'existence d'Israël [était] en danger".

Après l'assassinat de JFK, la politique américaine à l'égard d'Israël a amorcé un virage à 180 degrés.

Le nouveau livre de l'historien israélien Avner Cohen, Israel and the Bomb, confirme le conflit entre JFK et Israël avec une telle force que le journal israélien Ha'aretz a déclaré que les révélations de Cohen "nécessiteraient la réécriture de toute l'histoire d'Israël".

Du point de vue d'Israël, écrit Cohen, "les exigences de Kennedy [à l'égard d'Israël] semblaient diplomatiquement inappropriées ... incompatibles avec la souveraineté nationale". En tout état de cause, souligne Cohen, "le passage de Kennedy à [Lyndon] Johnson [...] a profité au programme nucléaire israélien".

Ethan Bronner, dans le New York Times, a qualifié la volonté d'Israël de fabriquer une bombe nucléaire de "sujet farouchement caché". Cela explique pourquoi les chercheurs de JFK - et Jim Garrison - n'ont jamais pensé à un Israélien.

Bien que tout cela constitue un motif solide pour Israël de frapper JFK, même le journaliste israélien franc-tireur Barry Chamish reconnaît qu'il existe "un dossier assez convaincant" pour la collaboration du Mossad avec la CIA dans le complot de l'assassinat.

Le fait est que lorsque Jim Garrison a poursuivi Clay Shaw pour conspiration dans l'assassinat, Garrison était tombé sur le lien avec le Mossad.

Bien qu'il ait été révélé (après son acquittement) que Shaw était un actif de la CIA, il a également siégé en 1963 au conseil d'administration d'une société basée à Rome, Permindex, qui était (selon les preuves) une façade pour une opération d'achat d'armes parrainée par le Mossad.

Comment et pourquoi Shaw s'est retrouvé associé à cette opération reste un mystère, mais le rôle très clair du Mossad dans les activités de Permindex ne fait aucun doute, malgré les protestations.

Les preuves sont nombreuses. Jugez-en par vous-même :

L'un des principaux actionnaires de Permindex, la Banque de Crédit Internationale de Genève, était non seulement le fief de Tibor Rosenbaum, un fonctionnaire de haut niveau et de longue date du Mossad - en fait, l'un des pères fondateurs d'Israël - mais aussi le principal blanchisseur d'argent de Meyer Lansky, "président" du syndicat du crime et loyaliste israélien de longue date.

Selon les biographes israéliens sympathisants de Meyer Lansky : "Après qu'Israël soit devenu un État, près de 90 % de ses achats d'armes à l'étranger ont transité par la banque de Rosenbaum. Le financement d'un grand nombre des opérations secrètes les plus audacieuses d'Israël a été réalisé grâce aux fonds de la [BCI]". La BCI a également servi de dépositaire pour le compte Permindex.

Le fait que la BCI de Tibor Rosenbaum ait été une force de contrôle de l'énigmatique entité Permindex place Israël et son Mossad au cœur même de la conspiration de l'assassinat de John F. Kennedy.

Il convient également de noter que le directeur général et actionnaire de Permindex était Louis Bloomfield, de Montréal, figure de proue du lobby israélien au Canada (et au niveau international) et agent de longue date de la famille de Samuel Bronfman, chef du Congrès juif mondial, partenaire commercial intime de Lansky dans le trafic international de whisky de contrebande pendant la Prohibition et, bien plus tard, mécène de premier plan d'Israël.

Permindex était clairement le lien israélien avec l'assassinat de JFK. Le lien Permindex explique également la "connexion française" présentée dans le documentaire Les hommes qui ont tué Kennedy, mais qui ne raconte pas toute l'histoire :

- Ce Permindex a également été impliqué dans des tentatives d'assassinat du président français Charles De Gaulle par l'Organisation de l'armée secrète française (OAS), qui avait elle-même des liens étroits avec le Mossad.

- Comme l'OEA, les Israéliens détestaient De Gaulle non seulement parce qu'il avait accordé l'indépendance à l'Algérie, un nouvel État arabe important, mais aussi parce que De Gaulle, qui avait aidé Israël, lui avait retiré son soutien, s'opposant (comme JFK) à la volonté d'Israël de se doter d'un arsenal atomique.

- En 1993, un officier de renseignement français a affirmé à cet auteur que le Mossad avait sous-traité au moins l'un des assassins de JFK - probablement un tueur à gages corse - par l'intermédiaire d'un agent de renseignement français déloyal envers De Gaulle et qui détestait JFK parce qu'il soutenait l'indépendance de l'Algérie.

Il existe également des preuves solides, fondées sur les révélations du regretté journaliste Stewart Alsop, que JFK planifiait également une attaque contre le programme de bombes nucléaires de la Chine rouge, un plan sabordé par Lyndon Johnson moins d'un mois après l'assassinat de JFK.

Au cours de cette même période, selon le célèbre historien britannique du renseignement Donald McCormack (qui écrit sous son nom de plume, Richard Deacon, dans son livre The Israeli Secret Service), Israël et la Chine rouge étaient impliqués dans des recherches secrètes conjointes sur les bombes nucléaires.

En outre, nous savons désormais qu'un acteur clé du réseau Permindex, l'industriel israélien milliardaire Shaul Eisenberg, est devenu l'agent de liaison du Mossad avec la Chine et a finalement joué un rôle clé dans le développement des transferts massifs d'armes entre Israël et la Chine qui ont été portés à l'attention du public dans les années 1980.

Il n'est pas non plus anodin que James Angleton, l'agent de liaison de la CIA avec le Mossad, soit un fervent partisan d'Israël qui a non seulement orchestré le scénario reliant l'accusé Lee Oswald au KGB soviétique, mais qui a également fait circuler par la suite des informations erronées afin de brouiller les pistes dans les enquêtes sur l'assassinat. Les récits des intrigues d'Angleton avec le Mossad pendant la guerre froide sont légion.

En ce qui concerne le lien souvent évoqué entre la "mafia" et l'assassinat de JFK, même les sources "grand public" sur le crime organisé notent que les figures de la "mafia" italo-américaine les plus souvent accusées d'être à l'origine de l'assassinat - Carlos Marcello de la Nouvelle-Orléans et Santo Trafficante de Tampa, en Floride - étaient en fait des subordonnés de Meyer Lansky, associé au Mossad. Marcello et Trafficante rendaient compte à Lansky, et non l'inverse.

En outre, le neveu et homonyme du tristement célèbre chef de la mafia de Chicago, Sam Giancana - également souvent soupçonné d'avoir commandité l'assassinat de JFK - a récemment affirmé que le véritable chef de la mafia de Chicago était un associé juif américain de Meyer Lansky - Hyman "Hal" Larner - qui, tout en tirant les ficelles de Giancana et de la mafia de Chicago, collaborait activement à des intrigues internationales avec le Mossad d'Israël.

Il n'est pas étonnant que certains critiques suggèrent qu'Oliver Stone n'a peut-être pas mentionné ces détails dans JFK parce que le film a été financé par Arnon Milchan, un marchand d'armes israélien devenu producteur hollywoodien que même l'émission Sixty Minutes de CBS a associé à la contrebande de matériel pour le programme nucléaire israélien - qui, bien sûr, s'est avéré être le point de discorde amer (et peut-être fatal) entre JFK et Israël.

Bien que le diplomate israélien Uri Palti ait déclaré que tout cela - tel que décrit en détail dans le livre de cet auteur, Jugement dernier - était "absurde", que l'auteur Gerald Posner, lié à la CIA, l'ait qualifié de "farfelu" et que le chroniqueur conservateur résolument pro-israélien George Will l'ait qualifié de "licence intellectuelle vicieuse", le Los Angeles Times a admis à contrecœur en 1997 que la thèse du Jugement dernier était "en effet nouvelle","Le Los Angeles Times a admis à contrecœur en 1997 que la thèse du Jugement dernier était "vraiment nouvelle", déclarant qu'elle "tisse certains des fils essentiels d'une tapisserie dont beaucoup disent qu'elle est unique"."

Et il convient de noter que, bien que de nombreuses personnes soient convaincues que la CIA a joué un rôle dans l'assassinat de JFK, un grand nombre de ces mêmes personnes craignent de mentionner la probabilité d'un rôle du Mossad. Pourtant, comme l'a souligné le journaliste Andrew Cockburn :

"Depuis les premiers jours de l'État d'Israël et de la CIA, il existe un lien secret qui permet aux services de renseignement israéliens de travailler pour la CIA et le reste des services de renseignement américains.

Vous ne pouvez pas comprendre ce qui s'est passé avec les opérations secrètes américaines et israéliennes tant que vous ne comprenez pas cet arrangement secret".

Il existe au moins trois livres importants, écrits par des journalistes de renom, qui documentent les liens souterrains entre la CIA et le Mossad, sans oublier, sous une facette ou une autre, les aspects de l'âpre conflit secret entre JFK et Israël, non seulement à propos de la politique en matière d'armes nucléaires, mais aussi à propos de la politique américaine au Moyen-Orient en général. En outre, ces volumes démontrent que la politique américaine a effectivement opéré un virage à 180 degrés à la mort du président Kennedy :

1) L'option Samson : Israel's Nuclear Arsenal and American Foreign Policy (L'arsenal nucléaire israélien et la politique étrangère américaine) par Seymour Hersh, journaliste chevronné du New York Times et lauréat du prix Pulitzer.

2) Dangerous Liasion : The Inside Story of the U.S.-Israeli Covert Relationship (L'histoire des relations secrètes entre les États-Unis et Israël) par Andrew et Leslie Cockburn, deux journalistes libéraux respectés ; et

3) Taking Sides : America's Secret Relations With a Militant Israel de Stephen Green, qui a été associé au très "grand public" Council on Foreign Relations et au Carnegie Endowment for International Peace.

Hersh et Green sont d'ailleurs juifs. Les trois livres ont été publiés par des maisons d'édition respectées.

Tous ces volumes montrent clairement que JFK et le Premier ministre israélien David Ben-Gourion étaient en profond désaccord, au point que Ben-Gourion pensait que la politique de JFK menaçait la survie même d'Israël - et il l'a dit. Après l'assassinat de JFK, la politique américaine à l'égard du Moyen-Orient a connu un étonnant virage à 180 degrés - le résultat le plus immédiat de l'assassinat du président américain. Il s'agit là d'un fait froid, dur et indiscutable, qui ne peut être débattu. Les preuves ne sont que trop claires.

Hersh a noté que la presse israélienne et la presse mondiale "ont dit au monde que la démission soudaine de Ben-Gurion était le résultat de son mécontentement face aux scandales et aux troubles politiques intérieurs qui secouaient Israël". Cependant, Hersh a poursuivi en disant, de manière assez significative, qu'il n'y avait "aucun moyen pour le public israélien" de savoir qu'il y avait "encore un autre facteur" derrière la démission : spécifiquement, selon Hersh, "l'impasse de plus en plus amère de Ben-Gourion avec Kennedy au sujet d'un Israël doté de l'arme nucléaire".

L'épreuve de force finale avec JFK au sujet de la bombe nucléaire était clairement la "raison principale" de la démission de Ben-Gourion.

Comme nous l'avons vu, la volonté de construire une bombe nucléaire n'était pas seulement un objectif majeur de la politique de défense d'Israël (son fondement même) ( ), mais aussi un intérêt particulier de Ben-Gourion.

Quoi qu'il en soit, les révélations de Seymour Hersh sur JFK et Ben-Gurion ont été éclipsées par un ouvrage plus récent sur le même sujet - celui d'un universitaire israélien, Avner Cohen. Lorsque Cohen a publié en 1999 son livre Israel and the Bomb (New York : Columbia University Press), l'ouvrage a fait sensation en Israël.

L'"option nucléaire" n'était pas seulement au cœur de la vision personnelle du monde de Ben-Gourion, mais le fondement même de la politique de sécurité nationale d'Israël. Les Israéliens étaient essentiellement prêts, si nécessaire, à "faire exploser le monde" - y compris eux-mêmes - s'ils devaient le faire pour vaincre leurs ennemis arabes.

C'est ce que, selon Hersh, les planificateurs nucléaires israéliens considéraient comme "l'option Samson" : Samson, dans la Bible, après avoir été capturé par les Philistins, a abattu le temple de Dagon à Gaza et s'est tué en même temps que ses ennemis. Comme le dit Hersh, "pour les partisans israéliens du nucléaire, l'option Samson est devenue une autre façon de dire "plus jamais ça" (en référence à la prévention d'un nouvel Holocauste)".

Tous les éléments de preuve, pris dans leur ensemble, démontrent clairement que c'est bien "l'option Samson" qui a été la cause première de la démission de Ben-Gourion.

En définitive, en 1963, le conflit entre JFK et Ben-Gurion était un secret pour le public israélien et le public américain. Il l'est resté pendant plus de 20 ans au moins et le reste encore, malgré la publication du livre de Hersh, suivi du Jugement dernier et du livre d'Avner Cohen.

Le livre très puissant d'Avner Cohen a essentiellement confirmé tout ce que Hersh avait écrit, mais il est allé encore plus loin.

Cohen décrit comment le conflit entre JFK et Ben-Gourion a atteint son apogée en 1963 et comment, le 16 juin de cette année-là, JFK a envoyé une lettre au dirigeant israélien qui, selon Cohen, était "le message le plus dur et le plus explicite" à ce jour. Et Cohen d'ajouter : "Kennedy a exercé le levier le plus utile dont dispose un président américain dans ses relations avec Israël : la menace qu'une solution insatisfaisante compromettrait l'engagement et le soutien du gouvernement américain à l'égard d'Israël...".

Ben-Gourion n'a jamais lu la lettre de JFK. Au lieu de cela, Ben-Gourion a annoncé sa démission. Selon Cohen, Ben-Gourion n'a jamais fourni d'explication à sa décision, à l'exception d'une référence à des "raisons personnelles". A ses collègues du cabinet, Ben-Gourion a dit qu'il "devait" démissionner et qu'"aucun problème ou événement d'Etat n'en était la cause". Cohen a ajouté que Ben-Gourion avait "conclu qu'il ne pouvait pas dire la vérité sur Dimona aux dirigeants américains, même en privé".

Immédiatement après la démission du Premier ministre Ben-Gourion, JFK a écrit une lettre au nouveau Premier ministre. Levi Eshkol, qui était manifestement encore plus féroce que les précédentes communications très dures de JFK avec Ben-Gourion. Avner Cohen a écrit :

Depuis le message d'Eisenhower à Ben-Gourion en pleine crise de Suez en novembre 1956, aucun président américain n'avait été aussi direct avec un premier ministre israélien. Kennedy a déclaré à Eshkol que l'engagement et le soutien des États-Unis à l'égard d'Israël "pourraient être sérieusement compromis" si Israël ne permettait pas aux États-Unis d'obtenir des "informations fiables" sur ses efforts dans le domaine nucléaire.

Les exigences de Kennedy étaient sans précédent. Elles constituaient en fait un ultimatum.

Cohen a noté que : "Du point de vue d'Eshkol, les exigences de Kennedy semblaient diplomatiquement inappropriées ; elles étaient incompatibles avec la souveraineté nationale. Il n'y avait pas de base légale ou de précédent politique pour de telles demandes". Cohen ajoute que "la lettre de Kennedy a précipité une situation de quasi-crise dans le bureau du Premier ministre".

Ainsi, contrairement à ce que certains pourraient suggérer aujourd'hui, la pression de Kennedy sur Israël n'a pas pris fin avec la démission de Ben-Gourion. Au contraire, les pressions exercées par JFK sur Israël au sujet de ses ambitions nucléaires se sont nettement intensifiées. JFK ne voulait en aucun cas d'un Israël doté de l'arme nucléaire.

Le journal israélien Ha'aretz a publié une critique du livre de Cohen le 5 février 1999, le qualifiant de "livre qui fait l'effet d'une bombe". La critique de Ha'aretz, rédigée par Reuven Pedatzur, est assez intéressante. Elle se lit en partie comme suit L'assassinat du président américain John F. Kennedy a mis un terme abrupt aux pressions massives exercées par l'administration américaine sur le gouvernement israélien pour qu'il mette fin au programme nucléaire. Cohen démontre longuement les pressions exercées par Kennedy sur Ben-Gurion.

Il évoque le fascinant échange de lettres entre les deux hommes, dans lequel Kennedy fait clairement comprendre à [Ben-Gurion] qu'il [JFK] n'acceptera en aucun cas qu'Israël devienne un État nucléaire.

Le livre laisse entendre que si Kennedy était resté en vie, il n'est pas certain qu'Israël disposerait aujourd'hui d'une option nucléaire.

Selon l'historien Stephen Green : "Le 22 novembre, dans un avion reliant Dallas à Washington, Lyndon Johnson a prêté serment en tant que 36e président des États-Unis, après l'assassinat de John F. Kennedy.

Green a développé plus avant, en termes très clairs : "Dans les premières années de l'administration Johnson, le programme d'armes nucléaires israélien était qualifié à Washington de "sujet délicat". La Maison Blanche de Lyndon Johnson n'a pas vu Dimona, n'a pas entendu Dimona et n'a pas parlé de Dimona lorsque le réacteur est devenu critique au début de 1964".

Ainsi, le point critique du différend entre John F. Kennedy et le gouvernement israélien dominé par le Mossad n'était plus d'actualité.

Le nouveau président américain, longtemps partisan d'Israël, a permis la poursuite du programme nucléaire. Ce n'était que le début.

Comment la thèse plus conventionnelle selon laquelle la CIA a été le principal instigateur de l'assassinat de JFK s'articule-t-elle avec la théorie selon laquelle le Mossad a également joué un rôle clé dans la conspiration de JFK ?

En 1963, John F. Kennedy n'était pas seulement en guerre contre Israël et le syndicat du crime dominé par le loyaliste israélien Meyer Lansky et ses hommes de main de la mafia, mais il était également en guerre contre leur proche allié dans le monde du renseignement international, la CIA.

La CIA avait bien sûr ses propres problèmes avec JFK. Six semaines seulement avant l'assassinat de John F. Kennedy, le New York Times avait rapporté qu'un haut fonctionnaire de l'administration Kennedy avait prévenu qu'un coup d'État orchestré par la CIA en Amérique était une possibilité redoutable. La CIA - comme ses alliés en Israël - avait de bonnes raisons (selon sa propre perception) de vouloir que JFK soit chassé de la Maison Blanche et remplacé par Lyndon B. Johnson.

La bataille de JFK contre la CIA au sujet de la débâcle de la Baie des Cochons n'était qu'un début. Dans les derniers jours de sa présidence, JFK ne se contentait pas de lutter contre les efforts de la CIA visant à impliquer davantage les États-Unis dans l'Asie du Sud-Est, il s'apprêtait également à démanteler entièrement la CIA. L'existence même de la CIA était en danger.

Cela a bien sûr mis en évidence le fait que la CIA était un suspect probable dans l'assassinat de JFK, et c'est une piste d'enquête suivie par Jim Garrison.

Cependant, d'autres liens entre la CIA et l'assassinat, souvent évoqués, pointent également vers le Mossad.

Notons par exemple qu'une ancienne maîtresse de Fidel Castro, Marita Lorenz, agent de la CIA, a témoigné devant le Congrès américain que Frank Sturgis, agent de longue date de la CIA, célèbre pour son activisme anti-castriste, lui avait dit après l'assassinat qu'il avait été impliqué dans l'assassinat de JFK.

S'appuyant sur sa propre étude approfondie de l'assassinat de JFK, l'ancien chef du contre-espionnage cubain , le général Fabian Escalante Escalante, a déclaré à la journaliste Claudia Furiati que les services de renseignement cubains avaient déterminé qu'en fait, "Sturgis était chargé des communications, de la réception et de la transmission d'informations sur les mouvements à Dealey Plaza et sur le cortège aux tireurs et à d'autres personnes".

Si Sturgis a été impliqué dans la mécanique de l'assassinat, les preuves historiques suggèrent que Sturgis aurait pu fonctionner comme un outil du Mossad dans le cadre de la conspiration.

La vérité est qu'une quinzaine d'années avant l'assassinat de JFK, Sturgis avait travaillé pour le Mossad.

Selon F Peter Model, chercheur sur l'assassinat de JFK, Sturgis était un "mercenaire de Hagannah pendant la première guerre israélo-arabe (1948)", et Sturgis avait également une petite amie en Europe dans les années 1950 qui travaillait pour les services de renseignement israéliens et avec laquelle il travaillait. Sturgis lui-même a déclaré qu'il avait aidé sa petite amie en tant que coursier en Europe dans un certain nombre de ses activités pour le compte du Mossad.

George, ancien correspondant de Time-Life qui a passé beaucoup de temps à Cuba pendant et après la révolution de Castro, il était également bien connu des exilés cubains anticastristes que Sturgis avait également travaillé pour le Mossad, et ce pendant une longue période.

En outre, à l'apogée des opérations anticastristes de la CIA à Miami, dans lesquelles Sturgis était un personnage clé, quelque 12 à 16 agents du Mossad travaillaient à partir de Miami sous le commandement du directeur adjoint du Mossad, Yehuda S. Sipper, et leur influence s'étendait à l'ensemble de l'Amérique latine et des Caraïbes.

Citant un mémo de la CIA datant de 1976, le professeur John Newman, qui a enquêté sur les connaissances de la CIA concernant les activités de Lee Harvey Oswald, affirme que Sturgis a fondé la Brigade internationale anticommuniste et que "les bailleurs de fonds du groupe de Sturgis n'ont jamais été pleinement établis".

Les informations fournies par un certain nombre de sources suggèrent que le groupe de Sturgis aurait pu être une émanation des opérations du Mossad basées à Miami, entrelacées avec les propres intrigues de Sturgis, soutenues par la CIA, dans la même sphère d'influence.

En fait, une unité de la brigade de Sturgis était l'"Interpen" de l'agent contractuel de la CIA Gerry Patrick Hemming, qui opérait en dehors de la Nouvelle-Orléans, et Sturgis était lié à ces opérations de l'Interpen.

Ces activités autour de la Nouvelle-Orléans sont connues pour avoir impliqué deux des principaux acteurs entourant Lee Harvey Oswald avant l'assassinat de JFK : les agents contractuels de la CIA Guy Banister et David Ferrie (tous deux ont fait l'objet d'une enquête de Jim Garrison et tous deux ont été liés par Garrison à Clay Shaw dans le cadre d'activités impliquant des intrigues de renseignement).

En fait, il existe un lien israélien avec Interpen. Selon Hemming lui-même, le "contact le plus important d'Interpen aux États-Unis" était le financier new-yorkais Theodore Racoosin, que Hemming décrit comme "l'un des principaux fondateurs de l'État d'Israël".

Hemming déclare franchement que, bien qu'il n'ait personnellement vu aucune preuve qui le convainque que le Mossad a participé directement à l'assassinat de JFK, il a déclaré : "Je sais depuis la fin des années 1960 que le Mossad était au courant de l'assassinat de JFK avant même qu'il ne se produise, qu'il a ensuite mené une enquête complète sur la question et qu'il a depuis lors conservé tous ces dossiers". (souligné par l'auteur).

Quoi qu'il en soit, non seulement Clay Shaw, un agent de la CIA de la Nouvelle-Orléans, est lié au Mossad par son association à l'opération Permindex (tout comme Banister et Ferrie), mais nous constatons également que deux autres acteurs des opérations anticastristes de la Nouvelle-Orléans liés à la CIA (Sturgis et Hemming) se trouvaient dans la sphère d'influence du Mossad. Et Lee Harvey Oswald est lié à tous les acteurs clés impliqués.

Quoi qu'il en soit, nous savons aujourd'hui qu'au moins une personne qui aurait avoué avoir participé à l'assassinat de JFK - Frank Sturgis - entretenait depuis longtemps de multiples liens avec le Mossad pendant de nombreuses années avant (et après) l'époque de l'assassinat de JFK. Et ainsi de suite.

L'histoire ne s'arrête pas là. Mais terminons par ceci : Il y a quelques années, un Américain a rencontré le célèbre présentateur de la chaîne CBS, Walter Cronkite, à Martha's Vineyard. Il l'a informé de la théorie de l'implication du Mossad dans l'assassinat de JFK et Cronkite l'a écouté attentivement. La réponse de Cronkite fut pour le moins intrigante.

En regardant la mer, Cronkite a fait une remarque très succincte : "Je ne vois aucun groupe - à l'exception des services secrets israéliens - qui aurait été capable de garder le complot de l'assassinat de JFK sous silence aussi longtemps.

Les preuves démontrent que la thèse repose sur des bases très solides. Il s'agit d'un scénario qui a du sens, au grand dam de nombreux critiques. Ce scénario est plus proche que tout ce qui a été écrit jusqu'à présent de résumer l'ensemble de la conspiration de l'assassinat de JFK.

Cette reconstitution, certes "inhabituelle" et certainement controversée, de la conspiration de l'assassinat de JFK jette un nouveau regard sur un très grand puzzle qui présente une image remarquablement complexe et quelque peu obscure. Sur l'image extrêmement confuse de la face avant du puzzle figurent tous les groupes et individus impliqués dans la conspiration de l'assassinat de JFK. Cependant, lorsque l'on retourne le puzzle, on trouve une grande image très claire du drapeau israélien.

Chapitre treize

Le "problème juif" de Jimmy Carter : La guerre de longue date, pas si secrète, menée contre Jimmy Carter par Israël et son puissant lobby à Washington

John F. Kennedy n'a pas été le seul président américain à subir les foudres du lobby israélien en Amérique. En tant que président, et dans les années qui ont suivi ses quatre années à la Maison Blanche (en particulier ces derniers temps), le collègue démocrate de JFK, Jimmy Carter, a également été la cible d'Israël et de ses puissants défenseurs sur le sol américain. Aujourd'hui, le lobby israélien en veut à Jimmy Carter, une fois de plus. L'ancien président - lauréat du prix Nobel de la paix - est sous le feu des critiques du lobby israélien pour les commentaires qu'il a faits dans un nouveau livre consacré au problème de la Palestine.

Le titre du livre de Carter a, à lui seul, enflammé les amis d'Israël. L'utilisation par Carter du terme "apartheid" dans le titre Palestine : Peace Not Apartheid (La paix, pas l'apartheid) compare effectivement le traitement actuel par Israël des Arabes palestiniens chrétiens et musulmans à l'ancienne politique de séparation raciale (connue sous le nom d'"apartheid") en Afrique du Sud, qui a été démantelée depuis longtemps.

Et comme le savent très bien tous ceux qui ont suivi les médias à un moment ou à un autre au cours des 50 dernières années, le concept d'"apartheid" n'a jamais été favorablement accueilli. L'utilisation par Carter de ce terme pour décrire la politique d'Israël est donc très pertinente et a déclenché une véritable frénésie dans les cercles pro-israéliens.

Dans son livre, l'ancien président a également pointé du doigt l'influence du lobby israélien en déclarant : "En raison de puissantes forces politiques, économiques et religieuses aux États-Unis, les décisions du gouvernement israélien sont rarement remises en question ou condamnées". Ce seul commentaire a été condamné avec colère par les voix sionistes, qui l'ont qualifié de "théorie du complot antisémite" à l'ancienne.

M. Carter a également irrité les partisans d'Israël en suggérant que "le contrôle et la colonisation continus par Israël des terres palestiniennes ont été les principaux obstacles à un accord de paix global en Terre sainte".

S'exprimant au nom d'une clique de haut niveau de collecteurs de fonds du parti démocrate qui s'efforcent de générer des contributions juives à la campagne pour alimenter les caisses du parti, le député américain Steven J. Israel, un New-Yorkais désinvolte qui a des aspirations présidentielles, a dénoncé Carter, attaqué les Palestiniens et ajouté que les préoccupations du prix Nobel de la paix ne reflétaient pas l'orientation du parti démocrate. "Cela reflète l'opinion d'un seul homme", a affirmé M. Israel.

Ce n'est pas la première fois que l'ancien président est critiqué pour ses critiques à l'égard d'Israël. Après le dernier assaut israélien sur le Liban, Carter a contrarié les partisans d'Israël en déclarant : "Je ne pense pas qu'Israël ait une quelconque justification légale ou morale pour son bombardement massif de la nation entière du Liban".

Mais la vérité est que les problèmes de Carter avec Israël et son lobby américain remontent pratiquement aux premiers jours de sa présidence - un point que beaucoup d'Américains n'ont jamais vraiment compris. En fait, dès le 2 mars 1978, un peu plus d'un an après la prestation de serment de Carter, le Wall Street Journal notait déjà que même si Carter venait de remporter 75 % du vote juif lors de l'élection présidentielle, "divers événements et faits" de l'administration Carter avaient "perturbé les Juifs".

Le Journal a souligné que de nombreux dirigeants de la communauté juive américaine "repensaient leur engagement envers Jimmy Carter" et que certains "parlaient même en privé d'une "trahison" [d'Israël par Carter]".

L'article du Journal s'intitulait directement "Le problème juif de Jimmy Carter".

Les sionistes américains étaient troublés par le fait que Carter avait fait pression sur Israël pour qu'il cesse de coloniser les territoires arabes occupés et qu'il avait pris la décision de vendre des avions de guerre perfectionnés à l'Égypte et à l'Arabie saoudite. Carter avait également osé utiliser le terme "patrie" en référence aux aspirations palestiniennes, ce qui, à l'époque (et encore aujourd'hui), était considéré comme une offense majeure aux exigences géopolitiques d'Israël dans le monde.

Citant les mots durs prononcés par plusieurs démocrates juifs de premier plan à l'encontre de Carter, le Journal a déclaré que cette critique "pourrait signifier beaucoup", soulignant que le promoteur de San Francisco Walter Shorenstein, l'un des principaux collecteurs de fonds du Parti démocrate - et un partisan bien connu d'Israël - était allé jusqu'à demander : "Israël est-il en train d'être bradé par l'administration [Carter] ?"

Ces questions ont été soulevées dès 1978, comme on l'a vu, et au printemps 1980, alors que Carter cherchait à se faire renommer et réélire, la guerre menée par Israël et ses partisans contre Carter était déjà bien engagée.

Les choses allaient si mal, du point de vue de Carter, que - selon les journalistes chevronnés Andrew et Leslie Cockburn - on a entendu Carter dire à ses principaux conseillers politiques, lors d'une réunion privée dans les quartiers familiaux de la Maison Blanche, que "si je reviens, je vais baiser les Juifs".

Selon les Cockburns, dans un passage peu remarqué de leur livre de 1991, Dangerous Liaison : The Inside Story of the U.S.-Israeli Relationship, la colère de Carter à l'égard d'Israël et de ses partisans américains provenait non seulement des attaques croissantes dont Carter faisait l'objet de ce côté-là, mais aussi et surtout du fait que Carter avait découvert - grâce à des interceptions mises à sa disposition par l'Agence nationale de sécurité - que le Premier ministre israélien Menachem Begin s'immisçait dans les affaires politiques intérieures des États-Unis. Begin avait été entendu en train de conseiller le maire de New York, Ed Koch, sur la manière de saper les espoirs de réélection de Carter.

En fait, Koch a ensuite soutenu l'adversaire républicain de Carter, l'ancien gouverneur de Californie Ronald Reagan, dont l'ascension précoce sur dans l'industrie du divertissement (et plus tard dans l'arène politique) est la conséquence de ses relations étroites avec les forces financières et les intérêts du crime organisé qui ont été les principaux moteurs du lobby israélien en Amérique. Pour en savoir plus sur les liens sionistes criminels peu connus de Reagan - dont les médias ne parlent pas -, lisez le nouveau livre choc, Supermob, du journaliste d'investigation Gus Russo.

En outre, l'ancien secrétaire d'État Henry Kissinger - qui est devenu un conseiller clé de la campagne Reagan (et plus tard de la Maison Blanche Reagan, tout comme il conseille George W. Bush aujourd'hui) - s'est entretenu avec l'ambassadeur israélien aux États-Unis, exhortant Israël à "organiser des forces aux États-Unis et en Israël" contre Carter.

En fin de compte, les forces du lobby israélien et les contributeurs financiers s'étant regroupés au plus haut niveau autour de Reagan, Carter a été délogé de la Maison Blanche. Depuis lors, Carter a reçu de nombreux éloges pour son franc-parler sur le Moyen-Orient, défiant au passage les médias et le lobby israélien.

En raison de ses critiques acerbes à l'égard d'Israël, Carter a même été qualifié de "négationniste". Oui, c'est le mot officiel d'un professeur de religion présenté par les médias comme la principale autorité mondiale sur "qui est un négateur de l'Holocauste et qui ne l'est pas". Ce n'est pas moins que Deborah Lipstadt - une agitatrice à l'air dur et à la langue bien pendue, installée à l'université Emory en Géorgie - qui a annoncé dans un commentaire publié dans le numéro du 20 janvier 2007 du Washington Post que l'ancien président s'était rendu coupable de négationnisme.

Notons toutefois que Lipstadt n'a pas dit directement que "Jimmy Carter est un négationniste", mais elle l'a accusé, selon ses propres termes, de "presque ignorer l'Holocauste" et a noté qu'il s'agissait d'une "minimisation de l'Holocauste" qui, selon elle, "réconforte involontairement ceux qui nient son importance ou même sa réalité historique, en partie parce qu'elle les aide à nier le droit à l'existence d'Israël".

En fait, l'examen le plus superficiel du livre de Lipstadt, Denying the Holocaust - dans lequel elle définit le "déni de l'Holocauste" - indique que, selon la définition de Lipstadt, "minimiser l'Holocauste" est en effet une facette clé du déni de l'Holocauste. Lipstadt disait donc que Carter était bien un "négateur de l'Holocauste".

Le dossier montre que Lipstadt considère non seulement la remise en question du nombre de Juifs morts pendant la Seconde Guerre mondiale comme une forme de "négation de l'Holocauste", mais qu'elle considère même la remise en question de la culpabilité première de l'Allemagne dans le déclenchement de la Première Guerre mondiale - c'est-à-dire la Première Guerre mondiale, pas la Seconde - comme une forme de négation de l'Holocauste. Aujourd'hui, Carter a été jeté dans la tourmente pour avoir commis l'indiscrétion littéraire de ne pas avoir accordé à l'Holocauste la reconnaissance que Lipstadt prétend lui être due.

Lipstadt, comme beaucoup de dirigeants des groupes juifs organisés en Amérique, était en colère contre le livre susmentionné de Carter, Palestine : Peace Not Apartheid, et dans son commentaire publié dans le Washington Post, Lipstadt s'est déchaînée contre Carter.

Entre autres choses, Lipstadt a allégué que Carter "s'est appuyé sur des stéréotypes antisémites pour défendre" son livre et dans ses réponses à ses détracteurs et que Carter "s'est rabattu à plusieurs reprises sur des canards antisémites traditionnels". Lipstadt a noté que Carter "s'est rabattu par réflexe sur ce genre d'insinuations concernant le contrôle des médias et du gouvernement par les juifs", bien que, ajoute Lipstadt gratuitement, comme pour paraître "objective", il s'agisse peut-être d'une "inadvertance" de la part de l'ancien président.

Avant que Lipstadt n'ajoute son grain de sel, Carter avait déjà (comme nous l'avons vu) été qualifié à plusieurs reprises d'"antisémite" qui promouvait des "théories du complot antijuives", mais c'est Lipstadt qui a introduit le mot en "H" dans la frénésie de colère suscitée par le livre de Carter, qui, malgré l'opposition, ou peut-être précisément à cause d'elle, s'est retrouvé sur la liste des best-sellers du New York Times pendant des semaines.

Lipstadt n'était pas la seule personnalité à s'en prendre à Carter. Abe Foxman, chef de la Ligue anti-diffamation (ADL) du B'nai B'rith - le puissant lobby pour Israël et une branche de facto des services de renseignement israéliens, le Mossad - a dénoncé ce qu'il a appelé le "parti pris anti-israélien" de Carter.

L'ADL a publié des annonces pleine page accusant Carter de "propager des mythes sur le pouvoir juif". Foxman a déclaré qu'il était "particulièrement inquiétant et dangereux que quelqu'un comme Jimmy Carter" contribue à une atmosphère dans laquelle, selon Foxman, "les théories de conspiration anti-juives" étaient omniprésentes. Les remarques de Jimmy Carter, qui défendait son livre contre les attaques des organisations juives, étaient, selon Foxman, "un jeu avec le feu".

Étonnamment, malgré les efforts de Carter pour assurer à la communauté juive qu'il ne détestait pas les juifs, notamment lors d'un discours public à l'université de Brandeis où il a déclaré qu'il avait commis une erreur en utilisant dans son livre des termes suggérant qu'il pensait que les Palestiniens étaient justifiés d'utiliser le terrorisme pour répliquer à Israël pour ses méfaits, l'Agence télégraphique juive a rapporté aux lecteurs juifs de toute l'Amérique et du monde entier que Carter "n'a pas fait grand-chose pour apaiser les nombreuses critiques".

Pour ajouter l'insulte à l'injure, la consultante politique internationale Jennifer Laszlo Mizrahi - fondatrice du Projet Israël et figure de longue date de l'Organisation sioniste d'Amérique - a publié une attaque cinglante contre Carter, affirmant qu'il pratiquait une "discrimination à rebours" parce qu'il favorisait les Palestiniens chrétiens et musulmans à la peau plus foncée que les juifs "à la peau claire" d'Israël. Mizrahi s'est même plaint que Carter ait soutenu - comme elle l'a décrit - "le président à la peau foncée Hugo Chavez" pour la présidence du Venezuela au lieu d'un "candidat à la peau claire, mieux qualifié et plus expérimenté".

Selon cette porte-parole sioniste - qui a été saluée par Forward, un éminent journal juif, comme l'une des 50 personnalités juives américaines les plus puissantes - Carter aurait pratiqué cette "discrimination à rebours", afin de "se purger devant son Dieu des péchés racistes de sa jeunesse".

L'idée même qu'un dirigeant sioniste puisse accuser Carter de racisme anti-blanc montre à quel point les critiques de Carter sont devenues hystériques. Et la vérité est que les rangs des éminents juifs américains qui ont ajouté Carter à leur liste d'ennemis ne cessent de s'allonger de jour en jour.

L'ironie est que le livre de Carter n'est pas du tout le brûlot antisémite que les critiques suggèrent. En fait, Carter ne fait que dire ce qu'il dit - et ce que des millions et des millions de personnes bien intentionnées disent depuis des années : qu'Israël devrait cesser d'opprimer et de discriminer les Palestiniens musulmans et chrétiens et qu'Israël devrait revenir à ses frontières officielles d'avant 1967. Et ce n'est pas demander qu'Israël soit rayé de la carte, comme de nombreux détracteurs de Carter suggèrent implicitement qu'il le préconise.

Le fait qu'un ancien président des États-Unis - qui jouit toujours d'une grande estime au niveau international et qui est admiré par de nombreux Américains pour sa franchise - s'exprime aujourd'hui avec autant de force sur les méfaits d'Israël (et sur son influence néfaste, par l'intermédiaire de son lobby américain, sur la conduite de la politique étrangère des États-Unis) constitue en effet une évolution positive.

Cependant, comme JFK avant lui, Jimmy Carter est confronté à une forte opposition. Il convient également de noter, pour l'histoire, qu'un autre président démocrate (rien moins que Bill Clinton) s'est clairement mis à dos Israël au cours de sa présidence. Dans le chapitre qui suit, nous examinerons la "guerre secrète" de Bill Clinton contre Israël.

Chapitre quatorze

Bill Clinton a-t-il "tourné le dos" à Israël ? Les intrigues sionistes derrière le "Monica-Gate"

Même l'ancien président Bill Clinton - qui est généralement perçu comme extrêmement populaire dans la communauté juive américaine - a réussi à s'attirer les foudres des groupes juifs organisés des États-Unis sur la question du programme d'armes nucléaires d'Israël.

Cela n'a pas fait la une des journaux nationaux, mais les démêlés de Clinton avec la communauté juive ont fait l'objet de nombreuses discussions dans les cercles les plus élevés de l'establishment juif au printemps 1999. Cela s'est produit peu de temps après que Clinton a été acquitté par le Sénat des accusations de parjure et d'obstruction à la justice découlant du désormais célèbre scandale des aventures amoureuses de Clinton avec la célèbre "princesse juive américaine" Monica Lewinsky.

Et, comme nous le verrons, un examen attentif des circonstances entourant l'Affaire Lewinsky suggère fortement que le scandale a été orchestré par des éléments pro-israéliens purs et durs aux États-Unis, travaillant directement en conjonction avec leurs alliés israéliens de même sensibilité.

Le scandale Lewinsky a eu des répercussions bien plus importantes que la plupart des gens ne le pensent et, dans ce chapitre, nous examinerons cette affaire d'une manière qui n'a jamais été abordée auparavant.

Mais tout d'abord, revenons brièvement sur les démêlés de Bill Clinton avec Israël au sujet de son programme d'armement nucléaire.

Le 14 mai 1999, l'influent hebdomadaire juif basé à New York, Forward, a publié un article exprimant son indignation et son inquiétude face au fait que "le président Clinton soulève pour la première fois des préoccupations publiques concernant le programme nucléaire d'Israël".

L'article soulignait que quelque 35 membres du Congrès américain avaient écrit une lettre à Mme Clinton pour lui faire part de leurs inquiétudes au sujet de l'ingénieur nucléaire israélien emprisonné Mordechai Vanunu, qui a été le premier à exposer publiquement et de première main le programme de production de bombes nucléaires d'Israël.

Dans une lettre datée du 22 avril 1999 adressée à la députée Lynn Rivers (CD-Mich.), le président Clinton ne s'est pas contenté d'exprimer ses propres préoccupations concernant le sort de M. Vanunu. Et c'est ce qui a particulièrement choqué Israël et ses partisans : M. Clinton a également déclaré : "Je partage vos préoccupations concernant le programme nucléaire israélien. Nous avons à plusieurs reprises exhorté Israël et d'autres pays non signataires du traité de non-prolifération à adhérer au traité et à accepter les garanties complètes de l'Agence internationale de l'énergie atomique".

Le journal Forward a rapporté ce qui suit : Les dirigeants juifs ont été choqués d'apprendre que M. Clinton s'était prononcé sur M. Vanunu et le programme nucléaire israélien", et ont cité la réaction du directeur de la Ligue anti-diffamation, Abe Foxman, qui a attaqué M. Clinton en déclarant : "Je ne peux pas croire que le président ait envoyé une telle lettre" : "Je ne peux pas croire que le président ait envoyé une telle lettre. Il s'agit de questions très sensibles. Il s'agit d'un jugement. Cependant, le dégoût de Foxman pour le président Clinton n'est pas unique.

Malcolm Hoenlein, vice-président exécutif de la Conférence des présidents des principales organisations juives américaines, a déclaré : "La référence du président au programme nucléaire d'Israël est surprenante et inquiétante : "La référence du président au programme nucléaire d'Israël est surprenante et inquiétante - pour autant que nous le sachions, elle est sans précédent.

Le fait que Clinton ait osé suivre la voie de son héros de toujours, John F. Kennedy, et défier Israël sur la question de son Golem nucléaire - et même aller plus loin que JFK et parler publiquement de l'arsenal atomique d'Israël - est en effet remarquable. Mais comme Clinton avait déjà survécu à la tentative de destitution, le président disposait manifestement de la proverbiale "marge de manœuvre" nécessaire pour prendre sa position.

Malgré l'idée répandue (et tout à fait inexacte) - en particulier par les nombreux détracteurs "conservateurs" de Clinton - que les "médias libéraux" ont fait la part belle à Clinton pendant sa présidence, rien ne saurait être plus éloigné de la vérité. En fait, la vérité est que tout au long de sa présidence, Clinton a été très critiqué par les médias américains.

Le dossier démontre que ce sont ces mêmes médias - dont toutes les personnes honnêtes reconnaissent qu'ils sont contrôlés par des familles juives et des réseaux financiers favorables aux intérêts d'Israël, nonobstant les affirmations contraires - qui ont joué un rôle si important dans la connaissance et la discussion par le public du scandale Lewinsky en particulier.

Le numéro du 4 janvier 1999 de The Nation contenait un article révélateur de Michael Tomasky qui examinait ce phénomène en détail. Tomasky a souligné que c'est en fait le New York Times - le principal journal "libéral" - qui est aussi, non sans raison, le premier journal pro-israélien d'Amérique - qui a joué un rôle important dans la fuite de nombreuses révélations embarrassantes et préjudiciables de la longue enquête menée par le procureur spécial Ken Starr sur le président Clinton et la première dame Hillary Clinton. Tomasky a écrit : "À chaque tournant et pivot crucial, la page éditoriale du Times a marché au pas avec le procureur et sa section de supporters".

"Pourquoi cela vaut-il la peine d'être remarqué ? a demandé Tomasky. Parce que, a-t-il souligné, "sur les questions nationales, la page [éditoriale du Times] sert davantage de Baedeker idéologique, indiquant à l'élite du pays ce qui constitue une opinion libérale responsable".

En d'autres termes, le New York Times - voix de l'élite pro-israélienne - disait à ses lecteurs qu'il était "normal" de soutenir les manœuvres de Ken Starr contre le président Clinton. La question était donc de savoir pourquoi l'un des présidents les plus libéraux des États-Unis était la cible de la colère éditoriale du très libéral New York Times.

De toute évidence, c'est parce que Bill Clinton était perçu comme ne soutenant pas suffisamment les demandes d'Israël.

Lorsque, pendant la frénésie suscitée par les manigances de son mari, Hillary Clinton a avancé la théorie d'une "conspiration de la droite" visant à détruire son mari, Mme Clinton avait raison.

Cependant, Mme Clinton n'a pas mentionné quelle "droite" était derrière cette conspiration ni comment le scandale du "Monica-gate" a été utilisé pour manipuler la politique américaine au Moyen-Orient.

L'argument d'Hillary Clinton selon lequel une "conspiration de droite" aux États-Unis était à l'origine du scandale de parjure et de sexe qui menaçait de faire tomber son mari comportait un gros défaut, que nous avions déjà relevé : Après tout, ce sont les principaux médias américains - le Washington Post et Newsweek en tête, rejoints par le New York Times et le magazine Time -, ainsi que les grandes chaînes, qui ont monté en épingle le scandale et suggéré qu'il pourrait causer la perte de Bill Clinton.

Newsweek lui-même a fait appel à George Stephanapolous, confident de longue date de Clinton, pour écrire sur la "trahison" de Clinton et le jeune Stephanapolous, devenu commentateur sur ABC, est même passé à l'antenne pour évoquer la possibilité d'une démission et/ou d'une mise en accusation de Clinton.

Et personne n'avait jamais accusé l'un de ces grands médias d'être le porte-parole de la "droite" - ou de la "droite" américaine, du moins.

Cependant, la première dame a clairement mis le doigt sur quelque chose lorsqu'elle a affirmé qu'une "conspiration de droite" alimentait le scandale du "Monica-gate". En fait, si l'on creuse un peu, on s'aperçoit que la conspiration dont parle Mme Clinton remonte jusqu'à la ligne dure de la "droite" en Israël.

Ce n'est pas un hasard si, au moment même où les partisans américains de la droite israélienne (le bloc Likoud) lançaient une vaste (et amère) campagne de relations publiques contre le président Clinton, les médias américains pro-israéliens ont pris le relais et se sont soudain mis à claironner des allégations sur une nouvelle "sexcapade" de Clinton.

Examinons quelques faits de base (rapportés par les grands médias eux-mêmes) qui ont été enterrés au milieu de toute la frénésie de l'affaire Lewinsky.

Tout d'abord, bien que les médias se soient concentrés sur l'ancienne collaboratrice de la Maison Blanche, Linda Tripp, et sur sa copine, Lucianne Goldberg, comme étant les principaux instigateurs du "Monica-gate", le Washington Post a souligné de façon plutôt détournée, dans un article enterré à la fin du journal le 28 janvier 1998, que les avocats de Paula Jones "ont d'abord reçu plusieurs informations anonymes selon lesquelles Lewinsky pourrait avoir eu une relation sexuelle avec le président".

(Miss Jones était la jeune femme qui avait poursuivi le président Clinton pour harcèlement sexuel à l'époque où il était gouverneur de l'Arkansas ( ) et où elle était employée de l'État. C'est au cours d'une déposition dans cette affaire que le président Clinton a menti sous serment et nié avoir eu une relation sexuelle avec Monica Lewinsky). Ce n'est apparemment qu'après cela que les avocats de Paula Jones ont contacté Mlle Lewinsky, informant le président que sa relation (alors inconnue du public) avec Lewinsky avait été révélée.

À ce stade, il semble évident que ni Tripp ni Goldberg n'étaient les sources, dans la mesure où ils avaient d'autres intérêts à exploiter dans l'affaire Clinton-Lewinsky. En fait, Tripp s'est adressé directement au procureur spécial Kenneth Starr.

La grande question était donc la suivante : qui a informé les avocats de Paula Jones qu'il pourrait y avoir un "pistolet fumant" dans la relation du président avec Monica Lewinsky ?

Monica Lewinsky était une fidèle de Clinton et ce n'est certainement pas elle qui a révélé l'histoire aux avocats. Par conséquent, quelqu'un de proche - ou d'espionnant - du cercle rapproché du président a dû divulguer la relation du président avec Mlle Lewinsky (qu'elle soit innocente ou non) aux avocats de Jones.

Mais allons plus loin. Bien que Michael Isikoff de Newsweek (publié par l'empire Meyer-Graham, qui possède également le Washington Post) ait été le premier journaliste à "creuser" officiellement l'histoire, il s'avère maintenant que, selon le Post, rapportant en passant le 28 janvier 1998 qu'un certain William Kristol - décrit généralement comme "rédacteur en chef du conservateur Weekly Standard" - avait été l'un des premiers à "mentionner publiquement" les allégations.

Le rôle de Kristol, qui a été l'un des "premiers" à publier l'histoire, est essentiel pour comprendre la situation dans son ensemble.

Non seulement Kristol est l'homme de paille du magnat milliardaire des médias Rupert Murdoch, un allié majeur du Likoud israélien, mais Kristol lui-même est le fils du journaliste Irving Kristol et de l'historienne Gertrude Himmelfarb, deux "anciens marxistes" autoproclamés qui se sont imposés comme des figures "néoconservatrices" entretenant depuis longtemps des liens étroits avec la "droite anticommuniste" israélienne.

Le jeune Kristol, un "Likudnik" comme ses parents, critiquait sévèrement ce que l'on appelait la décision de Clinton de "tourner le dos" à Israël. En fait, le thème selon lequel Clinton avait "tourné le dos à Israël" était précisément l'axe rhétorique spécifique d'une vaste campagne publicitaire musclée menée par les partisans du Likoud aux États-Unis dans les semaines qui ont précédé l'éclatement du scandale Lewinsky.

Le dossier montre qu'au moins six jours avant que les premières nouvelles du scandale Lewinsky ne commencent à être diffusées dans les médias à minuit le mardi 20 janvier 1998, une publicité a été publiée dans l'édition du 15 janvier du journal respecté Washington Jewish Week, accusant le président Clinton d'avoir "tourné le dos à Israël".

Ce qui a rendu cette publicité si frappante, c'est qu'elle utilisait une vue arrière du président Clinton (capturée pour la première fois sur vidéo en 1996) qui n'avait jamais été publiée mais qui, à la suite du scandale Lewinsky, est devenue très familière. Il s'agit d'une vue du président, dos à la caméra, clairement tirée de la vidéo dans laquelle on le voit étreindre la bientôt tristement célèbre Miss Lewinsky alors qu'elle se trouvait dans une file d'attente à la Maison Blanche quelque deux ans plus tôt. Mlle Lewinsky connaissait l'existence de cette vidéo et s'en était vantée auprès de ses associés avant que le scandale n'éclate.

Il est donc clair que les détracteurs de Clinton parmi les forces pro-Netanyahou aux États-Unis - qui ont sponsorisé la publicité - étaient déjà au courant de la liaison Lewinsky-Clinton et, plus important encore, du fait qu'elle allait bientôt se déchaîner sur le président.

Le fait que ce soit l'un des principaux partisans américains de Netanyahou, William Kristol, déjà cité, qui ait été le premier à annoncer l'imminence du scandale n'est évidemment pas une coïncidence.

À l'époque, cet auteur (Michael Collins Piper) a publié l'histoire des preuves du rôle des Likoudniks dans le scandale Lewinsky dans le numéro du 2 février 1998 du journal The Spotlight, reproduisant la "vue arrière" de Clinton sur la cassette vidéo (telle que publiée dans les journaux à travers les États-Unis) côte à côte avec la même image arrière utilisée dans la campagne de propagande des Likoudniks contre le président.

Cet article de Spotlight fait suite à un article précédent de l'auteur, paru dans le numéro du 9 février 1998 de ce même journal, qui décrivait les autres indices précédents d'une orchestration du scandale par les Israéliens et les Likoudniks.

Peu après la publication de ces articles que les critiques ont accusés de "conspirationnisme", un ami de l'auteur - qui se trouve être un vieil ami du président et de la présidente Clinton dans l'Arkansas - a transmis les articles de Spotlight à des personnes qu'il a décrites comme étant "mes amis" et a ensuite dit à l'auteur : "Vous pensez que vous avez raison : "Je pense que vous avez raison. Et mes amis pensent que vous avez raison. Mais nous n'avons jamais eu cette conversation".

Ainsi, à bien des égards, on peut dire que l'affaire Lewinsky a été "fabriquée en Israël" - probablement dans le bureau du Premier ministre de l'époque, Binyamin Netanyahou lui-même.

Ce n'est donc pas une coïncidence si, le 26 janvier 1998, alors que l'affaire Lewinsky commençait à prendre de l'ampleur et à engloutir Clinton, le Likoudnik américain William Kristol a publié une lettre adressée à Clinton, pressant le président de lancer une attaque militaire contre l'ennemi détesté d'Israël, l'Irak.

Parmi les signataires de la lettre, on trouve, aux côtés de Kristol, une série d'autres partisans américains célèbres de "l'aile droite" d'Israël ( ), dont l'ancien député Vin Weber, proche allié de longue date de Newt Gingrich, alors président de la Chambre des représentants, et Richard Perle, ancien secrétaire adjoint à la défense, qui était alors un consultant grassement rémunéré pour les intérêts israéliens dans le domaine de l'armement (et, sous l'administration de George W. Bush, chef du Defense Policy Board, poste à partir duquel il a promu la guerre des États-Unis contre l'Irak).

Ensuite, à la lumière du lien entre Kristol et Murdoch, il est essentiel de noter que la chaîne de télévision Fox de Murdoch a mené la fronde des médias de l'establishment contre Clinton, obligeant les autres chaînes à rivaliser dans la course aux dernières "nouvelles" sur l'affaire Lewinsky.

La chaîne Fox News a diffusé l'affaire presque sans interruption, 24 heures sur 24, même lorsque d'autres émissions étaient diffusées. Même lorsque d'autres sujets étaient diffusés, ils étaient interrompus en raison des derniers développements du scandale, aussi banals soient-ils. Fox a même fait appel à un spécialiste du "langage corporel" pour visionner la vidéo de Clinton et Lewinsky sur la ligne de réception, après quoi le "spécialiste" a déclaré que Clinton traitait la jeune fille comme si elle était "la première dame".

En outre, il n'est pas surprenant que certaines des histoires les plus sordides publiées dans le cadre de ce scandale naissant l'aient été dans le New York Post, ainsi que dans d'autres publications d'information appartenant à Murdoch.

Lors d'une réunion publique à Charlotte, en Caroline du Nord, le président de la Chambre des représentants, Newt Gingrich (R-Ga.), fervent partisan du régime israélien de M. Netanyahou, a reçu une réponse enthousiaste de la part d'un public majoritairement républicain lorsqu'il a déclaré que le traitement réservé par le président au premier ministre israélien était "en dessous de la dignité de l'Amérique".

M. Gingrich faisait référence aux efforts déployés par M. Clinton pour amener le dirigeant israélien à adopter une attitude plus conciliante en vue de parvenir à un accord de paix au Proche-Orient.

Entre-temps, dans son effort pour soutenir une fois de plus son homme, la première dame a cité le prédicateur Jerry Falwell et son ami, le sénateur Jesse Helms (R-N.C.), comme faisant partie de la "conspiration de droite" qui voulait "avoir" son président.

Ce qu'Hillary n'a pas mentionné, c'est que Falwell et Helms étaient particulièrement proches - une fois de plus - de la "droite" dure du Likoud en Israël et qu'ils étaient tous deux fermement opposés au soutien que le président Clinton semblait apporter aux rivaux du Likoud au sein du parti travailliste israélien, qui s'était montré beaucoup plus favorable au processus de paix.

Ayant plus ou moins ouvertement soutenu le rival de Netanyahou, Shimon Peres, lors des récentes élections israéliennes, Clinton a été embarrassée politiquement par la victoire de Netanyahou. Les partisans américains de Netanyahou ont fait tout ce qui était en leur pouvoir pour nuire en retour à la présidence de Clinton. L'affaire Lewinsky est devenue un outil politique essentiel dans leurs efforts.

Il est à noter qu'avant même sa rencontre officielle avec le président Clinton, le premier ministre israélien avait déjà rencontré (et participé à un rassemblement pro-Likoud en compagnie de) Jerry Falwell, l'un des critiques les plus virulents de Clinton.

Même le Washington Post a révélé le 22 janvier 1998 qu'"un haut fonctionnaire de Netanyahou avait déclaré que le dirigeant israélien était prêt à répondre à l'opposition de la Maison Blanche en montrant ses "propres munitions" dans les cercles politiques américains" - à savoir Falwell et la "droite chrétienne" pro-sioniste tapageuse.

En Israël même, selon le Post du 24 janvier 1998, la presse avait "absorbé les allégations de Clinton". Le Post précise que "l'intérêt semble particulièrement vif parce que Monica Lewinsky est juive".

Dans le numéro du 22 janvier 1998 du quotidien israélien Yedioth Aharonoth, Nahum Barnea a fait un commentaire ironique : "Nous pensions innocemment que le destin du processus de paix était entre les mains d'une Juive, née à Prague, nommée Madeleine Albright : "Nous pensions innocemment que le destin du processus de paix était entre les mains d'une Juive, née à Prague, nommée Madeleine Albright [en référence à la secrétaire d'État américaine d'origine juive]. Apparemment, le destin du processus de paix est, à un degré non moindre, entre les mains d'une autre Juive, Monica Lewinsky, 24 ans, originaire de Beverly Hills, qui a passé un été amusant il y a trois ans en tant que stagiaire à la Maison Blanche".

Ce qui est intéressant, c'est qu'au moment où les commentaires de Barnea ont été répétés dans le numéro du 2 février 1998 de Newsweek, qui a consacré un numéro spécial au scandale, Newsweek avait soigneusement édité les mots de Barnea pour qu'ils se lisent désormais comme suit : "Il s'avère que le destin du processus de paix dépend d'une femme différente" : "Il s'avère que le sort du processus de paix dépend d'une femme différente". L'aspect juif de l'affaire Lewinsky avait ainsi été totalement effacé.

En fait, le scandale Lewinsky a contraint le président à battre en retraite en ce qui concerne la promotion d'Israël, pour le plus grand plaisir du Likoud israélien.

Le 27 janvier 1998, le Washington Post a de nouveau vendu la mèche en déclarant que "la semaine dernière, Clinton a démontré qu'il ne pouvait pas contraindre les Israéliens à assumer leurs responsabilités en matière de retrait militaire. Cette semaine [à la suite du scandale], il est encore moins capable, ne serait-ce que parce que les membres de son propre parti, sans parler des Républicains, ne soutiendront pas une politique de pression accrue sur Israël".

S'il subsistait un doute sur le fait que Bill et Hillary Clinton étaient certainement conscients que l'affaire Lewinsky était encouragée par les Likoudniks israéliens et leurs alliés américains dans le cadre de la conspiration "de droite" à laquelle Hillary avait fait allusion, n'oubliez pas qu'au plus fort de la frénésie Lewinsky, la Première Dame a publiquement appelé à la création d'un État palestinien. Il s'agissait là d'un coup clair porté à l'arc d'Israël. La Première Dame a été, en conséquence, battue sans relâche par les partisans d'Israël, mais il ne fait aucun doute qu'il s'agissait d'une provocation évidente et calculée d'Hillary (et certainement de son mari) destinée à montrer aux ennemis de son mari que les Clinton pouvaient jouer les durs avec Israël et ses amis américains si nécessaire.

Finalement, quelque sept ans plus tard, en décembre 2005, la vérité sur le rôle très réel d'Israël dans l'utilisation de l'affaire Lewinsky pour faire pression sur le président Clinton a été révélée.

L'évangéliste Jerry Falwell n'a pas pu s'empêcher de se vanter et d'admettre enfin la vérité : lui et l'ancien Premier ministre israélien Benjamin "Bibi"...

Netanyahou a en effet conspiré - à un moment critique - pour piéger le président Clinton et notamment utiliser la pression du scandale sexuel Monica Lewinsky pour obliger Clinton à renoncer à faire pression sur Israël pour qu'il se retire de la Cisjordanie occupée.

La confession de Falwell n'a pas fait la une des journaux nationaux, comme cela aurait dû être le cas. Au lieu de cela, la confession du prédicateur a été enterrée dans un long article du numéro de décembre 2005 de Vanity Fair. Intitulé "American Rapture", l'article (de Craig Unger) décrivait l'histoire d'amour ancienne et toujours florissante entre les évangéliques dispensationalistes américains tels que Falwell et les forces juives extrémistes de la ligne dure en Israël, alors dirigées par Binyamin "Bibi" Netanyahou.

L'aveu de Falwell confirme précisément ce que cet auteur a révélé pour la première fois dans The Spotlight en 1998 et qu'il a ensuite relaté lors d'une conférence devant le groupe de réflexion officiel de la Ligue arabe, le Centre Zayed d'Abou Dhabi, en mars 2003.

Bien qu'à la suite de ma conférence au Centre Zayed, l'Anti-Defamation League (ADL) du B'nai B'rith, un lobby pour Israël, ait dénoncé comme une "étrange théorie de la conspiration" mon accusation selon laquelle le "Monica-gate" avait effectivement des origines israéliennes, l'affirmation de Falwell selon laquelle la révélation publique de l'affaire Lewinsky a contraint Clinton à renoncer à faire pression sur Israël a confirmé exactement ce que j'avais avancé.

En ce qui concerne le récit de Falwell sur la façon dont il a travaillé avec Netanyahou pour saper la pression de Clinton sur Israël, Vanity Fair a rapporté ce qui suit : Lors d'une visite à Washington en 1998, Netanyahou a rencontré Jerry Falwell à l'hôtel Mayflower la nuit précédant la rencontre prévue entre Netanyahou et Clinton. "J'ai rassemblé un millier de personnes pour rencontrer Bibi [Netanyahou] et il nous a parlé cette nuit-là", se souvient Falwell. "Tout cela avait été planifié par Netanyahou comme un affront à M. Clinton"...

Le lendemain, M. Netanyahou a rencontré M. Clinton à la Maison Blanche. "Bibi m'a dit plus tard, se souvient Falwell, que le lendemain matin, Bill Clinton a dit : "Je sais où vous étiez la nuit dernière". La pression était vraiment sur Netanyahou pour qu'il cède la ferme en Israël.

C'est pendant le scandale Monica Lewinsky que Clinton a dû se sauver, et il a donc mis fin aux demandes [de cession de territoires en Cisjordanie] qui auraient été formulées lors de cette réunion, et qui auraient été très néfastes pour Israël".

Ce que Falwell n'a pas mentionné - du moins tel que rapporté par Vanity Fair - c'est que sa rencontre avec le dirigeant israélien a eu lieu le soir même avant que les médias américains n'ouvrent en fanfare le scandale Monica Lewinsky.

Falwell n'a pas non plus mentionné - comme cet auteur l'a fait remarquer à l'époque et comme nous l'avons encore noté dans ces pages - que l'un des principaux publicistes américains de Netanyahu, le courtier en puissance néo-conservateur William Kristol, a été la première personnalité médiatique américaine à laisser entendre publiquement (dans les jours précédant le dévoilement officiel du scandale) que des révélations allaient être faites sur un scandale sexuel à la Maison Blanche qui était sur le point d'être dévoilé au détriment de William Jefferson Clinton.

L'histoire de l'imbroglio entre Bill Clinton et Israël est probablement quelque chose que Bill et Hillary Clinton préféreraient oublier, mais la leçon du succès d'Israël dans l'utilisation d'un scandale tel que l'affaire Lewinsky pour frapper le président Clinton n'est pas quelque chose qu'Israël et son lobby américain sont susceptibles d'oublier. Si Hillary Clinton accède d'une manière ou d'une autre à la présidence, elle doit être prête à en assumer les conséquences.

Chapitre quinze

La révolte des généraux : L'élite militaire américaine prend position contre les partisans américains d'Israël

La bonne nouvelle pour ceux qui s'inquiètent des dangers de la relation spéciale de l'Amérique avec l'État nucléaire de garnison connu sous le nom d'Israël est que de nombreuses personnalités militaires américaines de premier plan - tant en public qu'en privé - prennent fermement position contre la relation spéciale américano-israélienne. Bien qu'aucun militaire n'ait encore dit "Plus de guerres pour Israël", leur rhétorique dans les écrits et les déclarations publiques dit essentiellement cela.

Et dans le sillage du rapport de l'U.S. Army War College appelant à une inspection internationale du Golem nucléaire israélien (mentionné dans le chapitre précédent), il s'agit d'un développement positif qui pourrait devenir une force politique importante dans les jours à venir. Il s'agit d'une évolution positive qui pourrait se transformer en une force politique sérieuse dans les jours à venir. Ironiquement, bien que pendant des générations, les républicains aient été de fervents défenseurs de l'armée américaine, les hauts gradés de l'armée se rebellent ouvertement contre les faucons de guerre civils de salon, les idéologues pro-israéliens purs et durs qui ont ordonné au président George Bush de mettre en place un programme d'aide à l'armée et à la défense, maintenant que des militaires de haut rang sont en rébellion ouverte contre les faucons de guerre civils de salon - les idéologues pro-israéliens purs et durs qui ont incité le président George Bush à ordonner l'invasion de l'Irak et qui veulent maintenant faire la guerre à l'Iran - les voix les plus furieuses qui condamnent l'armée proviennent des cercles du GOP.

À l'instar des néo-conservateurs, qui sont considérés comme des fanatiques mais qui dominent toujours l'administration Bush et les principaux groupes de réflexion et groupes politiques du GOP, ainsi que les conseils consultatifs de tous les principaux candidats républicains à l'élection présidentielle de 2008, de nombreux loyalistes républicains ont commencé à déclarer la guerre aux généraux, amiraux et autres héros militaires qui ont fait leurs preuves et qui disent : "Trop c'est trop".

Les conservateurs ont dénoncé l'ancien général de marine Anthony Zinni comme étant un "antisémite" pour avoir fait remarquer que les néo-conservateurs pro-israéliens étaient la force motrice de la guerre en Irak et que tout le monde à Washington le savait. Zinni savait de quoi il parlait : il a autrefois commandé toutes les forces américaines en Irak.

qui protègent Israël au Moyen-Orient.

Un autre Marine à la retraite, le lieutenant-général Greg Newbold, ancien directeur des opérations de l'état-major interarmées, a écrit dans Time que la guerre en Irak était "inutile" et que la justification de la guerre par ceux qu'il appelle "les zélotes" n'avait aucun sens. Le choix du mot "zélotes" par Newbold est lourd de sens. Le terme provient de la légende des zélotes, une ancienne secte de fanatiques juifs.

M. Newbold a quitté le service quatre mois avant l'invasion de l'Irak, en partie, dit-il, parce qu'il s'opposait à ceux qui ont exploité la tragédie du 11 septembre "pour détourner notre politique de sécurité" - en référence aux fanatiques néo-conservateurs. Il a ajouté : "Jusqu'à présent, j'ai résisté à l'idée de m'exprimer en public". Mais, a-t-il ajouté, "j'ai été silencieux assez longtemps".

Ce qui a particulièrement dérangé les critiques de Newbold, c'est qu'il a déclaré qu'il s'exprimait "avec l'encouragement de certaines personnes qui occupent encore des postes de direction militaire".

Il a également dénoncé ce qu'il a appelé "la distorsion des renseignements dans la préparation de la guerre" - une attaque contre les néo-conservateurs et leurs alliés israéliens qui ont déversé des ordures, déguisées en "renseignements", et les ont utilisées pour justifier la guerre.

Newbold a brandi sa colère contre les faucons de guerre civils, dont la plupart n'ont jamais servi dans l'armée (et dont la plupart sont juifs, bien que Newbold n'ait pas mentionné ce point), en déclarant que "l'engagement de nos forces dans ce combat s'est fait avec une désinvolture et une arrogance qui sont le propre de ceux qui n'ont jamais eu à exécuter ces missions - ou à en enterrer les résultats".

Les déclarations de Newbold ont été très médiatisées et les zélotes néoconservateurs ont riposté.

L'attaque la plus éloquente contre les généraux est peut-être celle de Stephen Herbits, ancien cadre supérieur de l'empire des alcools Seagram, fief du président du Congrès juif mondial Edgar Bronfman, grand mécène d'Israël.

Cet homme de main de longue date de Bronfman a été nommé par le secrétaire à la défense Donald Rumsfeld pour faire "rouler les têtes" dans l'armée, en examinant toutes les promotions et nominations du Pentagone, afin de mettre en œuvre le programme d'application du contrôle sioniste par étapes de la machine de guerre américaine.

Dans l'édition du 2 avril 2006 du Washington Times, manifestement pro-israélien, Herbits a exhorté les médias à commencer à enquêter sur les chefs militaires qui ont osé s'attaquer à l'administration. Herbits a déclaré que ce serait "un service à rendre à ce pays si les médias creusaient un peu en dessous de ces attaques pour examiner les généraux".

Herbits faisait manifestement appel à des agences d'espionnage telles que l'Anti-Defamation League (ADL), relais du Mossad israélien, pour qu'elles trouvent des "données" sur les militaires et les fournissent aux médias afin de mettre les dissidents au pas.

Par ailleurs, Herbits étant ouvertement gay et défendant depuis longtemps la cause des droits des homosexuels, certains pensent que la raison même pour laquelle Herbits a été recruté par l'administration Bush pour instituer une soi-disant "réforme" au Pentagone était que les militaires qui s'opposaient aux intrigues de Herbits au Pentagone pour le compte de l'appareil sioniste seraient moins enclins à critiquer l'homme de main de la famille Bronfman de peur d'être accusés de partialité anti-gay s'ils osaient contester l'ordre du jour principal de Herbits : l'élimination des ennemis perçus d'Israël au sein de l'élite militaire américaine.

Il convient de noter qu'après avoir quitté l'administration Bush, Herbits est revenu dans le giron de Bronfman en prenant le poste de secrétaire général du Congrès juif mondial ( ), ce qui montre bien où se situent les principales sympathies politiques d'Herhits.

Mais il sera difficile de faire craquer l'ensemble de l'armée. Le 18 avril 2006, David Broder, commentateur principal du Washington Post, a révélé que quelques mois auparavant, après avoir écrit sur la façon dont le représentant Jack Murtha (D-Pa.) - un ancien colonel des Marines ayant servi au Viêt Nam - avait appelé au retrait des États-Unis d'Irak, Broder avait été contacté par un officier du Pentagone qui lui avait donné son nom et son grade et lui avait dit : "Je n'ai pas besoin d'être un officier du Pentagone :

"Il s'agit d'un appel privé. Je ne m'exprime pas officiellement. Mais j'ai lu votre article et je pense qu'il est important que vous sachiez que Jack Murtha nous connaît très bien et qu'il parle au nom de beaucoup d'entre nous".

Ce n'était pas un secret pour ceux qui connaissent le Washington officiel, puisque Murtha est depuis des années l'un des principaux porte-parole de l'armée au Capitole. C'est ce qui rend les attaques des républicains pro-israéliens contre Murtha si fallacieuses : ils dépeignent Murtha comme un "pacifiste", un "défaitiste", un idéologue "libéral".

Il est tout sauf cela, malgré les affirmations bruyantes des défenseurs d'Israël qui ont travaillé si assidûment pour diffamer Murtha.

Pour sa part, dans un éditorial du 18 avril 2006 intitulé "La révolte des généraux", le Washington Post a déclaré que "la rébellion est problématique" et "menace le principe démocratique essentiel de la subordination de l'armée au contrôle civil, d'autant plus que certains officiers prétendent parler au nom de ceux qui sont encore en service actif".

Le même jour, un rédacteur en chef du Washington Times, Tony Blankley - partisan d'une guerre totale contre le monde musulman - a déclaré que les généraux encore en service qui envisageraient de démissionner ensemble pour protester contre les politiques de Bush pourraient être en train de "conspirer illégalement".

Non content d'accuser les chefs militaires américains d'être séditieux, Blankley a répété ses calomnies le lendemain, en demandant une cour d'enquête pour déterminer si les chefs militaires étaient coupables d'insubordination.

Faisant écho à Blankley, l'agitateur pro-israélien Charles Krauthammer, psychiatre de profession et non soldat, s'est emporté le 21 avril 2006 dans une chronique du Washington Post intitulée "Les dangereux murmures du général". Ce n'est pas une surprise pour ceux qui connaissent la rhétorique traditionnellement incendiaire de Krauthammer.

En fin de compte, ce qui est le plus intéressant, c'est qu'avant l'explosion des reportages sur les généraux mécontents dans les médias grand public - quatre ans après que l'American Free Press, basée à Washington, ait pour la première fois révélé l'histoire au niveau national, avant même l'invasion de l'Irak - le numéro d'avril 2006 du magazine américain le plus ancien et le plus respecté, Harper's, présentait un article de couverture provocateur : Coup d'État américain" : Des penseurs militaires discutent de l'impensable".

Cela s'est passé un mois après que Harper's ait appelé, dans un autre article de couverture, à la destitution du président Bush. Il est clair que certaines personnes haut placées n'étaient - et ne sont toujours pas - satisfaites de l'internationalisme pro-israélien (et des politiques bellicistes) du régime Bush.

Pas plus tard que le 27 mai 2007, dans le Washington Post, un autre ancien militaire, le colonel à la retraite Andrew Bacevich, diplômé de West Point qui a servi au Viêt Nam et qui est aujourd'hui professeur de relations internationales à l'université de Boston, a réaffirmé son opposition de longue date à la guerre en Irak. Il l'a fait dans un commentaire poignant sur le fait que son fils avait récemment été tué en Irak.

Bien que les élections de novembre 2006 aient "signifié une répudiation sans ambiguïté des politiques qui nous ont mis dans notre situation actuelle", M.

Bacevich a souligné que "le peuple a parlé... rien de substantiel n'a changé [et] six mois plus tard, la guerre se poursuit sans aucune fin".

Au lieu de cela, a-t-il déclaré, "en envoyant davantage de troupes en Irak (et en prolongeant les missions de ceux qui, comme mon fils, s'y trouvaient déjà), Bush a manifesté son mépris total pour ce que l'on appelait autrefois, de façon pittoresque, la volonté du peuple".

Mais Bacevich a également rejeté la responsabilité de la guerre en cours sur les dirigeants du parti démocrate qui, au cours du mois de mai 2007, ont continué à soutenir effectivement la guerre, en dépit de toute leur rhétorique partisane opposée à la guerre. Bacevich a écrit : Pour être juste, la responsabilité de la poursuite de la guerre ne repose pas moins sur les démocrates qui contrôlent le Congrès que sur le président et son parti.

Après la mort de mon fils, les sénateurs de mon État, Edward M. Kennedy et John F. Kerry, ont téléphoné pour exprimer leurs condoléances. Stephen F. Lynch, notre député, a assisté à la veillée funèbre de mon fils. Kerry était présent à la messe de funérailles.

Ma famille et moi-même avons beaucoup apprécié ces gestes. Mais lorsque j'ai suggéré à chacun d'entre eux la nécessité de mettre fin à la guerre, je me suis fait brosser dans le sens du poil. Plus exactement, après avoir brièvement fait semblant d'écouter, chacun m'a donné une explication alambiquée qui disait en substance : "Ne me blâmez pas : Ne me blâmez pas.

Qui Kennedy, Kerry et Lynch écoutent-ils ? Nous connaissons la réponse : les mêmes personnes qui ont l'oreille de George W. Bush et de Karl Rove, à savoir les riches particuliers et les institutions. [souligné par l'auteur].

Lorsque Bacevich fait référence aux "individus et institutions riches", il ne fait aucun doute qu'il se réfère aux personnes et aux institutions - toutes riches - qui constituent le puissant lobby israélien en Amérique. Ses commentaires ultérieurs ont encore renforcé ce point : L'argent achète l'accès et l'influence. L'argent permet de graisser le processus qui aboutira à l'élection d'un nouveau président en 2008. En ce qui concerne l'Irak, l'argent garantit que les préoccupations des grandes entreprises, des grandes compagnies pétrolières, des évangélistes belliqueux et des alliés du Moyen-Orient seront entendues. (souligné par l'auteur).

Lorsque Bacevich a clairement mentionné "les évangélistes belliqueux et les alliés du Moyen-Orient", il s'agissait évidemment d'une référence directe aux partisans chrétiens fondamentalistes d'Israël en Amérique et à Israël lui-même, puisque le seul allié des États-Unis au Moyen-Orient qui a favorisé l'intervention américaine en Irak était Israël.

Pour enfoncer le clou sur la domination du système politique américain par tous ces intérêts fortunés, Bacevich a encore ajouté :

L'argent maintient le duopole républicain/démocrate de la politique banalisée. Il confine le débat sur la politique américaine à des canaux bien rodés. Il préserve les clichés de 1933-1945 sur l'isolationnisme, l'apaisement et l'appel de la nation à un "leadership mondial". Elle empêche toute comptabilité sérieuse du coût exact de notre mésaventure en Irak. Elle ignore complètement la question de savoir qui paie réellement. Elle nie la démocratie, en faisant de la liberté d'expression un simple moyen d'enregistrer la dissidence.

Conscient du fait que pour avoir tenu de tels propos, il pourrait bien être accusé d'être un "théoricien du complot", voire un "antisémite", Bacevich a conclu de manière succincte : "Il ne s'agit pas d'une grande conspiration. C'est la façon dont notre système fonctionne".

M. Bacevich n'est pas seul. Ses préoccupations sont partagées par de nombreux militaires et d'autres institutions américaines. C'est pourquoi Israël et ses partisans sont très inquiets. Ils se rendent compte qu'il y a une opposition croissante à Israël et à sa capacité à faire chanter les États-Unis en menaçant d'utiliser son Golem nucléaire et en s'appuyant sur le poids de son lobby à Washington.

C'est pourquoi, comme nous le verrons dans le chapitre suivant, Israël s'efforce aujourd'hui de mettre au pas ces voix dissidentes

Chapitre 16

La grande chasse aux sorcières du 21e siècle : Les sionistes demandent l'expulsion des critiques d'Israël du gouvernement et de l'armée des États-Unis

L'un des principaux représentants du lobby pro-israélien fait pression en faveur d'une "chasse aux sorcières" à l'ancienne - sous le couvert de la propagande omniprésente de la "sécurité intérieure" - afin d'identifier (et d'expulser) les membres du gouvernement américain et de l'armée américaine soupçonnés d'être hostiles à Israël.

L'appel sioniste à la chasse aux sorcières se fonde sur la thèse farfelue selon laquelle des "islamo-fascistes" et des agents musulmans "djihadistes" et, peut-être plus particulièrement, leurs "sympathisants" - quelle que soit la définition vague qu'en donnent les marchands de peur - ont infesté la défense, la sécurité nationale et les forces de l'ordre fédérales des États-Unis.

La chasse aux sorcières a été proposée dans le numéro d'automne 2006 de la revue à faible tirage, mais très influente, Journal of International Security Affairs, publiée par l'Institut juif pour les affaires de sécurité nationale (JINSA), l'une des forces en première ligne des cercles "néoconservateurs" fanatiquement pro-israéliens qui dirigent la politique étrangère sous George W. Bush.

Le vice-président Dick Cheney, mais aussi l'ambassadeur des Nations unies John Bolton, l'ancien sous-secrétaire adjoint à la défense Douglas Feith et Richard Perle, ancien président du Defense Policy Board - pour ne citer que quelques grands noms de l'administration - ont tous été associés à la JINSA.

Un analyste, le professeur Edward Herman de l'université de Pennsylvanie, a correctement décrit la JINSA comme étant "organisée et [dirigée] par des individus étroitement liés au lobby israélien et pouvant être considérée comme une agence virtuelle du gouvernement israélien".

Ce qui apparaît d'abord comme un commentaire dans le Journal du JINSA débouche souvent sur des politiques bien réelles menées par l'administration Bush seule et parfois de concert avec le Capitole, que certains critiques sont connus pour qualifier cyniquement de "territoire occupé par Israël".

L'appel à la chasse aux sorcières lancé par le JINSA s'inscrit dans le cadre d'une série de commentaires sur les "alliés ... et adversaires du XXIe siècle" des États-Unis et d'Israël, deux nations que le JINSA considère bien entendu comme des prolongements virtuels l'une de l'autre.

Les publications sionistes affirment régulièrement que les sentiments "anti-israéliens" doivent automatiquement être considérés comme "anti-américains" et même comme "anti-chrétiens" par nature, un thème d'abord bruyamment propagé par le magazine Commentary de l'American Jewish Committee.

Les essais du JINSA, comme on pouvait s'y attendre, désignaient des pays tels que l'Iran, la Syrie, la Russie et le Venezuela comme de possibles "adversaires" de l'axe États-Unis-Israël. Cependant, c'est un essai de Walid Phares - qui est associé à un front sioniste de politique publique connu sous le nom de Fondation pour la défense des démocraties - qui a suggéré qu'il y a de très vrais "adversaires" sur le sol américain, à des niveaux élevés de l'armée américaine et des services de renseignement. Dans son article intitulé "Future Terrorism - Mutant Jihads", Phares pose la question suivante :

Dans quelle mesure des éléments djihadistes ont-ils infiltré le gouvernement américain et les agences fédérales, y compris le Federal Bureau of Investigation, le Department of Homeland Security, le Department of Defense et divers commandements militaires, que ce soit par l'intermédiaire de sympathisants ou d'agents réels ?

Bien qu'il s'agisse d'une question tendancieuse, l'implication de Phares n'était que trop claire : il croit en l'existence d'une telle "menace". L'auteur de la JINSA a ensuite proclamé la nécessité d'un "consensus national" qui exige de "confronter ces forces" sur la base de "la connaissance de leurs idéologies, de leurs objectifs et de leur détermination".

Étant donné qu'il y a peu d'Américains musulmans ou même d'Arabes américains en nombre substantiel au sein du FBI, de la sécurité intérieure, du ministère de la défense, etc., l'idée que des éléments "djihadistes" ont "infiltré" notre gouvernement peut sembler absurde à l'Américain moyen.

Mais dans l'esprit enfiévré du JINSA et des éléments sionistes purs et durs opérant sur le sol américain, déterminés à imposer les exigences d'Israël aux responsables de la politique étrangère américaine, la véritable préoccupation est qu'un nombre croissant de personnes haut placées au sein du FBI, de la CIA et de l'armée commencent à en avoir "marre" du pouvoir sioniste en Amérique.

Les hauts responsables militaires ayant ouvertement rejeté la nécessité d'une guerre contre l'Irak et l'Iran, deux guerres qui sont des objectifs de longue date du lobby sioniste, cela constitue, aux yeux de la sphère JINSA, une collaboration effective avec les redoutables "djihadistes" et une sympathie à leur égard.

Par exemple, le 11 mai 2005, le Forward, un journal de la communauté juive basé à New York, a rapporté que Barry Jacobs, du bureau de Washington de l'American Jewish Committee, a déclaré qu'il pensait qu'il y avait des hauts fonctionnaires dans la communauté du renseignement américain qui étaient hostiles à Israël et qui menaient une guerre contre les lobbyistes pro-israéliens et leurs alliés néoconservateurs dans les cercles internes de l'administration Bush.

Citant l'enquête en cours du FBI sur l'espionnage de responsables de l'American Israel Public Affairs Committee (AIPAC), le principal groupe de pression pro-israélien, Forward rapporte que ce haut responsable de la communauté juive estime, selon le résumé de Forward, que "l'idée que les Juifs américains et les néo-conservateurs du Pentagone ont conspiré pour pousser les États-Unis à entrer en guerre contre l'Irak, et peut-être aussi contre l'Iran, est omniprésente au sein de la communauté du renseignement de Washington".

Il est évident qu'avec de telles pensées répandues dans les cercles pro-israéliens, il est inévitable qu'un groupe politique pro-israélien de premier plan tel que le JINSA évoque le spectre de l'"infiltration" par ceux qui sont considérés comme des "sympathisants" et suggère qu'ils soient éliminés des agences gouvernementales.

La menace d'une chasse aux sorcières est donc réelle. Malgré les différences entre l'administration Bush et ses adversaires démocrates, tous deux se rejoignent sur un point : satisfaire le lobby israélien qui finance aussi bien les démocrates que les républicains par le biais d'un réseau de comités d'action politique et qui exerce son influence au Capitole par l'intermédiaire de groupes de pression tels que l'APIAC, l'American Jewish Committee, l'American Jewish Congress et l'Anti-Defamation League.

Il est ironique que le JINSA soit à l'origine d'une demande d'enquête sur les agents et sympathisants étrangers au sein du gouvernement américain. Le fondateur du JINSA, Stephen Bryen, ancien assistant du sénateur au Capitole, risquait d'être inculpé d'espionnage au profit d'Israël jusqu'à ce que les pressions exercées sur le ministère de la justice l'obligent à faire marche arrière.

Non seulement Bryen, mais plusieurs autres membres de la sphère JINSA ont fait l'objet, à un moment ou à un autre, d'une enquête du FBI sur des accusations similaires concernant leur possible utilisation abusive d'informations américaines en matière de défense et de renseignement pour le compte d'Israël. Il s'agit notamment de

- Richard Perle, qui a fait l'objet d'une enquête dans les années 1970 alors qu'il était l'un des principaux collaborateurs du sénateur Henry Jackson ;

- Douglas Feith, qui, bien que promu plus tard à un poste élevé dans l'administration Bush en 2001, a été renvoyé du Conseil de sécurité nationale du président Ronald Reagan ; et

- Paul Wolfowitz, récemment démis de ses fonctions à la tête de la Banque mondiale et ancien secrétaire adjoint à la défense de l'administration Bush, a fait l'objet d'une enquête du FBI dans les années 1970, car il était soupçonné d'avoir transmis des informations classifiées à Israël.

Le fait que des traîtres aussi évidents bénéficient d'un passe-droit, alors même que les critiques d'Israël sont aujourd'hui menacés d'une chasse aux sorcières, en dit long sur le cours des affaires américaines aujourd'hui.

Toutefois, ce ne sont pas seulement les militaires et les services de renseignement américains qui s'inquiètent de l'influence indue d'Israël et de son lobby sur la politique américaine. Un nombre croissant d'universitaires -

dont certains de premier plan - osent désormais s'exprimer, au grand dam des chasseurs de sorcières. Ces critiques d'Israël ne seront pas réduits au silence.

Dans le prochain chapitre, nous examinerons ce phénomène croissant et la réponse qu'il a suscitée de la part des partisans d'Israël qui opèrent aujourd'hui aux États-Unis.

Chapitre dix-sept

La révolte des universitaires : Les meilleurs universitaires soulèvent la question : "Les relations spéciales entre les États-Unis et Israël sont-elles bonnes pour l'Amérique ?"

Au printemps 2006, deux des plus éminents spécialistes de la politique étrangère aux États-Unis - John Mearsheimer de l'université de Chicago et Stephen Walt de Harvard - ont publié un document intitulé "The Israel Lobby and U.S. Foreign Policy" (Le lobby israélien et la politique étrangère des États-Unis) qui critiquait vivement les relations privilégiées entre les États-Unis et Israël.

Bien qu'il ait d'abord été lancé sur Internet, une version simplifiée a été publiée le 23 mars 2006 dans The London Review of Books. Ironiquement, bien que le rapport ait suscité une vive controverse, le journal juif Forward, basé à New York, l'a noté à juste titre : "Il n'y a pas grand-chose de nouveau" dans le rapport. En fait, quiconque a lu l'American Free Press, basée à Washington, ou d'autres publications telles que Liberty Letter ou The Spotlight dans les années 1960 et 1970, savait déjà ce qui était rapporté par les deux universitaires.

Bien que les grands médias américains aient toujours présenté Israël sous son meilleur jour, les libres penseurs du monde entier ont néanmoins soulevé des questions gênantes qui suggéraient que la vérité sur Israël pouvait être différente. Ces critiques de l'axe États-Unis-Israël ont été qualifiées d'"antisémites". Même l'archevêque sud-africain Desmond Tutu, qui avait jusqu'alors toujours été une icône de la presse américaine, en a choqué plus d'un en 2002 lorsqu'il a affirmé qu'aux États-Unis, "le gouvernement israélien est placé sur un piédestal" parce que, a-t-il dit, "le lobby juif est puissant, très puissant".

Avec la publication de leur article, Meirsheimer et Walt ont finalement fait écho à ce que les critiques d'Israël disaient depuis des années. Ce qui était si troublant pour les forces pro-israéliennes, c'est que les universitaires, comme l'a dit Forward, "ne peuvent pas être rejetés comme des excentriques en dehors du courant dominant". Comme l'a dit l'hebdomadaire juif, "ils sont le courant dominant" : "Ils sont le courant dominant. C'est pourquoi les sionistes ont été effrayés. Walt n'avait pas seulement été professeur à Harvard, il était également le doyen sortant de la John F. Kennedy School of Government de l'université, dont le Forward reconnaît qu'elle est "le centre d'études politiques le plus prestigieux de la nation".

À la suite de la tempête de feu dans les cercles universitaires et dans certains médias, des copies de l'article ont traversé le monde par courrier électronique. Ainsi, de nombreuses personnes qui pensaient auparavant que les critiques à l'égard d'Israël étaient le fait de "haineux" ont appris que deux des spécialistes américains des affaires étrangères les plus respectés tenaient des propos très durs sur les dangers résultant de l'influence puissante du lobby israélien sur la politique étrangère des États-Unis.

Le 25 mars 2006, la rubrique "Editorial Board" du Wall Street Journal (WSJ), farouchement pro-israélienne, a pris les professeurs à partie, mais a noté avec précision que : "[Leur postulat] est qu'Israël est une énorme responsabilité stratégique pour les États-Unis, qui ruine notre réputation dans le monde arabe, complique notre diplomatie à l'ONU, inspire le fanatisme et la terreur islamiques, nous pousse à mener des guerres malencontreuses et nous rend complices des violations israéliennes des droits de l'homme, tout en nous coûtant quelque 3 milliards de dollars par an". Bien que le WSJ ait affirmé que Mearsheimer et Walt n'étaient pas nécessairement "antisémites", leur article était "antisémite dans les faits".

Dans le même temps, des éléments pro-israéliens ont vanté les mérites d'Alan Dershowitz, un publicitaire d'Israël basé à la faculté de droit de Harvard, qui a affirmé que les deux hommes s'étaient largement appuyés sur des sites web "néo-nazis" et "antisémites" comme sources d'information.

Dershowitz mentait. Un examen rapide des citations a montré qu'il s'agissait de sources tout à fait "classiques", notamment le Washington Post, le New York Times, le Ha'aretz israélien, le Jewish Week basé à New York et le Forward susmentionné.

Entre-temps, le 26 mars 2006, le New York Daily News, propriété de Mort Zuckerman, ancien président de la Conférence des présidents des principales organisations juives américaines - une force majeure du lobby israélien - a publié un commentaire affirmant qu'"il n'y a pas de 'lobby' israélien", cette affirmation est réfutée dans la toute première note de bas de page du rapport Mearsheimer-Walt, qui dit : "La simple existence du lobby suggère que le soutien inconditionnel à Israël n'est pas dans l'intérêt national américain. Si c'était le cas, il n'y aurait pas besoin d'un groupe d'intérêt organisé pour y parvenir. Mais parce qu'Israël est un handicap stratégique et moral, il faut des pressions politiques incessantes pour que le soutien des États-Unis reste intact".

Voilà pour les critiques sur les fondements du rapport. Entre-temps, de plus en plus de voix, en haut lieu dans le monde universitaire, ont commencé à soulever publiquement des questions sur la validité même de la fondation d'Israël, de l'État tel qu'il existe aujourd'hui. Au grand désarroi de beaucoup, une universitaire juive britannique respectée, le professeur Jacqueline Rose, a publié un livre, The Question of Zion (publié par la prestigieuse Princeton University Press), affirmant que le sionisme en tant qu'expérience historique a échoué et que le sionisme est, comme elle le dit, "en danger de s'autodétruire".

En réponse à la révolte des universitaires contre la politique américaine à l'égard d'Israël, les membres du Congrès, poussés par le lobby israélien, ont commencé à prendre des mesures pour réduire le financement fédéral des universités dont les professeurs et les étudiants se montraient critiques à l'égard d'Israël. D'une manière générale, les critiques du Congrès à l'égard de ces voix dissidentes ont eu pour thème que ces universitaires étaient "anti-américains" parce qu'ils osaient critiquer Israël et la politique américaine favorable à Israël. À un moment donné, le sénateur Sam Brownback (R-Kansas), un espoir présidentiel du GOP en 2008, a même envisagé d'établir un tribunal où les universitaires qui critiquent Israël pourraient effectivement être jugés pour déterminer s'ils sont coupables d'avoir promulgué de l'"antisémitisme" pour avoir critiqué Israël. (Pour un compte rendu du projet de Brownback, voir The Judas Goats : The Enemy Within). À l'automne 2007, les professeurs controversés, Meirsheimer et Walt, ont publié une version actualisée de leur article sous la forme d'un livre intitulé The Israel Lobby and U.S. Foreign Policy (Le lobby israélien et la politique étrangère des États-Unis), répondant aux critiques initiales de l'article et décrivant la réaction hystérique du lobby juif à ce qu'ils avaient d'abord écrit. Ils se sont également empressés d'assurer aux lecteurs qu'ils étaient des critiques responsables d'Israël et non des "antisémites" irresponsables, même si les principales voix du lobby juif continuaient d'insister sur le fait que les propos des universitaires étaient "antisémites", même si les deux professeurs n'étaient pas des "antisémites".

Les deux professeurs ont déclaré que d'autres critiques d'Israël étaient des "théoriciens de la conspiration" et qu'ils n'en étaient pas, même si, en fait, ils disaient les mêmes choses que d'autres critiques d'Israël. Il s'agit d'un jeu bizarre et quelque peu amusant dans lequel certains critiques d'Israël tentent de prouver au lobby juif et aux médias qu'ils ne sont pas aussi mauvais que d'autres critiques d'Israël.

Cependant, ce qui est le plus troublant, voire carrément dérangeant dans le nouveau livre de Meirsheimer et Walt, c'est que, malgré la quantité adéquate de matériel dans leur volume (faisant écho à une grande partie de ce qui était apparu bien plus tôt dans l'ouvrage précédent de cet auteur, The High Priests of War), les deux n'ont en fait que peu de choses à dire sur les intrigues d'Israël autour de son Golem nucléaire. Ils ont à peine noté les efforts acharnés de John F. Kennedy pour empêcher Israël de se doter d'un arsenal nucléaire et n'ont guère pris en compte le positionnement nucléaire d'Israël dans l'examen du rôle du lobby israélien et de son impact sur la politique étrangère des États-Unis. En plus des manigances linguistiques sur la définition de "qui est antisémite et qui ne l'est pas", il s'agit là d'une grave lacune dans un ouvrage par ailleurs important.

La guerre contre la liberté d'expression dans le domaine de la politique étrangère américaine s'intensifie, d'autant plus que de plus en plus de personnes - universitaires, chefs militaires, spécialistes du renseignement, théologiens et autres - osent soulever des questions sur la politique américaine à l'égard d'Israël et du monde musulman. Il est juste de dire que dans un seul domaine - le sujet d'Israël et le pouvoir du sionisme dans l'orientation de la politique étrangère des États-Unis - la "liberté d'expression" vantée par l'Amérique appartient de plus en plus au passé.

La grande question est de savoir si la révolte des généraux (accompagnée de la révolte des universitaires) contribuera finalement à mettre fin à la domination d'Israël sur la politique américaine ou si Israël, doté de l'arme nucléaire, émergera finalement comme la plus grande puissance mondiale, utilisant son influence en Amérique pour dicter le cours futur des affaires mondiales. Et à l'heure actuelle, comme nous le verrons dans le prochain chapitre, Israël est en guerre contre le monde...

Chapitre 18

La guerre du sionisme contre les Nations unies : Mise en place d'un nouveau mécanisme pour l'établissement d'un imperium mondial

L'Organisation des Nations unies (ONU) a été mise en veilleuse, mise à l'écart, jetée à la poubelle - du moins temporairement - par les rêveurs d'un monde unique qui voyaient autrefois dans cet organisme mondial le moyen d'établir un hégémon mondial.

Les impérialistes d'aujourd'hui, porte-drapeau d'une ancienne philosophie hostile à toute forme de nationalisme autre que le leur, considèrent aujourd'hui les États-Unis comme la force motrice de la mise en œuvre du nouvel ordre mondial dont ils rêvent depuis des générations. Les États-Unis sont leur "nouvelle Jérusalem" et ils ont l'intention d'utiliser la puissance militaire de l'Amérique pour atteindre leurs objectifs.

Pendant près de 50 ans, les principaux médias américains ont dit aux Américains - et aux peuples du monde entier - que l'ONU était "le dernier espoir de l'humanité". Ce thème était un mantra rituel dans les écoles publiques américaines.

Quiconque osait critiquer l'ONU était marginalisé, condamné comme un "extrémiste" hostile à l'humanité elle-même.

Toutefois, dans les années 1970, les choses ont commencé à changer. Alors que les nations du tiers-monde sortaient de leur statut colonial et que l'oppression par Israël des populations chrétiennes et musulmanes d'origine arabe palestinienne devenait un sujet de préoccupation mondiale, l'ONU a pris un nouveau visage, du moins en ce qui concerne le monopole des médias américains. Soudain, l'ONU n'était plus considérée comme une chose si merveilleuse.

Enfin, lorsque les Nations unies ont adopté en 1975 leur résolution historique condamnant le sionisme comme une forme de racisme, la boucle a été bouclée. Pour avoir lancé un défi direct au sionisme, le fondement de la création en 1948 de l'État d'Israël, considéré, à l'époque comme aujourd'hui, comme la capitale spirituelle d'un empire sioniste mondial en devenir, l'ONU a été dépeinte par les médias - dont la plupart sont aux mains de familles et d'intérêts financiers sionistes - comme un méchant incontesté.

Soudain, la critique de l'ONU est devenue tout à fait "respectable". Aux États-Unis, un mouvement émergent, dit "néo-conservateur", dirigé par une clique très soudée d'anciens communistes trotskistes juifs sous la tutelle d'Irving Kristol et de son acolyte, Norman Podhoretz, longtemps rédacteur en chef de la très influente revue mensuelle de l'American Jewish Committee, Commentaire, a fait de l'attaque naissante contre l'ONU une pièce maîtresse de son programme.

Toutefois, ce n'est qu'avec l'arrivée au pouvoir, en janvier 2001, de l'administration du président George W. Bush que l'effort visant à "sortir les États-Unis de l'ONU et l'ONU des États-Unis" (ou ses variantes) est devenu partie intégrante du cadre politique réel - un "plan mas ter" virtuel pour la mise en œuvre d'un imperium sioniste mondial, pour ainsi dire - dans le Washington officiel.

L'appropriation de l'establishment américain de la sécurité nationale par une série de néo-conservateurs nommés par Bush - chacun d'entre eux étant, pour l'essentiel, un protégé de Irving Kristol, déjà mentionné, et de son fils, William Kristol, puissant commentateur des médias et décideur politique en coulisses - a garanti que la campagne contre l'ONU serait au cœur de la politique de l'administration Bush.

En outre, la rhétorique anti-ONU a reçu un soutien de plus en plus large dans les médias américains. Par exemple, dans le New York Post, journal publié par Mortimer Zuckerman, ancien président de la Conférence des présidents des principales organisations juives américaines (l'organe directeur du mouvement sioniste américain), un chroniqueur, Andrea Peyser, a parlé des "rats antiaméricains et antisémites qui infestent les rives de l'East River".

Si quelqu'un doute encore que la raison de l'opposition à l'ONU provient du fait que l'organisation mondiale s'est opposée aux exigences d'Israël, il convient de noter le commentaire révélateur de Cal Thomas, un associé de longue date du révérend Jerry Falwel, l'un des défenseurs les plus véhéments d'Israël dans l'Amérique d'aujourd'hui.

Dans un article paru dans le numéro du 12 décembre 2004 du Washington Times, M. Thomas a repris à son compte les critiques formulées de longue date à l'encontre de l'ONU, qu'il considérait auparavant - de son propre aveu - comme le fait d'une "frange de la population". Thomas a déclaré que "le monde se porterait mieux sans cet organisme". Notant que de nombreux Américains n'ont jamais pensé que l'ONU serait bénéfique pour l'Amérique, Thomas a affirmé qu'il avait toujours pensé que ceux qui disaient de telles choses devaient être ignorés.

Voici ce que Thomas a écrit :

À l'époque de l'université, je les connaissais. Il s'agissait des marginaux, et même au-delà, qui croyaient que la fluoration de l'eau publique était un complot communiste visant à nous empoisonner, que Dwight Eisenhower était un communiste refoulé, que la Commission trilatérale et le Conseil des relations extérieures faisaient partie de la campagne en faveur d'un "gouvernement mondial unique", que les banquiers juifs dirigeaient l'économie mondiale et que les Nations unies devaient cesser d'exister.

Selon Thomas : "Sans adhérer à la paranoïa et aux théories de la conspiration, je suis maintenant converti à la dernière". L'affirmation de Thomas à cet égard est une exposition franche de l'attitude du lobby sioniste à l'égard du RMLJ, maintenant que l'organisme mondial est très clairement tombé des mains du mouvement sioniste et est considéré, selon eux, comme "ingérable" ou "irrécupérable", pour ainsi dire.

En fait, il ne fait absolument aucun doute que les sionistes perçoivent effectivement les États-Unis comme le nouveau mécanisme par lequel ils cherchent à atteindre leurs objectifs, en poussant les Nations unies sur la touche.

Le grand projet d'un nouvel ordre mondial - dans le sillage du nouveau rôle "impérial" de l'Amérique - a été présenté de manière assez directe dans un important document d'orientation en deux parties publié dans les numéros de l'été 2003 et de l'hiver 2004 du Journal of International Security Affairs, organe de l'Institut juif pour la politique de sécurité nationale (JINSA), dont l'influence est indéniable.

Auparavant un groupe de réflexion peu connu à Washington, le JINSA est maintenant souvent reconnu publiquement comme la force directrice de la politique étrangère de Bush aujourd'hui. Un critique du JINSA, le professeur Edward Herman, est même allé jusqu'à décrire le JINSA comme "une agence virtuelle du gouvernement israélien".

L'auteur de l'article du JINSA, Alexander H. Joffe, un universitaire pro-israélien, a régulièrement écrit dans le journal du JINSA, ce qui reflète certainement la haute estime dans laquelle ses opinions sont tenues par l'élite sioniste.

Sa série en deux parties s'intitulait "L'empire qui n'ose pas dire son nom" et proposait le thème suivant : "L'Amérique est un empire", suggérant que, oui, c'est une très bonne chose. Le nouveau régime mondial à mettre en place ferait de l'Amérique "le centre d'un nouveau système international" dans "un monde qui ressemble à l'Amérique et qui est donc sûr pour tous". Cependant, ce à quoi l'Amérique "ressemble" est ce que les sionistes veulent qu'elle ressemble

- pas nécessairement ce que le peuple américain perçoit comme étant l'Amérique.

Joffe a déclaré sans ambages que : La fin de l'Assemblée générale en tant qu'organe crédible peut être attribuée de manière plausible à l'infâme résolution "Le sionisme est un racisme" de 1975" (qui, soit dit en passant, a été abrogée depuis). L'auteur du JINSA affirme que le monde devrait être "reconnaissant" que les Nations unies aient été "discréditées, réduites à une farce et, en fin de compte, paralysées".

Suite à l'abandon de l'ONU en tant que vecteur de gouvernement mondial, écrit Joffe, "nous avons maintenant l'opportunité, et l'obligation, de repartir à zéro". Toutefois, il prévient que même l'Union européenne (UE) émergente constitue une menace pour le rêve d'un empire mondial (du moins, évidemment, du point de vue du mouvement sioniste).

L'auteur du JINSA affirme que l'UE est une "vision alternative de la communauté internationale", une vision qui, comme il l'a dit, est franchement "l'authentique contrepoids à l'empire américain".

Selon M. Joffe, le plus grand problème de l'Europe et de l'UE est que "la culture reste au cœur des problèmes de l'Europe". Le nationalisme est une doctrine née en Europe, tout comme ses mutants vicieux : le fascisme et le communisme. (Fervent défenseur du super-nationalisme israélien, l'auteur de ne voit pas la logique de son attaque contre le nationalisme des autres peuples). Joffe s'est plaint que bien que "le nouvel empire européen soit multiculturel en théorie ... en réalité, il est dominé politiquement et culturellement par la France et économiquement par l'Allemagne". Aujourd'hui, dans l'Union européenne, "poussée par un sentiment de culpabilité postcoloniale et par l'ennui de l'après-guerre, la porte a été ouverte à toutes les idées. Aux niveaux les plus sinistres, elle a permis et même légitimé une vaste explosion de pensées et d'actions désordonnées, à savoir l'anti-américanisme, l'antisémitisme et une grande variété de théories de la conspiration".

En tout état de cause, ce que Joffe a décrit comme "l'autre type d'internationalisme libéral" est ce que le mouvement sioniste favorise et Joffe l'a défini :

"Compte tenu de notre histoire et de nos valeurs, cet avenir consiste à tirer parti de l'empire américain de manière à ce qu'il devienne la base d'un nouveau système international démocratique.

Dans la deuxième partie de son essai, publiée dans le numéro d'hiver 2004 de la revue JINSA, Joffe va plus loin, développant son appel à ce qu'il décrit comme "un empire qui ressemble à l'Amérique".

Pourtant, malgré sa rhétorique sur la "démocratie", Joffe a franchement parlé de l'engagement des États-Unis dans des conquêtes impériales massives dans les régions déchirées par les troubles en Afrique - probablement après que les États-Unis aient déjà fait des ravages dans les pays arabes du Moyen-Orient : Les conditions dans lesquelles l'Amérique et ses alliés prendraient simplement le contrôle des pays africains et les restaureraient sont loin d'être claires. Quels sont les seuils d'intervention ?

Quelles sont les procédures et les résultats ? Qui se battra et qui paiera ? La restauration de l'Afrique impliquerait des engagements à long terme et des coûts immenses, qui ne pourraient être payés que par l'Afrique elle-même. En d'autres termes, elle nécessiterait probablement un contrôle économique américain, ainsi qu'un contrôle politique et culturel.

Le colonialisme se paie toujours au fur et à mesure, et ce n'est pas beau à voir. La question est de savoir si l'Afrique peut payer le prix (ou se permettre de ne pas le faire) et si l'Amérique en a l'estomac.

Bien entendu, l'Afrique n'est pas la seule cible de Joffe et de ses semblables. Joffe a parlé d'un vaste programme mondial, qui va bien au-delà du continent africain. En fin de compte, cependant, Joffe a vendu la mèche sur les véritables intentions de ceux qui utilisent la puissance militaire des États-Unis comme mécanisme d'un programme plus vaste.

"De nouveaux arrangements doivent voir le jour sous l'égide des Etats-Unis afin d'offrir une alternative aux Etats désireux d'accepter des droits et des responsabilités. Joffe rêve d'une Organisation des Nations Unies refondue sous la force impériale des Etats-Unis. Enfin, il prédit la possibilité d'un gouvernement mondial, en écrivant : Il est possible qu'après une période de chaos et de colère, qui de toute façon ne ferait qu'intensifier les états existants, l'institution [les Nations Unies]] soit poussée à changer. [souligné par l'auteur]

Plutôt qu'un club qui admet tout le monde, les Nations unies du XXIe siècle pourraient - un jour, d'une manière ou d'une autre - être transformées en un groupe exclusif, sur invitation, composé uniquement de membres, d'États libres et démocratiques, partageant des valeurs similaires. Ou, en fin de compte, être remplacées par une seule. Ce jour-là, cependant, n'arrivera peut-être pas avant des décennies.

Si l'on a le moindre doute sur le fait qu'il parle d'un gouvernement mondial, il suffit de lire la conclusion de Joffe :

La meilleure façon de préserver l'empire américain est de finir par y renoncer. La mise en place d'une gouvernance mondiale ne peut se faire qu'avec un leadership américain et des institutions dirigées par les Américains, du type de celles décrites schématiquement dans le présent document.

Il s'agit en fait d'utiliser la puissance militaire de l'Amérique pour faire avancer un tout autre programme (secret). Ici, dans les pages d'un journal sioniste, nous avons appris précisément ce qu'est "l'histoire derrière l'histoire".

Le plan directeur sioniste n'a rien à voir, ni avec une "Amérique forte", ni même avec l'Amérique elle-même. Les États-Unis ne sont qu'un pion - bien que puissant - dans le jeu, qu'une élite agissant dans les coulisses déplace impitoyablement dans le cadre d'un plan de domination mondiale.

L'ancien ambassadeur d'Israël auprès des Nations unies, Dore Gold, est une autre preuve que c'est bien là le point de vue du mouvement sioniste.

Dans son livre de 2004, Tower of Babble : How the United Nations Has Fueled Global Chaos, Gold a esquissé un scénario pour un nouveau régime mondial - sous le diktat des États-Unis - qui mettrait de côté les Nations Unies. L'ambassadeur Gold a écrit en termes très clairs ce qui suit: :

Les États-Unis et leurs alliés occidentaux ont gagné la guerre froide, mais l'objectif commun de contenir l'expansionnisme soviétique n'est manifestement plus le ciment d'une coalition. Néanmoins, une coalition d'alliés pourrait commencer par neutraliser la plus grande menace pour la paix internationale aujourd'hui : le terrorisme mondial, une autre menace que l'ONU n'a pas réussi à contrer efficacement ...

La question du terrorisme est liée à un certain nombre d'autres préoccupations communes à toutes ces nations : la dissémination d'armes de destruction massive, la prolifération de technologies militaires sensibles, le financement du terrorisme et le blanchiment d'argent, ainsi que l'incitation à la haine ethnique et à la violence dans les médias nationaux et dans les établissements d'enseignement. Leur engagement à réduire ces menaces conduirait les démocraties du monde entier à s'unir et à prendre des mesures ...

Une telle coalition démocratique serait bien plus représentative de la volonté nationale des citoyens de chaque pays que ne l'est actuellement l'ONU. Curieusement, en sortant de l'ONU, ces pays s'engageraient à nouveau à respecter les principes sur lesquels l'ONU a été fondée à l'origine. Ils adopteraient les principes énoncés dans la Charte des Nations unies et insisteraient pour que les membres de la coalition adhèrent pleinement - et pas seulement pour la forme - à un code de conduite international de base...

En bref, si Gold et ses alliés sionistes considèrent qu'un gouvernement mondial mérite d'être soutenu, ils ne voient pas l'ONU comme le moyen d'y parvenir. Gold a ensuite décrit un nouveau mécanisme pour parvenir à un nouvel ordre mondial :

L'ONU ayant perdu la clarté morale de ses fondateurs, les États-Unis et leurs alliés doivent prendre l'initiative. Le monde suivra en temps voulu.

Si plus d'une centaine de nations veulent rejoindre la Communauté des démocraties, l'idéal démocratique doit être puissant ...

En fait, bien que cela n'ait pas été largement remarqué à l'époque, une "Communauté des démocraties" a été inaugurée par la secrétaire d'État de l'administration Clinton, Madeleine Albright, en juin 2000. Le mécanisme est donc déjà en place.

M. Gold a conclu que les États-Unis et leurs alliés pourraient finalement "revigorer les Nations unies et faire du système de sécurité collective de l'organisation", mais, a-t-il ajouté, "ce jour est loin d'être arrivé".

Entre-temps, les médias du lobby israélien ont promu le concept de Gold de ce que l'on pourrait décrire comme une ONU "parallèle" sous la domination des États-Unis et de leurs prétendus alliés.

Par exemple, dans le Washington Times, Clifford D. May a soulevé la question suivante : "N'est-il pas grand temps d'envisager des alternatives aux Nations Unies ? "N'est-il pas grand temps d'envisager au moins des alternatives aux Nations Unies, d'explorer la possibilité de développer de nouvelles organisations au sein desquelles les sociétés démocratiques travailleraient ensemble contre des ennemis communs et pour des objectifs communs ?"

Cependant, il est indéniable qu'il ne s'agit pas d'une simple ligne de propagande sioniste. Cette philosophie oriente la pensée de l'administration Bush. Lorsque le président George Bush a lancé son appel à une révolution "démocratique" mondiale dans son deuxième discours inaugural, il n'a fait que reprendre les opinions du ministre israélien Natan Sharansky, une personnalité influente considérée comme plus dure que le premier ministre israélien au pouvoir, Ariel Sharon.

Non seulement Bush a publiquement et chaleureusement soutenu Sharansky, mais les médias ont révélé que Sharansky avait joué un rôle majeur dans la rédaction du discours d'investiture de Bush.

Ceci est particulièrement pertinent dans le contexte des propos sévères de Sharansky à l'égard de l'ONU et de ce qu'il a proposé dans son propre ouvrage, The Case for Democracy, largement présenté comme "la bible" de la politique étrangère de Bush. Dans les dernières pages de son livre, Sharansky résume la situation : Pour protéger et promouvoir la démocratie dans le monde, je crois qu'une nouvelle institution internationale, dans laquelle seuls les gouvernements qui donnent à leur peuple le droit d'être entendu et compté auront eux-mêmes le droit d'être entendus et comptés, peut constituer une force extrêmement importante pour le changement démocratique... Cette communauté de nations libres n'émergera pas d'elle-même ...

Je suis convaincu qu'un effort réussi pour étendre la liberté dans le monde doit être inspiré et mené par les États-Unis.

Il en est ainsi une fois de plus : le concept selon lequel les États-Unis sont la force de réalignement mondial. Et bien que l'appel de Bush à une révolution démocratique mondiale basée sur le modèle Sharansky ait été critiqué dans le monde entier - même par les soi-disant "démocraties" - le journal juif américain Forward a noté qu'"un leader mondial a approuvé sans réserve l'approche de Bush" - l'ancien Premier ministre israélien (et actuel ministre des finances) Benjamin Netanyahou. Citant un discours prononcé par le dirigeant israélien en Floride, le Forward a déclaré que M. Netanyahu avait proclamé : "Le président Bush a appelé à la démocratisation et à la démocratie : Le président Bush a appelé à la démocratisation et il est sur une piste très profonde. Le monde arabe peut-il être démocratisé ? Oui, lentement, péniblement. Et qui peut le démocratiser ? Comme partout ailleurs dans le monde, dans toutes les sociétés, qu'il s'agisse de l'Amérique latine, de l'ex-Union soviétique ou de l'Afrique du Sud, la démocratie a toujours été obtenue par des pressions extérieures. Et qui a exercé cette pression ?

Un pays : les États-Unis.

En dire plus reviendrait à compliquer cette simple conclusion : Bien que, pendant des années, les sionistes aient dénoncé les patriotes américains qui disaient qu'il était temps de "sortir les États-Unis de l'ONU et l'ONU des États-Unis", maintenant que les sionistes ont perdu le contrôle de l'ONU - qu'ils considéraient à l'origine comme leur véhicule pour établir un nouvel ordre mondial - les sionistes ciblent l'ONU, précisément parce qu'ils ont déterminé que les ressources militaires et financières des États-Unis sont leur meilleure chance d'établir ce nouvel ordre mondial dont ils ont longtemps rêvé. Les sionistes veulent que les États-Unis servent de moteur à l'édification d'un empire mondial sous leur contrôle.

Entre-temps, l'un des points clés de la campagne sioniste en faveur d'un imperium mondial comprend - comme c'est le cas depuis de nombreuses années - la volonté de faire tomber la République islamique d'Iran. À l'instar de la guerre contre le régime laïc de l'ancien dirigeant Saddam Hussein en Irak - une guerre sanglante qui a mis à genoux cette république autrefois florissante -, la campagne actuelle d'Israël et de ses partisans à Washington - dont le président George W. Bush lui-même est le meilleur exemple - vise à déloger le régime islamique d'Iran. Cette guerre est menée au nom de la nécessité d'empêcher l'Iran de constituer son propre arsenal nucléaire, alors même que le Golem israélien - l'un des plus avancés de la planète - reste en place, élément central du problème de la prolifération nucléaire que les États-Unis refusent absolument d'aborder.

Dans les chapitres qui suivent, nous examinerons le rôle très clair d'Israël et de son lobby américain dans l'escalade des efforts visant à confronter l'indépendance iranienne sur la scène mondiale. Cela ne fait aucun doute : Israël et le mouvement sioniste international sont les principaux instigateurs de la guerre contre l'Iran. Examinons les faits...

Chapitre dix-neuf

L'Irak et l'Iran comme cibles : Un élément clé de la stratégie à long terme du sionisme pour la domination du Moyen-Orient et du monde

L'effort actuel pour déclencher une guerre américaine contre l'Iran est en cours depuis longtemps. Elle s'inscrit dans le cadre d'une politique dite de "recul des États voyous" - un plan émanant des plus hauts niveaux du lobby sioniste en Amérique - qui vient de voir sa première réalisation avec l'attaque contre l'ennemi arabe de longue date de l'Iran, l'Irak. Aussi incroyable que cela puisse paraître, c'est l'Iran qui est visé, malgré le bourbier américain en Irak.

L'expression "États voyous" est un terme incendiaire utilisé par Israël et son lobby en Amérique - ainsi que par ceux qui défendent la ligne de propagande impérialiste - pour décrire des pays en grande partie islamiques tels que l'Iran, l'Irak, la Libye, la Syrie, le Soudan et d'autres pays qui sont perçus (à tort ou à raison) comme des menaces pour Israël.

La guerre contre les "États voyous" s'inscrit dans le cadre de la mise en place d'un "nouvel ordre mondial" dans lequel aucune nation ne peut conserver sa souveraineté nationale face à la puissance militaire américaine détenue par une combinaison d'influence guerrière "israélo-centrée" aux plus hauts niveaux du gouvernement américain et soutenue par les principaux médias.

Le projet de "recul des États voyous" fait en fait partie d'un plan à long terme élaboré par les hautes sphères de l'élite politique internationale, en particulier les partisans purs et durs d'Israël.

Ce plan de "recul des États voyous" - visant spécifiquement l'Irak et l'Iran - a été énoncé pour la première fois le 22 mai 1993, dans un discours alors secret prononcé par un ancien propagandiste du gouvernement israélien, Martin Indyk, devant le Washington Institute on Near East Affairs, un groupe de pression privé pro-israélien. À l'époque, le petit journal américain franc-tireur The Spotlight était la seule publication à révéler ce plan d'agression.

Ce qui a rendu le plan stratégique de guerre d'Indyk si explosif, c'est qu'au moment où Indyk a défini cette politique, il était l'"expert" en politique moyen-orientale du Conseil de sécurité nationale, trié sur le volet par le président Clinton.

Né en Angleterre et élevé en Australie, Indyk a élu domicile en Israël, mais a ensuite obtenu "instantanément" la nationalité américaine par une proclamation spéciale de Clinton, quelques heures après la prestation de serment de ce dernier, le 20 janvier 1993 - l'un des premiers actes officiels de M. Clinton. Plus tard, cet ancien propagandiste israélien a été nommé ambassadeur des États-Unis en Israël, en dépit de son conflit d'intérêts évident.

En l'espace d'un an, les grandes lignes du plan de guerre d'Indyk contre l'Irak et l'Iran ont été officiellement promues par le puissant Council on Foreign Relations (CFR), basé à New York - la branche américaine du Royal Institute for International Affairs, basé à Londres, le bras armé de facto de la politique étrangère de la dynastie bancaire internationale des Rothschild, principaux mécènes de l'État d'Israël et du réseau sioniste mondial. Ce projet a également été annoncé publiquement, au même moment, comme une politique officielle de l'administration Clinton, bien qu'il ait été en préparation depuis plus d'un an.

Un rapport de l'Associated Press, publié dans l'édition du 28 février 1994 du Washington Post, annonçait que W. Anthony Lake, conseiller à la sécurité nationale du président Clinton, avait élaboré un plan de "double endiguement" de l'Irak et de l'Iran, tous deux qualifiés par Lake d'Etats "hors-la-loi" et "en retrait".

Les commentaires de Lake, tels qu'ils ont été rapportés, sont tirés d'un article de Lake qui vient d'être publié dans le numéro de mars/avril 1994 de Foreign Affairs, le journal trimestriel du CFR.

Le 30 octobre 1993, le Post décrivait franchement le CFR comme "ce qui se rapproche le plus d'un pouvoir en place aux États-Unis", affirmant qu'il s'agissait des "personnes qui, depuis plus d'un demi-siècle, gèrent nos affaires internationales et notre complexe militaro-industriel". Vingt-quatre membres importants de l'administration Clinton - ainsi que Clinton - étaient membres du CFR.

Il y avait une différence mineure dans la politique définie par Lake : La destruction de l'Irak était la première visée. L'Iran viendrait plus tard.

M. Lake a déclaré que l'administration Clinton avait soutenu les exilés irakiens qui voulaient renverser le dirigeant irakien Saddam Hussein. Bien que l'Iran soit ce qu'il appelle "le principal sponsor du terrorisme et de l'assassinat dans le monde", M. Lake a déclaré que l'administration Clinton envisageait la possibilité d'améliorer ses relations avec l'Iran.

Au début de l'année 1995, Newt Gingrich, président républicain de la Chambre des représentants, nouvellement élu, longtemps ardent défenseur d'Israël, a prononcé un discours peu remarqué à Washington devant une assemblée d'officiers de l'armée et des services de renseignement, appelant à une politique au Moyen-Orient qui, selon ses propres termes, serait "conçue pour forcer le remplacement du régime actuel en Iran ... la seule solution à long terme qui ait un sens".

Le fait que le chef de facto du parti républicain "d'opposition" ait approuvé cette politique n'est pas vraiment surprenant puisque, à l'époque, l'épouse de Gingrich était payée 2 500 dollars par mois par l'Israel Export Development Company, un organisme qui attirait les entreprises américaines hors des États-Unis dans un parc d'activités de haute technologie en Israël.

Dans le prochain chapitre, nous verrons qu'en dépit des affirmations bruyantes des journaux juifs selon lesquelles la communauté juive américaine (ainsi qu'Israël) considère la guerre en Irak comme une grave erreur de la part des États-Unis, la vérité est qu'Israël lui-même a été l'un des principaux instigateurs (et le principal bénéficiaire) de l'aventure sanglante des États-Unis en Irak et qu'il pousse aujourd'hui, de la même manière, à la guerre contre l'Iran.

Chapitre 20

Qui Bono ? Israël, unique bénéficiaire de la politique américaine à l'égard de l'Irak et de l'Iran

Un média respecté à petit tirage basé à New York a fourni une vue privilégiée, "de l'intérieur", des forces qui ont joué un rôle dans l'entraînement des États-Unis dans la guerre en Irak, à laquelle la quasi-totalité du monde s'opposait.

Il s'avère qu'un autre pays - et non les États-Unis - a "bénéficié de manière unique" de la guerre, malgré le fait que de jeunes Américains continuent de mourir et que l'occupation américaine de l'Irak semble de plus en plus évoluer vers un nouveau bourbier de type vietnamien.

Le 16 avril 2004, Forward - peut-être l'hebdomadaire communautaire juif le plus prestigieux d'Amérique - a fourni à ses lecteurs un aperçu fascinant des circonstances qui ont conduit à la guerre en Irak, en présentant une récitation nettement différente, mais certainement plus exacte, des événements presque totalement occultés par la presse écrite et audiovisuelle américaine au cours de l'année écoulée.

Forward note qu'"à la veille de la guerre, Israël était un partisan discret mais enthousiaste des plans de guerre américains. La puissance militaire de Saddam Hussein, de l'avis de tous, en faisait l'un des plus dangereux adversaires de l'État juif .... Son renversement était perçu comme l'élimination de la menace existentielle la plus sérieuse pour Israël..."

Cette affirmation contraste fortement avec l'opinion, largement répandue en Amérique, selon laquelle Saddam constituait une menace pour les États-Unis. Le fait qu'Israël considérait Saddam comme tel n'a pratiquement jamais été souligné. Le président Bush ne s'est pas non plus aventuré à citer la prétendue menace que Saddam faisait peser sur Israël, du moins devant le grand public. Au mieux, Bush disait que Saddam était une menace pour "l'Amérique et nos alliés", sans jamais nommer le seul allié - Israël - qui percevait Saddam comme une menace.

Soulignant que les porte-parole officiels d'Israël "ont pris soin, dans les mois précédant l'invasion de l'année dernière, de faire profil bas", M. Forward a déclaré qu'ils craignaient "qu'un plaidoyer agressif n'alimente les accusations selon lesquelles Israël ou ses alliés juifs poussaient l'Amérique à la guerre au profit d'Israël".

En ce qui concerne les "armes de destruction massive" de Saddam, dont on parle tant, Forward a révélé que les services de renseignement de l'armée israélienne "ont coopéré avec enthousiasme avec les agences américaines et britanniques, partageant des informations sur les capacités et les intentions de l'Irak ... destinées à aider l'action américaine". Cependant, Forward s'est empressé de noter que des sources en Israël "nient qu'Israël ait fourni des informations biaisées".

Pourtant, le fait qu'aucune arme de destruction massive n'ait été trouvée en Irak - un fait qui continue à gêner George W. Bush - soulève évidemment la question suivante : es : Pourquoi, si les services de renseignement israéliens sont "les meilleurs du monde" (comme le proclament avec grandiloquence de nombreux partisans américains d'Israël), l'administration Bush a-t-elle insisté sur la présence des armes en Irak, alors que même les services de renseignement israéliens - dont on sait qu'ils ont des tentacules dans tout le monde arabe et même à l'intérieur de l'Irak de Saddam - n'ont pas été en mesure de les trouver ?

D'autre part, les critiques pourraient suggérer que le fait qu'Israël nie avoir fourni des informations biaisées pourrait, en fait, être tout simplement faux.

Toutefois, M. Forward a décrit l'excuse officielle israélienne plutôt créative pour expliquer la disparité apparente entre la vérité et la réalité : la commission des affaires étrangères et de la défense du parlement israélien affirme que l'échange de renseignements entre les États-Unis et Israël "a créé un effet de rétroaction négatif : les informations qu'Israël a communiquées aux agences occidentales ont ensuite été retransmises à la communauté du renseignement israélien, prouvant ostensiblement la véracité du rapport initial".

Enfin, après le début de la guerre, selon Forward, "les responsables politiques et militaires israéliens ont manifesté des sentiments d'exaltation mal dissimulés" et maintenant, selon Forward, "quelles que soient les analyses qui peuvent encore émerger de Washington ou d'autres capitales, Israël a clairement bénéficié de l'élimination de Saddam en tant que force militaire sur le front oriental".

Avec une candeur remarquable, Forward a déclaré sans ambages qu'Israël "a bénéficié de façon unique" de la guerre - un point qui peut surprendre de nombreuses familles américaines qui ont perdu des fils et des filles dans une guerre qu'elles pensaient être strictement pour la défense de l'Amérique. Selon M. Forward, les difficultés croissantes de l'Amérique dans la région, conséquence directe de la guerre, font que les Israéliens et leurs partisans américains qui ont accueilli favorablement la guerre craignent encore plus de faire connaître leur point de vue qu'avant le déclenchement de la guerre.

De toute évidence, les Israéliens préféreraient que les Américains pensent que la guerre a été menée parce que Saddam Hussein était, selon l'affirmation apparemment infondée de George W Bush, "le type qui a essayé de tuer mon père", ou à cause de ce fléau populaire qu'est le "grand pétrole". Mais personne ne doit mentionner le mot qui résume vraiment la cause sous-jacente de la guerre : "Israël" : "Israël".

De peur que l'on ne pense qu'il s'agit "seulement" de l'opinion de Forwards, il convient de noter que Philip Zelikow - plus tard directeur exécutif de la commission "enquêtant" sur les attentats terroristes du 11 septembre - avait affirmé publiquement la même chose près de deux ans auparavant (bien que ses commentaires n'aient reçu aucune attention de la part des principaux médias).

Prenant la parole à l'université de Virginie le 10 septembre 2002, lors d'un forum consacré à l'impact des attentats terroristes du 11 septembre, M. Zelikow - alors membre du Conseil consultatif présidentiel sur le renseignement extérieur nommé par M. Bush - a déclaré sans ambages que la guerre d'Irak avait été menée principalement pour protéger Israël ( ) et que l'Irak n'avait jamais été la menace pour les États-Unis que l'administration Bush avait proclamée. S'exprimant en toute franchise, Zelikow a présenté les choses simplement, en commentant :

Pourquoi l'Irak attaquerait-il l'Amérique ou utiliserait-il des armes nucléaires contre nous ? Je vais vous dire ce que je pense être la véritable menace, et ce depuis 1990 : c'est la menace contre Israël. Et c'est la menace qui n'ose pas dire son nom, parce que les Européens ne se soucient pas beaucoup de cette menace, je vous le dis franchement. Et le gouvernement américain ne veut pas s'appuyer trop fortement sur la rhétorique, parce que ce n'est pas un sujet populaire.

Bien que les commentaires révélateurs de Zelikow n'aient pas attiré l'attention des médias à l'époque, Emad Mekay, de l'agence indépendante Inter Press Service, a trouvé la déclaration de Zelikow dans une transcription de ses remarques et l'a depuis mise à la disposition de ceux qui sont intéressés. Mais les grands médias continuent de supprimer ces remarques très pertinentes qui, prises dans leur ensemble, indiquent une motivation de la guerre en Irak différente de celle que connaît l'Américain moyen.

Malgré tout cela, les répercussions de l'horrible et dévastatrice crise de l'euro aux États-Unis sont toujours présentes.

L'invasion de l'Irak continue de faire écho dans le monde entier. Plus le temps passe, plus la vérité sur les raisons pour lesquelles les États-Unis ont mené la guerre contre l'Irak devient évidente : il s'agissait d'un favoritisme des États-Unis à l'égard d'Israël.

Un livre du correspondant international chevronné John Cooley, intitulé An Alliance Against Babylon : The U.S., Israel, and Iraq (Pluto Press, 2005).

Ancien correspondant d'ABC News et du Christian Science Monitor, M. Cooley a souligné que la plupart des médias qui couvrent les deux guerres que les États-Unis ont engagées contre l'Irak "ignorent un facteur important", à savoir "le rôle joué par Israël et les relations, antagonistes ou non, du peuple juif avec les peuples et les États de l'ancienne Mésopotamie, aujourd'hui l'Irak, depuis l'époque de la Bible de l'Ancien Testament jusqu'à aujourd'hui".

Bien que de nombreux détracteurs de la guerre proclament haut et fort qu'il s'agit d'une "affaire de pétrole", le travail historique de Cooley, solidement argumenté, montre clairement que la guerre était précisément - comme l'a dit l'ancien sénateur Ernest Hollings (D-S.C.), peu avant sa retraite - une "politique du président Bush visant à protéger Israël".

Dans sa présentation de la guerre de terreur menée par Israël contre les forces d'occupation britanniques en Palestine à la fin des années 1940, Cooley n'y va pas par quatre chemins. Il souligne que lorsque les forces clandestines juives dirigées par le futur premier ministre israélien Menachem Begin et ses collègues du "Stern Gang", les forces d'occupation britanniques ont commencé à semer la terreur dans le pays, elles ont commencé à semer la terreur dans le pays.

a fait sauter l'hôtel King David à Jérusalem le 22 juin 1946, les terroristes juifs étaient "déguisés en Arabes", une tactique qui a longtemps été utilisée efficacement par Israël dans ses diverses entreprises terroristes.

Lors du massacre de l'hôtel King David - qui était le quartier général de l'armée britannique - l'équipe de Begin a fait 90 morts, dont 15 Juifs, démontrant ainsi, contrairement à ce que croient de nombreuses personnes mal informées, que les Israéliens sont tout à fait disposés à sacrifier les leurs pour ce qui pourrait être perçu (à leurs yeux) comme "le plus grand bien".

En ce qui concerne l'Irak lui-même, Cooley n'a pas défendu Saddam Hussein, mais il a clairement indiqué qu'en dépit de l'existence d'une opposition intérieure à Saddam - principalement la minorité kurde, le clergé musulman chiite et les communistes - "tous ces groupes ont été affaiblis par l'émergence d'une classe moyenne de plus en plus prospère et politiquement docile que Saddam s'est efforcé de créer".

En d'autres termes, alors que Saddam tuait effectivement des religieux islamiques intransigeants - ceux-là mêmes que le président George Bush a fièrement déclaré vouloir tuer partout où il les trouverait - Saddam mettait en place un pays fort doté d'une classe moyenne prospère.

Il n'est donc pas étonnant qu'avant la première attaque américaine contre l'Irak - en 2001 - suivie de sanctions paralysantes imposées au pays à l'insistance des États-Unis, la Banque mondiale et le Fonds monétaire international s'apprêtaient à déclarer que l'Irak était une "nation du premier monde".

Cooley a également examiné les preuves qui avaient déjà été exposées dans American Free Press, à savoir les "allégations concernant l'implication d'Israël" dans le tristement célèbre scandale de la torture à Abou Ghraib, qui, comme le note Cooley, ont été "répétées par le général de brigade Janice Karpinski, l'officier américain responsable d'Abou Ghraib", qui, note Cooley, "a été suspendue de son commandement après les révélations".

En résumant les conséquences de la sanglante aventure américaine en Irak - qui ne montre aucun signe d'amélioration, en dépit des protestations du président Bush et de ses meneurs - Cooley a noté que la destruction des forces armées irakiennes, un "objectif cher" à Israël, avait été accomplie "en grande partie sans perte de sang ou de trésor israélien".

Cooley a écrit qu'il n'y aurait jamais de paix au Moyen-Orient tant que, comme il l'a affirmé pour la première fois dans les années 1960 et le répète aujourd'hui, "il n'y aura pas de règlement équitable entre Israël et les Arabes palestiniens".

Aujourd'hui, avec l'arrivée du livre de John Cooley sur les États-Unis et Israël face à l'Irak, ce qui est remarquable, c'est que la thèse de Cooley reflète - à la fois d'un point de vue historique et d'un point de vue d'actualité - une thèse concernant le positionnement central d'Israël dans la politique américaine à l'égard de l'Iran, exposée en 1991 dans le livre Iran, Israel and the United States d'un éminent universitaire conservateur américain, le Dr Henry Paolucci.

En outre, dès le 14 juin 1994, dans un article commençant en première page, le Washington Post a vendu la mèche en déclarant, dans un titre de la page intérieure "jump", que "la CIA considère le programme d'armes nucléaires de la Corée du Nord comme une menace pour Israël", rapportant que - à l'insu de la plupart des Américains - la véritable préoccupation concernant les objectifs nucléaires de la Corée du Nord était en fait fondée sur les intérêts de sécurité non pas des États-Unis en tant que tels, mais d'Israël.

Ainsi, la "théorie" selon laquelle Israël est une cause de la situation critique de l'Amérique dans le monde aujourd'hui ne se limite pas au problème de l'Irak. Elle va beaucoup plus loin.

Ainsi, alors que l'administration Bush et ses alliés en Israël continuent de soulever la question de savoir si l'Iran est engagé dans le développement d'armes nucléaires hostiles et si les intentions nucléaires de la Corée du Nord sont dangereuses pour les États-Unis, les Américains feraient bien de réfléchir à la simple question suivante : "Cela en vaut-il la peine ? "Cela en vaut-il la peine ? Les intérêts d'Israël sont-ils vraiment ceux de l'Amérique, et vice versa ?

Chapitre 21

"Des empreintes juives indélébiles" : Qui veut que l'Amérique fasse la guerre à l'Iran ?

"Alors que les dirigeants des communautés juives concentrent la plupart de leurs efforts de lobbying actuels sur la pression à exercer sur les États-Unis pour qu'ils adoptent une ligne dure à l'égard de l'Iran et de son programme nucléaire, certains expriment en privé leurs craintes d'être accusés de pousser l'Amérique à entrer en guerre avec le régime de Téhéran".

Avec cet aveu étonnant - présenté ici sans aucune modification - l'un des journaux communautaires juifs les plus distingués d'Amérique, le Forward, basé à New York, a reconnu le 2 février 2007 que ce sont les dirigeants des organisations juives américaines qui encouragent les politiques belliqueuses des États-Unis à l'égard de l'Iran, politiques qui sont mises en œuvre par l'administration Bush.

Forward admet que ce que l'on appelle "le lobby juif" craint un "retour de bâton" de la part des Américains qui ne croient pas qu'une guerre contre l'Iran soit dans l'intérêt de l'Amérique et que de nombreux Américains croient maintenant (ou commencent de plus en plus à croire) l'argument - avancé même avant que les États-Unis n'envahissent l'Irak - selon lequel ce sont les groupes de défense pro-israéliens qui sont en grande partie responsables de la débâcle actuelle en Irak. Cependant, selon Forward, ceux qu'il décrit comme des "groupes juifs" essaient maintenant de convaincre le public américain de la validité de leur propre théorie du complot selon laquelle l'Iran est non seulement une menace pour Israël - leur intérêt principal - mais aussi pour l'Occident et même pour les "États musulmans sunnites pro-américains de la région".

En d'autres termes, les groupes juifs pro-israéliens des États-Unis affirment en fait que les États musulmans comme, par exemple, l'Arabie saoudite - une cible de longue date de l'ire israélienne - doivent également être protégés. De toute évidence, puisque l'Arabie saoudite craint effectivement un Iran puissant, doté ou non d'armes nucléaires, Israël et ses partisans pensent maintenant qu'ils peuvent faire croire qu'une attaque américaine contre l'Iran est plus qu'une "autre guerre pour Israël", ce qui, bien sûr, est précisément ce que serait une guerre contre l'Iran.

Forward a même cité Jess Hordes, un responsable du bureau de Washington de la Ligue anti-diffamation (ADL), qui a affirmé que "c'est un fait que l'Iran est un danger pour le monde entier". Hordes a affirmé que cette rhétorique n'avait pas pour but de "cacher nos inquiétudes au sujet d'Israël", mais ses protestations sonnent creux puisqu'il est clair que ce sont les inquiétudes du lobby pro-israélien au sujet de l'Iran qui ont guidé la politique américaine actuelle à l'égard de l'Iran, tout comme ce sont les inquiétudes de ce même lobby au sujet de l'Irak qui ont guidé la politique américaine à l'égard de cette république arabe aujourd'hui vaincue.

Forward lui-même est allé jusqu'à admettre, en termes francs, que "de nombreux efforts de plaidoyer, même lorsqu'ils ne sont pas liés à Israël, portent des empreintes juives indélébiles" et que "les groupes juifs jouent en effet un rôle de premier plan dans la pression en faveur d'une ligne dure à l'égard de l'Iran".

Citing a recent speech in Israel by Malcolm Hoenlein, executive vice chairman of the Conference of Presidents of Major American Jewish Organizations, Forward noted that Hoenlein was particularly distressed that many highly placed individuals of some renown—ranging from former President Jimmy Carter to retired Gen. Wesley Clark (qui a déclaré que "des gens d'argent de New York" étaient derrière les pressions en faveur d'une guerre contre l'Iran), l'ancien inspecteur en désarmement de l'ONU Scott Ritter et les professeurs Stephen Walt (de Harvard) et John Mearsheimer (de l'université de Chicago), ont tous remis en question le pouvoir du lobby israélien qui dicte la politique des États-Unis à l'égard de l'Iran et de l'Irak.

En outre, l'ancien secrétaire d'État Colin Powell aurait affirmé que "les gens du JINSA", en référence à l'Institut juif pour les affaires de sécurité nationale, ont joué un rôle majeur dans l'invasion de l'Irak par les États-Unis, à laquelle Powell s'est longtemps opposé avec véhémence avant de la soutenir, ce qui a eu pour conséquence de lui faire perdre sa propre crédibilité auprès de l'opinion publique.

Hoenlein et d'autres dirigeants de la riche et puissante communauté juive se faisaient l'écho de suggestions formulées précédemment par leurs collègues, selon lesquelles des personnalités clés de l'élite politique américaine critiquaient désormais ouvertement le pouvoir sioniste en Amérique. Selon M. Hoenlein, "il s'agit d'un cancer qui part du sommet et se propage vers le bas. Il empoisonne les opinions des élites qui se répercutent dans la société".

Forward a noté que deux auteurs israéliens, Michael Oren et Yossi Klein Halevi-associés du Centre Shalem, un groupe de réflexion basé à Jérusalem-ont déclaré que l'Iran, selon l'évaluation de Forward de leurs affirmations, est "la principale menace pour la survie d'Israël, la stabilité régionale et l'ensemble de l'ordre mondial". Forward ajoute que "ce thème a été repris dans des publications et des communiqués de presse publiés par la plupart des grands groupes juifs, y compris [l'American Israel Public Affairs Committee] et la Conférence des présidents". Une guerre contre l'Iran est donc bien à l'ordre du jour pour les juifs.

Ni les groupes serbes-américains, ni les groupes croates-américains ne souhaitent que les États-Unis entrent en guerre contre l'Iran. Les groupes italo-américains, polonais ou irlando-américains ne souhaitent pas non plus une telle guerre. Aucune organisation asiatique-américaine n'a exigé que l'Iran soit démembré, et aucun groupe représentant les Amérindiens ou les Afro-Américains n'a fait de la question de l'Iran une pièce maîtresse de sa politique publique. De même, il n'existe aucune preuve que des organisations ethniques, culturelles ou religieuses - autres que celles représentant les intérêts juifs et pro-israéliens - aient appelé à une attaque des États-Unis contre l'Iran.

Tout bien considéré : Peut-on douter de qui veut la guerre avec l'Iran - ou pourquoi ?

Chapitre vingt-deux

Ils sont de retour : Les grands prêtres de la guerre en Irak veulent maintenant détruire l'Iran

Alors que les États-Unis s'enlisent de plus en plus dans le chaudron sanglant et explosif qu'est devenu l'Irak, les forces mêmes qui ont été à l'origine de l'entrée de l'Amérique dans ce désastre redoublent aujourd'hui d'efforts pour atteindre un autre objectif de longue date : la destruction de l'Iran. Dans le même temps, des voix raisonnables et modérées - et peut-être même inattendues - s'élèvent pour rejeter les appels à la guerre au profit de la diplomatie.

Bien que dans le numéro de janvier 2007 de Vanity Fair, publié par le milliardaire sioniste S.I. Newhouse, l'un des principaux bailleurs de fonds de l'Anti-Defamation League et d'autres groupes de pression israéliens, une série d'éminents néo-conservateurs pro-israéliens aient tout fait pour nier leur culpabilité dans le déclenchement de la guerre contre l'Irak, ce que tout le monde sait qu'ils ont effectivement fait, ces mêmes éléments se préparent maintenant à promouvoir l'action militaire des États-Unis contre l'Iran.

Leur rhétorique de déni concernant leur demande belliqueuse d'une attaque américaine contre l'Irak fait écho au même type de tromperie bruyante émanant d'Israël de la part d'une foule d'universitaires israéliens, de stratèges militaires et autres qui attaquent maintenant George W. Bush pour la guerre en Irak, même si c'est Israël et ses alliés néoconservateurs au sein de l'administration Bush qui ont été les plus inflexibles sur la nécessité non seulement d'attaquer l'Irak mais aussi de faire tomber Saddam Hussein. Il s'agit d'un objectif final que même le père de l'actuel président, George H.W. Bush, a décidé de ne pas poursuivre lors de l'attaque américaine contre l'Irak au cours de la première guerre du Golfe persique en 1991.

Aujourd'hui, tout en niant leur responsabilité dans le bourbier irakien, les néo-conservateurs préparent ouvertement leur campagne de propagande pour inciter à déployer le sang et le trésor américains contre l'Iran, non seulement pour stopper la prétendue progression de l'Iran vers l'armement nucléaire, mais aussi, comme en Irak, pour détruire le gouvernement actuel de ce pays.

Dans le numéro de novembre/décembre 2006 du magazine Foreign Policy, la publication à faible tirage mais très influente de la Fondation Carnegie pour la paix internationale, l'un des principaux "groupes de réflexion" du Nouvel Ordre Mondial, le célèbre publiciste néo-conservateur Joshua Muravchik appelle ses collègues "néo-cons" à "admettre leurs erreurs ... et à commencer à défendre l'idée de bombarder l'Iran".

Muravchik - qui opère à partir de l'American Enterprise Institute (qui compte parmi ses principaux tacticiens le cerveau néo-conservateur Richard Perle) - a déclaré : "Ne vous y trompez pas, le président Bush devra bombarder les installations nucléaires de l'Iran avant de quitter ses fonctions". Il poursuit en s'adressant à ses collègues va-t-en-guerre : "Nous devons préparer le terrain intellectu allié maintenant et être prêts à défendre l'action lorsqu'elle se présentera."

Cela ne fait aucun doute : les grands prêtres néoconservateurs de la guerre (dont les intrigues ont été examinées pour la première fois dans le précédent ouvrage de cet auteur, Les grands prêtres de la guerre) sont déterminés à détruire l'Iran, tout comme ils ont détruit l'Irak. C'est l'un de leurs objectifs géopolitiques de longue date et ils refusent que le mécontentement de l'opinion publique à l'égard de ce qui s'est passé en Irak les dissuade d'accomplir ce qu'ils ont l'intention de faire.

Entre-temps, Bruce Laingen, l'ancien chargé d'affaires de l'ambassade des États-Unis en Iran, qui faisait partie des Américains retenus en otage (de 1979 à janvier 1981) à la suite de la révolution islamique en Iran, appelle publiquement l'administration Bush à mettre de côté son langage incendiaire et à rechercher des discussions directes avec l'Iran. Dans une lettre au rédacteur en chef du New York Times, publiée le 13 janvier 2007, Laingen écrit :

Les États-Unis et l'Iran doivent se parler. Non pas avec la rhétorique publique mutuellement négative qui, pendant les 27 années qui ont suivi la crise des otages de 1979, a érodé la confiance nécessaire à tout échange diplomatique ; non pas indirectement, comme nous le faisons actuellement sur la question nucléaire par l'intermédiaire de nos collègues du Conseil de sécurité et de l'Union européenne ; mais frontalement et franchement, en tant que puissances responsables ayant des intérêts communs dans une région du monde d'une importance cruciale.

L'absence de dialogue n'a eu aucun sens, que ce soit sur le plan stratégique, humain, historique, politique ou culturel. Elle a compliqué nos relations avec tous les autres pays de la région. Nous sommes les seuls parmi les puissances à avoir choisi de marquer ainsi nos réserves sur la conduite de l'Iran dans l'arène mondiale.

La géographie à elle seule oblige l'Iran à participer à la gestion de l'Irak et de l'Afghanistan, sans parler des accords de sécurité régionale à long terme dans la région du golfe Persique. Une série d'autres questions nécessitent un dialogue, notamment les obligations de l'Iran à l'égard des anciens otages.

Les discussions ne seront pas faciles. Les relations diplomatiques formelles sont loin d'être établies. Mais nous ne perdons rien à nous joindre directement à nos alliés et amis pour sonder directement les intentions de l'Iran.

Le fait que Laingen - qui en sait certainement assez long sur l'Iran et son peuple et qui pourrait manifestement avoir une dent contre le gouvernement iranien - dise de telles choses (si contradictoires avec les vues des néo-conservateurs bellicistes) est quelque chose que les Américains doivent savoir. Mais les préoccupations sensées de Laingen ont été mises de côté par les médias américains qui préfèrent contribuer à attiser les craintes des Américains à l'égard de l'Iran, en affirmant que la république islamique constitue en quelque sorte une menace pour les États-Unis (et, bien sûr, pour Israël).

Il reste à voir si le peuple américain se laissera à nouveau embobiner et entraîner dans une nouvelle guerre absurde. Mais les personnes pacifiques qui veulent préserver leur pays feraient mieux d'écouter ce que Laingen - et non les néo-conservateurs - a à dire.

Chapitre vingt-trois

Les "New Yorkais de l'argent" : Un général américain d'origine juive pointe du doigt les fauteurs de guerre

L'argent de New York ne joue pas seulement un rôle important dans la campagne présidentielle de 2008, mais il est également un élément moteur de la pression exercée par les fanatiques pro-israéliens aux plus hauts niveaux de la politique américaine pour forcer les États-Unis à s'engager dans une guerre insensée contre l'Iran.

C'est la seule conclusion que l'on peut tirer d'une enquête sur des rapports d'information multiples et de grande envergure, diffusés principalement dans des publications en Israël et dans la communauté juive américaine, qui n'ont pas été portés à l'attention de la plupart des Américains sous l'égide de ce que l'on appelle les "médias grand public".

C'est un peu comme si les grands médias américains étaient tout simplement déterminés à empêcher les Américains moyens de savoir qu'il y a des gens qui pensent qu'Israël et ses soutiens bien payés aux États-Unis sont les principaux défenseurs d'une action militaire américaine contre l'Iran.

Les commentaires les plus explosifs à cet égard sont peut-être ceux du général Wesley Clark (retraité), qui était candidat à l'investiture démocrate pour l'élection présidentielle de 2004 et qui - jusqu'alors, du moins - était considéré comme un candidat probable pour l'investiture démocrate en 2008. Dans un entretien avec l'éditorialiste Arianna Huffington, M. Clark a déclaré qu'il pensait que l'administration Bush était déterminée à faire la guerre à l'Iran. Lorsqu'on lui a demandé pourquoi il pensait cela, il a répondu :

Il suffit de lire la presse israélienne. La communauté juive est divisée, mais il y a tellement de pression exercée par les gens d'argent de New York sur les personnes en quête d'un poste.

En bref, Clark a déclaré que de puissants intérêts financiers basés à New York (ceux qu'il a appelés "les gens d'argent de New York") font pression sur les candidats politiques et les politiciens en place pour qu'ils soutiennent une guerre contre l'Iran.

En fait, Clark avait raison. Les journaux de la communauté juive ont en effet noté, à maintes reprises au cours des dernières années, que de nombreux membres de la communauté juive américaine et d'Israël préconisent une action militaire américaine contre l'Iran. Et en Israël, bien sûr, le discours belliqueux d'Israël lui-même attaquant l'Iran est couramment et publiquement discuté avec un libre abandon. Tout cela est peu connu du public américain.

Malgré cela, Clark a essuyé des critiques et a été accusée d'"antisémitisme" ou d'accréditer ce qui est considéré comme des "théories du complot anti-israéliennes et anti-juives", qui - selon les critiques de Clark - suggèrent qu'Israël et ses partisans sont les principaux moteurs de la guerre.

Clark étant le fils d'un père juif (bien qu'il ne l'ait su qu'il y a plusieurs années, ayant été élevé par une mère chrétienne et un beau-père chrétien qui ne lui a jamais parlé de son héritage juif), certains dirigeants juifs ont tiré sur la corde, reconnaissant qu'il était quelque peu exagéré de qualifier Clark d'"antijuif". Mais le mot est définitivement lâché dans la communauté juive : "On ne peut pas faire confiance à Clark".

Le 12 janvier 2007, le journal juif Forward, basé à New York, a publié en première page un article critiquant les propos de M. Clark, notant que "l'expression "New York money people" a déplu à de nombreux activistes pro-israéliens. Ils l'ont interprétée comme une référence à la communauté juive, connue pour ses dons financiers importants aux candidats politiques".

Le fait que des dirigeants et des publications juifs aient attaqué Clark pour avoir utilisé l'expression "New York money people" est ironique, dans la mesure où, juste la semaine précédant le tollé provoqué par les commentaires de Clark, le même Forward, dans son numéro du 5 janvier 2007, avait publié en première page un article annonçant que le sénateur américain John McCain (R-Ariz.), fervent partisan d'Israël, avait obtenu un soutien financier important pour sa propre campagne présidentielle de 2008 de la part de ceux que le Forward appelait, dans son propre titre, les "New York money men" (hommes d'argent de New York).

Dans cet article révélateur, qui décrit le "comité financier fortement juif" de M. McCain, le Forward annonce que, ces dernières semaines, "M. McCain a fait savoir que l'attention portée aux questions juives resterait à son ordre du jour au fur et à mesure de l'avancement de sa campagne". Le journal juif n'a pas précisé si McCain s'intéressera aux questions chrétiennes, musulmanes, bouddhistes ou hindoues, ou à toute autre question intéressant d'autres groupes religieux.

L'article de Forward indique clairement que le soutien de ces "hommes d'argent new-yorkais" est essentiel dans la prochaine campagne présidentielle et qu'il pourrait être déterminant, que cet argent reste dans le camp de McCain ou qu'il aille ailleurs en fin de compte.

Cette information pourrait surprendre les républicains de base de toute l'Amérique qui pensent (apparemment à tort) que ce sont eux qui choisissent le candidat de leur parti à l'élection présidentielle.

En outre, compte tenu du fait que des groupes juifs ont attaqué M. Clark pour avoir suggéré que des "financiers new-yorkais" faisaient pression sur les candidats politiques pour qu'ils se prononcent en faveur d'une guerre contre l'Iran, il est intéressant de noter que M. Forward a souligné que l'un des principaux "financiers new-yorkais" soutenant M. McCain a cité la question de l'Iran comme l'une des raisons pour lesquelles il soutenait le sénateur de l'Arizona.

Ben Chouake, président du NORPAC, un comité d'action politique pro-israélien, et membre de la commission des finances de McCain, a été cité comme ayant fait remarquer que l'Iran est "une immense menace pour les États-Unis, et une immense menace pour Israël", et que "la personne la plus capable, la plus expérimentée, la plus courageuse pour défendre notre pays, serait John McCain".

Il est clair que les "New Yorkais de l'argent" jouent un rôle majeur dans l'arène politique américaine, en pesant de tout leur poids sur l'élection ou la non-élection des candidats, et sur l'entrée en guerre ou non de l'Amérique.

C'est quelque chose que les Américains doivent savoir, mais ils n'ont pas intérêt à compter sur les médias pour leur en parler.

Chapitre 24

"Fabriqué en Israël" : La véritable origine de la controverse sur le nucléaire iranien telle qu'elle a été déterminée par les principaux experts en matière d'armes nucléaires

Les Américains devraient prendre note : il avait raison de dire que l'Irak ne possédait pas d'armes de destruction massive. Aujourd'hui, Scott Ritter, l'ancien inspecteur en désarmement des Nations unies en Irak, s'attaque à la clameur internationale concernant le programme nucléaire iranien en plein essor, en faisant remarquer dans un nouveau livre que la controverse est "une crise made in Israël".

La controverse actuelle sur le développement présumé d'armes nucléaires par l'Iran est "une crise made in Israël". Cette accusation a été formulée dans le dernier livre de Scott Ritter, qui a été pendant sept ans l'un des principaux inspecteurs en désarmement des Nations unies en Irak.

Ce Marine au franc-parler, qui était conseiller en matière de missiles balistiques auprès du général Norman Schwarzkopf lors de la première guerre du Golfe, a déclaré que le même schéma de mensonges et de désinformation utilisé par l'administration Bush et ses alliés en Israël pour engager les États-Unis dans la guerre contre l'Irak est maintenant utilisé pour entraîner les États-Unis dans une guerre contre l'Iran.

Le livre de Ritter, Target Iran, sous-titré "The Truth About the White House's Plans for Regime Change" (La vérité sur les plans de la Maison Blanche pour un changement de régime), a lancé un avertissement que les Américains doivent prendre en compte, car tout ce que Ritter a dit précédemment au sujet de la volonté de guerre contre l'Irak s'est avéré exact.

Comme l'a dit le célèbre journaliste d'investigation Seymour Hersh : "La chose la plus importante à savoir sur Scott Ritter, l'homme, c'est qu'il avait raison. Il nous a répété en 2002 et au début de 2003, alors que le président George Bush et le premier ministre Tony Blair se préparaient à la guerre en Irak, qu'il n'y avait pas d'armes [de destruction massive]".

Si Ritter peut s'exprimer avec autant de force, c'est parce qu'il est pratiquement à l'abri de l'accusation d'être "anti-israélien" ou "antisémite".

Comme il l'indique dans son livre, lors de son service militaire et dans le domaine de l'inspection des armes, il a risqué sa vie pour défendre Israël, un point que ses détracteurs répugnent à mentionner. Ritter a écrit : Le conflit qui oppose actuellement les États-Unis à l'Iran est avant tout un conflit né en Israël. Il est basé sur l'affirmation israélienne que l'Iran représente une menace pour Israël, et défini par des affirmations israéliennes selon lesquelles l'Iran possède un programme d'armes nucléaires. Rien de tout cela n'a été prouvé, et il a même été clairement démontré que la plupart des allégations faites par Israël contre l'Iran étaient fausses. Pourtant, les États-Unis continuent de claironner les affirmations israéliennes , et personne ne le fait plus bruyamment que l'ambassadeur américain aux Nations unies, John Bolton.

Si l'Iran devait attaquer Israël sans provocation, je plaiderais longuement pour que l'Amérique vienne en aide à son ami et allié. Mais je ne peux tolérer l'idée que l'Amérique soit poussée dans une guerre d'agression contre l'Iran alors que ce dernier ne menace ni Israël ni l'Amérique. Et c'est ce qui se passe aujourd'hui. Israël, par ignorance, peur et paranoïa, a élevé l'Iran au rang de menace qu'il juge inacceptable.

Israël s'est engagé dans des politiques qui ont encore aggravé la situation. Israël fait preuve d'arrogance et de rigidité lorsqu'il s'agit de trouver une solution diplomatique à la question iranienne.

Israël exige que les États-Unis prennent l'initiative de demander des comptes à l'Iran. Israël menace l'Iran d'une action militaire, sachant pertinemment qu'en agissant de la sorte, il engagerait également l'Amérique dans une guerre.

En ce qui concerne l'Iran, on ne peut plus dire qu'Israël se comporte en ami de l'Amérique. Il est grand temps que nous, Américains, ayons le courage de le reconnaître et de prendre les mesures qui s'imposent.

M. Ritter a souligné que les États-Unis et Israël sont "deux nations totalement distinctes et ne devraient jamais être traitées comme une seule et indivisible". Il a ajouté que les États-Unis devaient freiner les puissants groupes de pression israéliens tels que l'American Israel Public Affairs Committee. Les Américains doivent également reconnaître que "la loyauté nationale est une voie à sens unique, et en Amérique, pour les Américains, ce panneau à sens unique ne pointe que vers les États-Unis d'Amérique".

Les personnes intéressées par un examen approfondi des réalités - et non de la propagande - concernant l'Irak et son programme nucléaire (et la manière dont la vérité a été déformée par Israël et ses alliés au sein de l'administration Bush) devraient lire le livre de Ritter.

Chapitre vingt-cinq

Le président iranien s'exprime : Défier de front le nouvel ordre mondial

Cet auteur a eu l'occasion de se rendre à New York le 20 septembre 2006, où j'ai participé à une table ronde à huis clos avec le président iranien Mahmoud Ahmadinejad et un petit groupe de journalistes et d'universitaires invités. Ce qui suit est un rapport sur les commentaires d'Ahmadinejad lors de ce forum, tel qu'il a été publié dans le numéro du 9 octobre 2006 d'American Free Press, l'hebdomadaire national basé au Capitole à Washington.

Alors même que le New York Sun, un quotidien fanatiquement pro-israélien, demandait son arrestation "en tant que témoin matériel ou même en tant que suspect" de terrorisme, le dirigeant iranien Mahmoud Ahmadinejad arrivait à New York pour une visite éclair la semaine dernière.

S'adressant aux Nations unies et rencontrant en privé différents groupes, les journalistes et les universitaires étaient impatients d'entendre ce que l'ancien professeur d'université, devenu maire de Téhéran, puis président iranien, avait à dire. Cela se produit à un moment où la République islamique d'Iran est au centre de l'attention mondiale et fait l'objet d'une rhétorique provocatrice et belliqueuse de la part d'Israël et de son allié, George W. Bush.

Même l'invitation d'Ahmadinejad à s'exprimer au siège de Manhattan du Council on Foreign Relations (CFR), lieu de rencontre de l'élite américaine en matière de politique étrangère, a suscité des remous. Emmenés par Elie Wiesel, figure de proue de l'industrie de l'Holocauste, les membres juifs du CFR ont menacé de démissionner en masse si le dirigeant iranien était autorisé à s'exprimer, bien que la révolte ne se soit jamais matérialisée.

Wiesel - dont la crédibilité est discutable - a dit à qui voulait l'entendre qu'il pensait qu'Ahmadinejad devrait être déclaré persona non grata aux États-Unis et que l'Iran lui-même devrait être expulsé de l'ONU tant qu'Ahmadinejad serait président.

Finalement, la proposition de dîner officiel avec Ahmadinejad au CFR a été rejetée, car les membres juifs du CFR ont déclaré qu'ils ne pouvaient pas supporter l'idée de dîner avec le dirigeant iranien.

Au lieu de cela, Ahmadinejad a rencontré un petit nombre de membres du CFR lors d'une réunion moins formelle.

Alors que les groupes pro-israéliens organisaient des manifestations massives et bruyantes contre Ahmadinejad devant les Nations unies et l'hôtel où se trouvait le siège d'Ahmadinejad, certaines personnes saines d'esprit ont accepté de parler au président iranien et d'écouter ce qu'il avait à dire, sans être interrompues. Cela contrastait avec le traitement souvent accordé à Ahmadinejad par des personnalités médiatiques américaines partiales et par le président américain qui refuse de parler au dirigeant iranien.

S'exprimant lors du rassemblement de la rhétorique belliqueuse de Bush et de ses alliés israéliens, Ahmadinejad a insisté sur le fait que les décideurs politiques américains sont "trop intelligents" pour penser sérieusement à une guerre avec l'Iran. En fait, a-t-il dit, les menaces et les discours musclés des États-Unis sont utilisés par la Maison Blanche pour exercer ce qu'il a appelé une "pression psychologique" sur les pays européens afin qu'ils soutiennent les sanctions contre l'Irak.

Ahmadinejad a prédit que toute action militaire contre l'Iran "ne favorisera pas le gouvernement des États-Unis ni le peuple américain". Il a souligné qu'aujourd'hui encore, "tous les peuples de notre région commencent à haïr les États-Unis à cause des politiques de l'administration Bush". Il convient de noter que 118 pays se sont récemment ralliés à la volonté de l'Iran d'obtenir de l'énergie nucléaire à des fins pacifiques - et contre l'axe Israël-États-Unis - lors du récent sommet des nations non alignées qui s'est tenu à Cuba.

Le président iranien s'est dit consterné par le fait que sa récente lettre au président Bush demandant l'ouverture d'un dialogue, suivie d'une offre de débat public avec le dirigeant américain devant les Nations unies, soit restée sans réponse. "J'espérais que le président Bush répondrait à la lettre que je lui avais adressée.

Ma lettre était un acte humain, pas un acte politique. Je rencontre et je dialogue avec de nombreuses personnes au quotidien". Il a ajouté :

Il n'y a pas de meilleur moyen que d'organiser un dialogue. Il peut porter sur l'ensemble du spectre. Toute condition de dialogue est utile pour éliminer les tensions.

Nous avons annoncé à de nombreuses reprises que nous étions ouverts au dialogue, mais dans des conditions de respect mutuel. Les relations peuvent être amicales, équilibrées et justes.

Exprimant son intérêt personnel et celui de sa nation pour, au minimum, l'ouverture d'échanges de scientifiques et d'universitaires entre les États-Unis et l'Iran, M. Ahmadinejad a déclaré : "Je suis très heureux que les États-Unis et l'Iran aient décidé d'ouvrir leurs portes à la concurrence :

Nous demandons depuis longtemps l'instauration d'un vol direct entre Téhéran et New York. Nous fournirons les facilités nécessaires à de tels échanges. Le président iranien a ajouté : "Nous avons été très désolés lorsque les États-Unis ont refusé notre offre de soutien humanitaire aux victimes de l'ouragan Katrina.

Réfléchissant à la possibilité que l'administration Bush et Israël cherchent non seulement à empêcher l'Iran de développer son programme nucléaire actuel - ce qui a été la raison publiquement exprimée de la campagne menée contre l'Iran - mais qu'ils aient également l'intention de renverser le gouvernement Ahmadinejad et de forcer un changement complet du système de gouvernement iranien, le dirigeant iranien a fait remarquer : "Nous nous opposons bien sûr à ce type de raisonnement de la part de l'administration américaine, mais nous n'avons pas l'intention de le faire : Bien sûr, nous nous opposons à ce type de raisonnement de l'administration américaine. Mais ils ne seront jamais en mesure d'imposer un changement de régime à l'Iran. L'Iran n'a pas besoin d'un gardien. Cette façon de penser appartient au passé.

Pourquoi M. Bush croit-il qu'il peut penser mieux que le peuple iranien et choisir ses dirigeants ? Imaginez que je sois le président de l'Iran et que je dise au peuple américain : "Je veux sauver le peuple américain" : "Je veux sauver le peuple américain".

Pensez à la réaction du peuple iranien face à ce type de rhétorique du président Bush. Qu'est-ce que M. Bush veut donner à l'Iran ?

L'Iran a toujours été l'Iran, mais nous sommes désormais indépendants de l'Occident. L'Iran est plus fort que jamais. L'Iran est une nation de familles, d'amis et de voisins qui vivent comme une seule famille, et le peuple iranien réagira à toute ingérence dans ses affaires.

En ce qui concerne le prétendu désir de l'Iran de fabriquer des armes nucléaires, M. Ahmadinejad a fait remarquer que le programme nucléaire iranien était supervisé par l'Agence internationale de l'énergie atomique. "C'est 24 heures sur 24, avec des caméras", a-t-il souligné. En outre, a-t-il ajouté, l'Iran a signé le traité de non-prolifération nucléaire.

Ahmadinejad ne l'a pas mentionné, mais la vérité est qu'Israël, qui possède l'un des plus grands arsenaux d'armes nucléaires au monde, n'a jamais signé ce traité et n'admet pas officiellement qu'il possède des capacités nucléaires.

En outre, bien que les médias américains n'en fassent pas grand cas - ils dépeignent l'Iran comme travaillant fébrilement à la fabrication de la "bombe islamique" - le fait est que, comme l'a noté Ahmadinejad, le chef religieux musulman suprême de l'Iran a publié un décret, connu sous le nom de "fatwa", interdisant la fabrication d'une arme nucléaire par l'Iran.

"À la lumière de ces éléments, a déclaré M. Ahmadinejad, on peut dire que, d'un point de vue religieux, nous sommes contre les armes nucléaires. Nous sommes fondamentalement contre les armes nucléaires. Elles servent à tuer".

De plus, il a souligné que "le peuple iranien n'a pas besoin d'une arme nucléaire" : "Le peuple iranien n'a pas besoin d'une arme nucléaire. Pendant huit ans, lors de la guerre Iran-Irak, nous avons eu une armée volontaire, y compris chrétienne, qui s'est mobilisée pour la défense de la nation. Les Iraniens ont une histoire d'amour avec leur pays".

Pourtant, Ahmadinejad a posé la question suivante : "Comment les nations qui possèdent des arsenaux nucléaires peuvent-elles s'opposer à celles qui tentent de produire du combustible nucléaire à des fins pacifiques ? L'arène nucléaire ne devrait pas être monopolisée par un groupe restreint de pays".

Répondant aux allégations selon lesquelles son pays réprime les médias, M. Ahmadinejad a fait remarquer, avec un sourire, que.. :

Si l'on considère le volume des critiques adressées au gouvernement iranien et à mon administration dans les médias et les universités d'Iran, il est considérable. En fait, l'un de nos propres journaux gouvernementaux a récemment été fermé parce qu'il insultait une tribu de notre pays, ce qui constituait une violation de la loi. Notre propre journal gouvernemental a donc été puni pour avoir violé la loi.

Les journalistes iraniens qui m'accompagnent aux États-Unis se sont vus refuser leur visa par le gouvernement américain. Ces journalistes ne sont pas autorisés à voyager au-delà des limites du bâtiment des Nations unies.

Mais après mon élection à la présidence de l'Iran, quelque 200 journalistes du monde entier se sont rendus dans un petit village où j'avais vécu très brièvement lorsque j'étais enfant et ont interviewé tous ceux qu'ils ont pu trouver : le boulanger, l'homme qui tenait le stand de fruits, tous les voisins.

En ce qui concerne la liberté politique en Iran, M. Ahmadinejad a fait remarquer que lors de la course à la présidence à l'issue de laquelle il a été élu, "il y avait huit candidats différents, issus de milieux très différents et représentant des programmes très divers".

Il a souligné que "notre assemblée consultative de 290 membres est largement ouverte à une variété d'idées et d'opinions. Elle n'est pas dirigée par des partis comme c'est le cas aux États-Unis, par exemple". Il a ajouté : "N'importe qui peut venir en Iran et constater que les jeunes, les personnes âgées, tout le monde, sont très politisés et ont des opinions très variées. Ils sont au courant de ce qui se passe dans le monde d'aujourd'hui et s'intéressent de très près à ce qui se passe.

On ne prend pas les empreintes digitales des Américains lorsqu'ils viennent en Iran, mais celles des ressortissants d'autres pays lorsqu'ils viennent en Amérique.

Au sujet des efforts déployés par les peuples chrétien et musulman de Palestine pour obtenir une patrie, M. Ahmadinejad a réitéré ses préoccupations de longue date, qui reflètent la pensée de millions de personnes dans le monde : Le sort de l'humanité est lié à ce qui se passe en Palestine. Le temps de l'occupation en Palestine est révolu depuis longtemps. Pendant mille ans ou plus, la Palestine a été la Palestine et rien d'autre.

Cependant, au cours des 60 dernières années, nous n'avons vu que de l'hostilité, des effusions de sang et des tragédies. Des bébés tués. Des maisons détruites.

Pour quelle raison ? Quelle est la cause première ? Le peuple palestinien devrait pouvoir retourner dans sa patrie et y choisir ses propres dirigeants.

Répondant aux accusations hystériques selon lesquelles il serait un "négateur de l'Holocauste", comme cela a été mentionné à plusieurs reprises dans les médias américains à son sujet, M. Ahmadinejad a déclaré : "Je ne suis pas un négateur de l'Holocauste" :

Les médias m'ont reproché d'avoir demandé des preuves scientifiques concernant des événements qui se seraient produits pendant la Seconde Guerre mondiale. Au cours de cette guerre, quelque 60 millions de personnes sont mortes. Pourtant, un petit groupe s'est fait connaître en tant que victime, comme si les autres vies n'avaient pas d'importance.

Dans notre société actuelle, Dieu et la démocratie peuvent faire l'objet de recherches et de remises en question en toute liberté. De nombreux livres, articles et commentaires sont publiés sur ces sujets, mais la question des événements de la Seconde Guerre mondiale ne peut être discutée.

Je pense, dans un esprit de compréhension, que nous devons poursuivre les recherches dans ce domaine, car plus nous comprendrons ce qui s'est réellement passé, plus nous pourrons faire quelque chose pour atténuer les problèmes de notre société.

En fin de compte, si ces choses se sont produites, c'est en Europe qu'elles se sont produites. Elles ne se sont pas produites en Palestine. Dès lors, pourquoi les Palestiniens ont-ils dû en payer le prix ?

Il y a aujourd'hui cinq millions de Palestiniens déplacés dans le monde.

Réfléchissant de manière générale à la situation mondiale, le président iranien a conclu : "Dans notre monde actuel, il y a de petits groupes qui cherchent le pouvoir et la richesse : "Dans notre monde actuel, il y a de petits groupes qui recherchent le pouvoir et la richesse. Mais la plupart des sociétés recherchent la liberté, la paix et la justice. Nous avons dit que nous étions opposés à l'imposition d'une position unilatérale au monde.

Les Nations unies doivent être indépendantes de toute puissance".

Ce n'est pas pour rien qu'Ahmadinejad, sur le plan personnel, impressionne même les journalistes hostiles qui le rencontrent. Il est spirituel, intelligent, profondément spirituel et intellectuel et, comme l'a admis Fareed Zakaria, rédacteur en chef de Newsweek International, dans le Washington Post, "j'ai été frappé de voir à quel point il ne correspondait pas à l'image d'un fou : "J'ai été frappé par le fait qu'il correspondait si peu à l'image d'un fou... toujours calme et intelligent".

Le président iranien n'est pas dupe : Ahmadinejad s'est imposé comme une voix ferme contre les forces qui exigent la soumission à un nouvel ordre mondial.

Il reste à voir si sa nation sera finalement consumée dans un holocauste aux mains de la puissance militaire américaine (même de nature nucléaire) ou si Israël - opérant seul (mais avec un soutien américain très clair) - déclenche le feu nucléaire sur l'Iran avec son monstrueux Golem.

Mais le fait est que, pour l'essentiel, le président Ahmadinejad est un homme d'État audacieux sur la scène mondiale, qui a osé s'exprimer - et s'exprimer avec force - sur le danger auquel notre monde est confronté dans l'ombre hideuse du Golem.

note personnelle : En décembre 2006, j'ai eu le privilège de visiter l'Iran en tant que participant à sa conférence, désormais tristement célèbre, sur l'examen de la question de "l'Holocauste". À mon retour de cette conférence, j'ai préparé un rapport détaillé sur "ce qui s'est réellement passé en Iran" - ce qui contredit le flot ininterrompu de mensonges délibérés et de désinformation imprudente qui a été promulgué dans les médias du monde entier, en particulier aux États-Unis. Ce rapport est toujours disponible auprès de l'American Free Press et peut être consulté à de nombreux endroits sur Internet.

Cependant, une partie particulière de ce rapport mérite d'être répétée ici, notamment dans le contexte de notre discussion sur la campagne actuelle d'Israël (de concert avec son allié acheté et payé, George W Bush) visant à engager les États-Unis dans une guerre inutile et potentiellement dévastatrice pour le monde entier contre l'Iran. J'ai écrit ce qui suit - et je vous prie de le lire attentivement : la chose la plus importante que je puisse transmettre au sujet de l'Iran en général - ma réaction la plus mémorable avec le recul - est ce concept simple : Les Américains doivent ignorer tout ce qu'ils entendent sur l'Iran d'aujourd'hui, son dirigeant, sa culture et son peuple dans les médias américains.

Ce n'est que lorsque je suis arrivé à Téhéran et que j'y ai passé une journée ou deux qu'il m'est apparu clairement que même moi, qui me considérais comme raisonnablement bien informé sur ce pays, j'étais arrivé en Iran avec beaucoup d'idées fausses (de préjugés, en fait) qui m'avaient été imposées (et oui, il s'agit d'une sorte de lavage de cerveau) par les grands médias américains : tout, depuis les émissions d'information nocturnes jusqu'aux articles de fond et autres informations (en grande partie de la propagande, subtile et moins subtile) dans les principaux magazines d'information.

Alors que notre avion s'apprêtait à atterrir à Téhéran, un message diffusé par le haut-parleur nous a choqués. Il disait que "par décret gouvernemental", toutes les femmes devaient se couvrir la tête à leur arrivée en Iran. Je savais que c'était le cas, mais le fait de l'entendre diffuser par le système de sonorisation de l'avion a été, même pour moi, quelque peu déstabilisant.

Immédiatement, l'image des femmes opprimées véhiculée par les médias - battues, maltraitées et contraintes de se couvrir de la tête aux pieds d'un vêtement sombre et mystérieux - m'est venue à l'esprit.

Mais j'ai regardé dans l'avion, l'éventail de femmes - iraniennes ou non, à la peau foncée, à la peau claire, blondes et brunes, orientales et occidentales - et je n'ai pas vu une seule de ces femmes flancher. Même les femmes les plus riches à bord, des Iraniennes élégamment vêtues et parées de bijoux coûteux, n'ont pas semblé le moins du monde troublées.

C'est à ce moment-là, alors que j'observais les personnes à bord de l'avion en partance pour Téhéran (en provenance de Francfort, en Allemagne, mon point de correspondance avec Washington), que j'ai réalisé, pour la première fois, qu'il s'agissait de personnes qui pourraient bientôt mourir : des victimes innocentes d'un feu nourri venu du ciel (un holocauste bien réel), soit par des bombardiers américains, soit par des bombardiers israéliens, soit par les deux à la fois. Ces Iraniens, qui vivent leur vie, qui voyagent librement d'un pays à l'autre, sont dans le collimateur de George Bush et de ses alliés sionistes de Washington et de Tel-Aviv.

Ces Iraniens font partie des personnes que 1 000 rabbins juifs américains - représentant, par leur nombre, une proportion écrasante de la communauté juive américaine fréquentant les synagogues - auraient demandé au président Bush d'attaquer, en utilisant les ressources militaires américaines (et en risquant la vie précieuse d'hommes et de femmes américains) pour le faire. "Si ces rabbins, soi-disant hommes de Dieu, veulent faire la guerre aux Iraniens, me suis-je dit, qu'ils le fassent. Mais ils feraient mieux d'arrêter de harceler les Américains pour qu'ils fassent une autre guerre inutile pour Israël."

Je me suis rendu compte que ces êtres humains vivants, respirant, issus de tous les milieux - ces Iraniens - étaient la cible de la colère de ces rabbins fous de guerre, et cela m'a pesé en tant qu'Américain, sachant que le président des États-Unis est plus proche de la pensée de ces 1 000 chefs "religieux" bellicistes que de celle d'un grand nombre d'Américains épris de paix.

C'est ainsi que la république d'Iran et son peuple sont aujourd'hui confrontés à la mort et à la destruction par un petit, mais puissant, groupe d'intrigants sionistes qui ne peuvent être décrits que comme des criminels belliqueux dont l'ordre du jour est contraire à toutes les normes de comportement humain. Ils ne représentent pas la plupart des Américains, et peut-être même pas la plupart des Israéliens, en fin de compte.

Et gardez à l'esprit ce point important : Les faits montrent que l'Irak et l'Iran ne sont pas les seules cibles de longue date de la machine de guerre sioniste. Des commentateurs israéliens et américains ont également mentionné la Syrie et l'Arabie saoudite comme d'autres cibles potentielles. Même la Malaisie, république d'Asie du Sud-Est, un pays pacifique à tous points de vue, a été citée comme source potentielle de "problèmes" dans la soi-disant "guerre contre le terrorisme" qui est menée dans le cadre de l'agenda mondial sioniste.

Aucun individu, institution ou nation considéré comme une source potentielle de danger pour le rêve israélien d'un imperium mondial - renforcé par son propre Golem ou soutenu par le mécanisme militaire des États-Unis (tant que l'Amérique reste sous le contrôle effectif du bloc de pouvoir sioniste) - ne peut être considéré comme exempt d'être pris pour cible par les fanatiques qui exercent aujourd'hui un pouvoir aussi incroyable sur la surface de la planète.

George W. Bush a dit : "Vous êtes soit avec nous, soit avec les terroristes", mais ce qu'il voulait dire en réalité, c'est ceci : "Si vous refusez de soutenir l'agenda du sionisme, nous vous tuerons" : "Si vous refusez de soutenir l'agenda du sionisme, nous vous tuerons". C'est aussi simple que cela.

Heureusement, il y a aujourd'hui dans notre monde des personnes qui se sont ouvertement levées pour défier ces bellicistes. Dans les chapitres qui suivent, nous aurons l'occasion de rencontrer certains d'entre eux et d'entendre ce qu'ils ont à dire.

Ce sont de véritables hommes d'État qui ont à cœur les intérêts de l'humanité.

Chapitre vingt-six

Il est temps de faire la guerre contre la guerre : le Dr. Mahathir Mohamad s'exprime

En juin 2006 (après une première visite en 2004), l'auteur a effectué un second voyage en Malaisie, au cours duquel j'ai participé, en tant qu'invité du Dr Mahathir Mohamad, ancien premier ministre de longue date de cette république d'Asie du Sud-Est, à la deuxième session officielle de l'Organisation mondiale pour la paix Perdana (PGPO), fondée par le Dr Mahathir en 2005.

La PGPO a lancé une campagne mondiale pour que la conduite de la guerre soit formellement criminalisée par le droit international et pour que les dirigeants qui perpètrent des guerres, ainsi que les organisations et les entreprises qui les soutiennent, soient reconnus comme des criminels par le droit international.

La session spéciale de 2006 du forum pour la paix s'est concentrée sur le thème :

"L'agenda du Moyen-Orient : Pétrole, hégémonie du dollar et Islam" et a réuni un groupe diversifié d'éminents diplomates, d'universitaires et d'autres personnes du monde entier qui ont non seulement abordé la question du rôle actuel des États-Unis, de la Grande-Bretagne et d'Israël dans les problèmes du Moyen-Orient - en particulier la volonté de guerre contre l'Iran -, mais aussi les dangers de la prolifération nucléaire.

Dans son discours d'ouverture du forum, M. Mahathir Mohamad a fait remarquer que la plupart des gens considèrent la guerre comme "quelque chose qui arrive ailleurs à d'autres personnes", alors qu'en fait, "la guerre consiste à tuer des gens - un test de la capacité des nations à tuer".

Mahathir a souligné qu'aujourd'hui, les nations cherchent de "nouvelles façons de tuer", ce qui prouve que "nous sommes toujours aussi brutaux. Nous ne sommes pas vraiment devenus civilisés".

Toutefois, il a déclaré : "La guerre n'est pas une solution à un conflit entre nations. La guerre est un crime. Nous devons travailler sur le long terme pour que la guerre soit considérée comme un crime. Les personnes qui font la guerre doivent être traitées comme des criminels".

Bien que le Dr Mahathir estime qu'il est vital pour une nation de disposer d'un système de défense nationale, le fait de posséder des armes ne signifie pas qu'une nation se prépare à la guerre. Il insiste sur le fait que les nations devraient régler leurs différends par d'autres moyens que la guerre.

"En temps de guerre, disait-il, le vainqueur a raison. Le perdant, même s'il défend son pays, a tort et peut être pendu".

Et à la lumière de l'affirmation actuelle des États-Unis selon laquelle ils ont mené la guerre contre l'Irak pour apporter la démocratie à ce pays, le Dr Mahathir a demandé : "Quelle est cette "démocratie" que les néo-conservateurs promeuvent ? en soulignant que même les nouveaux dirigeants de l'Irak sont incapables de s'aventurer en dehors de leurs zones protégées. "Le peuple irakien est-il libre aujourd'hui ?

"Il est antidémocratique de tuer des gens pour leur faire accepter la démocratie", a-t-il déclaré. Et maintenant, les États-Unis envisagent d'entrer en guerre contre l'Iran, un pays dont le président a été démocratiquement élu.

À propos de la domination actuelle des États-Unis sur le Conseil de sécurité des Nations unies, M. Mahathir a déclaré qu'il s'agissait d'une "façon très antidémocratique de promouvoir la démocratie".

Mahathir a affirmé qu'il était temps que les électeurs de tous les pays insistent pour que les candidats à de hautes fonctions s'engagent à être contre la guerre.

La quatrième guerre mondiale est déjà là, a déclaré M. Mahathir, soulignant que ce n'est pas lui qui a inventé le terme. Ce sont plutôt des voix néo-conservatrices de premier plan telles que Norman Podhoretz, longtemps rédacteur en chef du magazine Commentary de l'American Jewish Committee, et Earl Filford, de la Foundation for the Defense of Democracies, qui ont déclaré que la quatrième guerre mondiale était à nos portes, repris par Efraim Halevy, l'ancien chef du Mossad israélien, et d'autres encore.

Le secrétaire à la défense, Donald Rumsfeld, a publié un rapport d'examen quadriennal de la défense, daté du 6 mars 2006, dans lequel il déclare que la guerre sera une "longue guerre" qui durera "des années à venir". Même le Dr Mahathir a souligné que 350 000 soldats américains étaient déployés dans 130 pays. Rumsfeld a été rejoint par le président George Bush qui a déclaré que les Etats-Unis étaient "dans les premières années d'une longue lutte" contre ce qu'il a appelé "une nouvelle idéologie totalitaire".

Les origines de cette guerre, a déclaré M. Mahathir, se trouvent dans un document de politique générale rédigé par le stratège néo-conservateur Paul Wolfowitz qui, en 1992, a appelé à la projection de la puissance militaire américaine avec l'Islam pour cible. Et maintenant, l'Iran est la dernière cible en date. Dans la même veine que la loi de 1998 sur la libération de l'Irak, le Congrès américain vient d'adopter la loi sur le soutien à la liberté de l'Iran.

Le porte-avions USS Ronald Reagan est en train de se positionner en vue d'un conflit. Il est fort possible que des armes nucléaires soient utilisées.

Mahathir a dit franchement : "Le criminel de guerre Bush a déclaré que toutes les options étaient sur la table", y compris les armes nucléaires. Et pourtant, "les efforts de l'Iran ne comptent pas", y compris le fait que l'Iran est signataire du traité de non-prolifération nucléaire.

La rhétorique guerrière et les menaces du président Bush, a déclaré l'ancien premier ministre malaisien, "sont des mots forts de la part du président de la nation la plus puissante du monde. Il nous a déjà montré de quoi il était capable dans la guerre contre l'Irak. Nous devons mettre un terme à ces projets et arrêter les massacres".

Exprimant sa sympathie pour les soldats américains qui doivent combattre les guerres menées par le régime Bush, le Dr. Mahathir a souligné que des vies américaines seront également mises en danger dans la guerre contre l'Iran :

"C'est l'homme ordinaire qui paiera le prix de cette folie, mais Bush et le Premier ministre Tony Blair sont protégés et à l'abri du danger", a déclaré le Dr. Mahathir. Toutefois, il a déclaré : "Les peuples épris de paix doivent rendre la justice sur le site . La communauté internationale doit faire preuve de volonté politique pour traduire ces criminels de guerre en justice. La communauté internationale doit faire preuve de volonté politique pour traduire ces criminels de guerre en justice".

Mahathir s'est directement adressé à Bush et à Blair : "Ils ne doivent pas être traités avec des qualificatifs honorifiques. On ne devrait pas les appeler président Bush et premier ministre Blair. Nous devrions plutôt les appeler "Bush le criminel de guerre" et "Blair le criminel de guerre". Ce sont les criminels de guerre. Regardez-les bien".

Mahathir a déclaré à propos de Bush : "C'est un homme qui a dit des mensonges : "C'est un homme qui a menti. Toute la nation sait qu'il a menti. Aujourd'hui, les États-Unis survivent grâce à une économie de guerre. C'est un pays en faillite et sa monnaie n'est pas garantie. Mais des milliards de dollars sont dépensés en armes pour des guerres qui n'ont pas lieu d'être.

Alors que les médias américains proclament que l'ancien premier ministre israélien Ariel Sharon est un homme de paix, le Dr Mahathir a comparé cette image à la façon dont les médias ont traité le président iranien Ahmadinejad et l'ancien dirigeant irakien Saddam Hussein.

En fin de compte, le Dr Mahathir a posé la question suivante : "Bush, Cheney, Rumsfeld et les autres criminels de guerre seront-ils traduits devant un tribunal international" pour être tenus responsables des crimes de guerre commis aujourd'hui même en Irak ?

Le massacre de novembre 2005 à Haditha - le meurtre d'innocents - n'a été révélé que récemment. Mahathir, il ne s'agissait pas d'un "événement aléatoire".

Faisant référence à la guerre dite "préventive" que les États-Unis ont menée contre Saddam Hussein en Irak (et qu'ils envisagent de mener contre l'Iran), M. Mahathir a commenté, en ne plaisantant que partiellement, que "peut-être que si j'étais encore en fonction, ils auraient pu mener une guerre préventive contre moi" : "Peut-être que si j'étais encore en fonction, ils auraient pu mener une guerre préventive contre moi".

En ce qui concerne le conflit israélo-palestinien et le rôle des États-Unis dans ce conflit, il a déclaré que "l'Amérique ne peut en aucun cas être un intermédiaire honnête - un intermédiaire malhonnête, peut-être". Il a comparé le rôle des États-Unis dans le monde d'aujourd'hui à une situation où "le chef de la police enfreint la loi". L'analogie n'était que trop juste.

À la fin, le Dr Mahathir a exhorté toutes les bonnes volontés qui s'opposent à la guerre et à l'impérialisme à s'unir et, a-t-il dit, "si Dieu le veut, la paix prévaudra". Prions pour que le rêve du Dr Mahathir devienne réalité.

Chapitre vingt-sept

Israël, un "État défaillant" prêt à briser le tabou nucléaire ; les néoconservateurs cherchent à dominer le monde

"Nous ne pouvons pas sous-estimer les néo-conservateurs de l'administration Bush", a déclaré le Dr Francis Boyle devant le forum spécial 2006 de l'organisation Perdana Global Peace de l'ancien premier ministre malaisien Mahathir Mohamad. M. Boyle sait de quoi il parle. Il a fait ses études à l'université de Chicago aux côtés d'un certain nombre de "néoconservateurs" influents au sein de l'administration Bush aujourd'hui. Ces néoconservateurs, déclare franchement Boyle, visent "le contrôle et la domination de l'économie mondiale".

Spécialiste du droit international et des droits de l'homme, M. Boyle est avocat et politologue, professeur de droit à l'université de l'Illinois. Auteur de huit livres, dont le plus récent, Destroying World Order, M. Boyle a été conseiller juridique de la délégation palestinienne lors des négociations de paix au Moyen-Orient de 1991 à 1992 et est une autorité internationalement reconnue dans les domaines des crimes de guerre et des génocides, de la politique nucléaire et de la guerre biologique.

L'attitude des néo-conservateurs, a déclaré M. Boyle, est la suivante : "Vous faites ce que nous vous disons de faire, ou bien vous ne le faites pas".

Alliés à la ligne dure du Likoud en Israël, les néo-conservateurs n'ont "aucun problème à attaquer l'Iran et à exterminer des centaines de milliers, voire des millions d'Iraniens". Israël lui-même, a-t-il dit, serait heureux de briser le tabou - en vigueur depuis l'attaque d'Hiroshima - de l'utilisation d'armes nucléaires.

Une attaque contre l'Iran serait un crime de guerre, a déclaré M. Boyle. Et bien que les néo-conservateurs sachent qu'une telle attaque serait un crime de guerre, "ils s'en moquent", a ajouté M. Boyle. Ils considèrent que l'utilisation d'armes nucléaires contre l'Iran est un moyen de voler les réserves de pétrole en Iran et de rendre service à Israël en éliminant l'un de ses ennemis présumés.

En outre, en cas d'attaque contre l'Iran, M. Boyle a déclaré qu'Israël lui-même pourrait profiter de l'occasion pour faire la guerre à la Syrie et au Liban afin de s'attaquer au Hezbollah, la force palestinienne basée au Liban.

Pendant ce temps, Israël "affame les Palestiniens", avec le soutien des États-Unis, "parce que les Palestiniens ont eu l'audace de choisir des musulmans [au sein du Hamas] comme dirigeants".

L'utilisation d'armes nucléaires "fait partie du plan", "c'est du domaine public" et la plupart des gouvernements européens "sont dans le coup", a déclaré M. Boyle.

La guerre n'est pas facile à localiser, a-t-il fait remarquer, soulignant qu'après le conflit "local" qui a éclaté après l'assassinat de l'archiduc François-Ferdinand à Sarajevo, la Première Guerre mondiale a éclaté et 20 millions de personnes sont mortes en conséquence.

En réalité, les politiques des néo-conservateurs ne sont guère différentes de la politique américaine traditionnelle, a déclaré M. Boyle. Depuis l'époque où les États-Unis menaient des politiques impériales pour prendre le contrôle d'Hawaï, de Cuba, des Philippines et de Porto Rico, par exemple, "rien n'a changé en ce qui concerne la dynamique opérationnelle de la politique impériale américaine". Sous prétexte de "stopper le développement des armes de destruction massive, de lutter contre le terrorisme et de promouvoir la démocratie", les Etats-Unis, a-t-il dit sans ambages, "tentent de voler un empire d'hydrocarbures aux Etats musulmans et aux peuples du Moyen-Orient".

En 1967, a-t-il dit, Israël a mené une guerre préventive illégale et s'est emparé des terres des États arabes, et les États-Unis et l'Europe ont soutenu Israël lorsque les Arabes ont répondu par l'autodéfense. Lorsque les Arabes ont répondu par un embargo sur le pétrole, Henry Kissinger, alors secrétaire d'État, a déclaré que "cela ne se reproduirait plus" et les États-Unis ont réuni leur commandement central pour "voler, conquérir et dominer" le pétrole et le gaz du golfe Persique et de l'Asie centrale.

Boyle a affirmé qu'Israël est un "État en faillite" qui sert de "patte de chat" aux États-Unis et qui ne pourrait même pas survivre sans l'aide militaire et économique que les États-Unis lui fournissent.

La première guerre d'Irak, en 1991, était en réalité la première expédition du commandement central et de sa force dite de déploiement rapide, une expédition préparée depuis 15 ans, "d'une ampleur sans précédent". L'objectif était de diviser l'Irak entre les Kurdes, les sunnites et les chiites en guerre, puisque, comme l'a fait remarquer M. Boyle, l'Irak était - selon le propagandiste antimusulman Samuel Huntington - le seul État arabe capable de défier les États-Unis et Israël.

Les sanctions, qui ont suivi la première guerre, ont entraîné la mort de 1,5 million d'Irakiens. L'ancienne secrétaire d'État Madeleine Albright a déclaré que "le prix en valait la peine". Depuis 1990, on assiste à un "génocide pur et simple des populations musulmanes et chrétiennes d'Irak".

Boyle estime que les États-Unis ont été complices des attentats terroristes du 11 septembre, dans la mesure où les hauts fonctionnaires américains savaient que l'attaque allait avoir lieu et l'ont laissée se produire, voulant ainsi un prétexte pour une longue guerre. Il affirme que les États-Unis prévoyaient depuis longtemps d'envahir l'Afghanistan pour s'emparer de son pétrole et de son gaz naturel et qu'après le 11 septembre, "ils ont raconté tous les mensonges qu'ils devaient raconter et violé toutes les lois qu'ils devaient enfreindre pour lancer la guerre".

Aujourd'hui, a déclaré M. Boyle, "l'Iran sera la prochaine victime de ces criminels purs et durs, à moins que l'on ne s'emploie à les en empêcher".

L'avertissement du Dr Boyle, selon lequel Israël est tout à fait prêt à utiliser son Golem nucléaire pour atteindre ses objectifs, ne doit pas être ignoré. Sinon, le monde en paiera le prix fort.

Chapitre 28

La fin de la vie sur terre : Les terribles conséquences d'une prolifération nucléaire incontrôlée

Le Dr Helen Caldicott, originaire d'Australie et ayant passé beaucoup de temps aux États-Unis, est pédiatre de profession, mais elle a été acclamée dans le monde entier pour ses efforts acharnés en vue de mettre un terme à la prolifération des armes nucléaires. Cofondatrice de Physicians for Social Responsibility et du Nuclear Policy Research, elle est l'auteur de cinq livres et est considérée comme l'une des plus grandes autorités mondiales sur les dangers de la guerre nucléaire. C'est pourquoi, lorsque le Dr Caldicott a donné une conférence lors du forum spécial 2006 de l'Organisation mondiale pour la paix Perdana à Kuala Lumpur, en Malaisie, ses commentaires ont attiré l'attention, à juste titre.

S'exprimant en tant que médecin, le Dr Helen Caldicott a déclaré que le secrétaire américain à la défense de l'époque, Donald Rumsfeld, l'un des meneurs de la guerre contre l'Irak et, plus récemment, contre l'Iran, était "clairement un sociopathe". Il ment constamment et le fait d'une manière tout à fait charmante". En fait, dit-elle, il existe une "idéologie et une psychologie" distinctes chez ceux qui prônent la guerre contre l'Iran.

Mme Caldicott a déclaré qu'"un changement radical doit s'opérer dans le psychisme des dirigeants mondiaux et de leur public", faute de quoi "notre voie actuelle nous conduira à l'anéantissement, peut-être d'ici 20 ans, mais peut-être aussi d'ici 10 ans".

Il n'y a absolument pas de temps à perdre, a-t-elle déclaré. "Il faut que des dirigeants sages se lèvent pour nous éloigner du suicide nucléaire et pour enclencher la dynamique nécessaire à l'arrêt de la course aveugle et inconsciente à la destruction mutuelle assurée". Il existe aujourd'hui 30 000 armes nucléaires dans le monde, dont 97 % sont détenues par l'Amérique et la Russie.

À l'heure actuelle, a fait remarquer Mme Caldicott, les États-Unis mènent ce qu'il faut bien appeler une "guerre nucléaire" contre l'Irak. Elle a vu de ses propres yeux les résultats de l'exposition à l'uranium 238 utilisé par les États-

Unis dans les armes conventionnelles qui ont été déployées dans les deux guerres contre l'Irak.

L'uranium est hautement cancérigène. Il est disséminé par les tempêtes de poussière. Il se dépose dans les os humains. À Bassorah, en Irak, le nombre de cancers chez les enfants a augmenté de 700 %. De même, le nombre d'anomalies congénitales chez les nouveau-nés irakiens a augmenté de 700 % : enfants nés sans cerveau, sans bras, avec un seul œil ou pas d'œil du tout.

"L'Amérique contamine à jamais le berceau de la civilisation. Il s'agit d'un crime de guerre sans précédent. Il s'agit d'un génocide", a déclaré Mme Caldicott. "Il s'agit d'une guerre nucléaire.

Aujourd'hui encore, des "bombes à fragmentation" américaines non explosées jonchent le sable de l'Irak et de l'Afghanistan. D'autres tragédies sont donc à venir.

Cependant, lorsque le Dr Caldicott a tenté de transmettre ce message aux médias, elle a constaté que ces derniers choisissaient d'étouffer ces faits. Le New York Times lui a dit : "Nous sommes dans l'impossibilité de publier ces informations".

Mme Caldicott a souligné que les journaux britanniques et australiens ont publié les informations fournies par son institut de recherche sur la politique nucléaire, ce qui est tout à leur honneur, mais que les journaux américains ne le feront pas.

Et maintenant, a-t-elle ajouté, il y a ces néo-conservateurs de l'administration Bush qui parlent d'utiliser des armes nucléaires en Iran contre les installations nucléaires iraniennes de Natanz et d'Ispahan. Si seulement trois bombes étaient lancées sur chacune de ces installations, les retombées nucléaires se propageraient en Afghanistan, au Pakistan et en Inde, et la radioactivité se répandrait en aval, en raison des courants aériens mondiaux, jusqu'en Asie du Sud-Est et en Malaisie. Au total, un million de personnes pourraient mourir ou être blessées à la suite des premières explosions.

Quelque 2,6 millions de personnes seraient bientôt mortes des suites des radiations. Dix millions et demi d'autres seraient exposées aux radiations et aux dangers qui en découlent pour les victimes et leurs enfants à naître. Il n'y a tout simplement pas assez d'installations médicales pour faire face aux conséquences.

L'attaque prévue contre l'Iran, a déclaré Mme Caldicott, est un "crime international incroyable" qui pourrait entraîner d'autres bouleversements internationaux. Par exemple, a-t-elle demandé, est-il possible que les Russes deviennent nerveux et s'engagent davantage dans un conflit avec leurs rebelles tchétchènes ? D'autres explosions nucléaires pourraient-elles se produire ? Le résultat final serait l'hiver nucléaire et "la fin de la vie sur Terre, la fin de la création".

"Il s'agit de la crise la plus grave à laquelle la Terre ait jamais été confrontée", a-t-elle déclaré, et puisque "le peuple américain détermine le sort de la Terre, les dirigeants américains ont besoin d'un amour sévère" et doivent être maîtrisés.

"Les États-Unis sont le tyran du monde", a-t-elle déclaré, "et nous sommes tous des complices de l'intimidation américaine. Les tyrans doivent être sanctionnés".

Et bien que Mme Caldicott soit juive, elle n'a pas hésité à souligner qu'Israël (avec son propre Golem nucléaire) a joué un rôle majeur dans les problèmes du Moyen-Orient et dans le domaine de la prolifération nucléaire.

Cet érudit et humaniste est une autorité dont les avertissements doivent être pris en compte à notre époque où la poudrière du Moyen-Orient menace de conduire le monde à une catastrophe nucléaire.

Chapitre vingt-neuf

"La désinformation institutionnalisée : Le rôle du monopole des médias dans la promotion de la guerre

Le comte Hans-Christof Von Sponeck, originaire d'Allemagne, qui a servi pendant 26 ans aux Nations unies à divers postes, a observé de première main la manière dont les États-Unis (ainsi que leurs alliés israéliens et britanniques) ont joué un rôle majeur dans la promulgation du mensonge selon lequel Saddam Hussein développait des armes nucléaires (et chimiques) de destruction massive en Irak.

Alors qu'il était le principal représentant des Nations unies en Irak pour l'administration du programme "nourriture contre pétrole" (institué à la suite de la première guerre du Golfe en 1991) et qu'il était donc chargé de surveiller les prétendues entreprises irakiennes de développement d'armes, Von Sponeck s'est rendu compte que le peuple irakien était soumis à une campagne de destruction et il a démissionné en signe de protestation.

Dans les années qui ont suivi, il est devenu l'un des critiques les plus virulents de la politique des États-Unis dans la région et a condamné avec véhémence les velléités de guerre contre l'Iran.

En juin 2006, M. von Sponeck a pris la parole devant la Perdana Global Peace Organization du Dr Mahathir Mohamad à Kuala Lumpur, en Malaisie, et a exposé ses propres préoccupations, fondées sur son expertise très réelle.

Se référant au débat actuel sur une attaque américaine contre l'Iran, M. Von Sponeck a déclaré que "la tension artérielle mondiale est élevée ... mais [le monde] est conscient des dangers et il n'y a pas de prise de conscience de la possibilité d'un "accident vasculaire cérébral collectif" pour le monde entier", inhérente à la possibilité des conséquences d'une guerre contre l'Iran.

Il a noté avec une inquiétude particulière qu'à l'heure actuelle, il n'y a pas d'efforts sérieux pour arrêter la prolifération nucléaire, mais au contraire de nouvelles recherches sur une nouvelle génération d'armes nucléaires.

M. Von Sponeck a souligné l'hypocrisie de l'administration Bush, qui a approché l'Inde pour discuter d'accords nucléaires, mais qui a également condamné l'Iran pour ses ambitions nucléaires. L'ancien fonctionnaire des Nations unies a dénoncé ce qu'il a appelé "une incroyable politique de deux poids deux mesures au sein du Conseil de sécurité des Nations unies", qui entoure la controverse sur le développement nucléaire iranien.

Se référant au livre de John Perkins, Confessions of an Economic Hitman, qui décrit la carrière de Perkins dans l'exploitation des nations du tiers-monde pour le compte d'intérêts financiers internationaux, M. Von Sponeck a ironisé sur le fait que les tactiques utilisées par les intérêts occidentaux sont véritablement "tiers-mondistes", au sens négatif du terme. "Le tiers monde n'est pas en Malaisie, il est de l'autre côté de l'Atlantique", a déclaré M. Von Sponeck, en référence aux États-Unis. M. von Sponeck a condamné ce qu'il a appelé le "darwinisme du marché", qui "est en contradiction flagrante avec le désir de droits de l'homme et de justice".

Le diplomate allemand a fait remarquer qu'avec la guerre en Irak, une nation - les États-Unis - "a décidé de quitter la communauté des nations pour entreprendre une politique d'unilatéralisme". Le souligner, a-t-il ajouté, "ce n'est pas être anti-américain". Au contraire, a-t-il ajouté, "c'est dire que nous examinons les faits d'une période très dangereuse de notre histoire". Aujourd'hui, les États-Unis ont, selon lui, "créé artificiellement" la crise en Iran, qui présente de nombreuses similitudes avec la campagne précédente contre l'Irak.

Toutefois, sur la base de ses propres observations, M. von Sponeck espère qu'un tournant est en train de se produire : "Il y a encore des gens à Washington qui reconnaissent les limites de la puissance américaine" et qui conviennent que "c'est une idée folle d'attaquer l'Iran avec des armes nucléaires", ce qui a d'ailleurs été proposé dans les cercles de planification militaire au sein de l'administration Bush.

En outre, a-t-il ajouté, de nouvelles alliances se développent dans le monde entier, sur le plan économique et politique, qui constituent un défi aux efforts déployés par ceux qui dirigent la politique américaine dans le sens d'un imperium mondial. "Les jours des États-Unis en tant que superpuissance sont comptés. Bien que les États-Unis ne souhaitent pas une solution pacifique, M. von Sponeck estime que la pression mondiale s'exercera pour empêcher une attaque contre l'Iran.

M. Von Sponeck a rappelé que le XXe siècle a vu la fin du colonialisme et qu'il espère que le XXIe siècle sera une période d'"indépendance intellectuelle", au cours de laquelle les citoyens des États-Unis (en particulier), mais aussi du monde entier, seront en mesure de rejeter ce qu'il a appelé "l'avalanche d'informations inutiles" et "le danger d'une désinformation et d'une désinformation délibérées" dans les médias de masse, qui sont "tous des non-sens", en particulier en ce qui concerne l'Irak et l'Iran.

Selon M. Von Sponeck, le temps est venu et nous nous trouvons actuellement dans une période où les "médias indépendants à la recherche de la vérité" doivent relever le défi de corriger les mensonges et les tromperies des grands médias, ce qu'il appelle la "désinformation institutionnalisée".

Mahathir et ses collègues de l'Organisation mondiale pour la paix Perdana qui luttent pour déloger l'agenda de la guerre et de la domination mondiale qui se joue actuellement dans la campagne contre l'Iran, mais qui est bien plus grand et plus dangereux que tout esprit humain ne peut l'imaginer.

Nous allons maintenant examiner les avertissements prophétiques d'un intellectuel américain qui, il y a une cinquantaine d'années, a reconnu que le pouvoir croissant du sionisme politique en Amérique et l'émergence de l'État d'Israël, associés à l'apparition du Golem nucléaire, constituaient un problème critique qui, pour la survie de l'humanité, devait être résolu. Son appel à la raison reste intemporel.

Chapitre 30

"Le plus grand crime du XXe siècle" L'appel à la raison d'un prophète :

Les dangers du sionisme, de l'impérialisme et de la folie nucléaire Il y a une cinquantaine d'années, un intellectuel américain peu connu (à l'époque ou aujourd'hui) a perçu les conséquences inévitables de l'impérialisme mondial des États-Unis et les dangers des guerres futiles menées au nom de la "démocratie". Il a reconnu que la montée du pouvoir sioniste et l'émergence simultanée des armes nucléaires constituaient une combinaison désastreuse. Le regretté Lawrence Dennis (1893-1977) a lancé un appel à la raison qui est extrêmement pertinent pour la survie de l'Amérique et du monde d'aujourd'hui.

Au milieu du XXe siècle, du début des années 1930 jusqu'aux années 1960, Dennis s'est imposé, sans conteste, comme le plus grand théoricien nationaliste américain.

Opposant déclaré à l'ingérence impériale, Dennis a très tôt mis en garde contre l'implication américaine dans les affaires du tiers-monde - en particulier du Moyen-Orient - et a prédit un désastre pour l'Amérique (et le monde) comme conséquence ultime.

Ce que Dennis a dit à l'époque de sa splendeur est si profond et si prophétique que son commentaire mérite d'être ressuscité en ces temps modernes.

On ne peut s'empêcher de lire les remarques de Dennis - telles qu'elles ont été publiées dans sa lettre d'information à faible tirage (mais toujours très et discrètement influente), The Appeal to Reason (publiée des années 1950 au début des années 1960) - et de réfléchir à la façon dont son analyse des événements mondiaux, même à l'époque, reflétait si précisément la propagande et le discours belliciste qui ont conduit à l'invasion américaine de l'Irak et aux événements qui ont suivi.

Bien que l'on se souvienne surtout de l'imposant génie qui a été jugé en 1944 (avec une trentaine d'autres personnes) sur la base de fausses accusations de "sédition" pour s'être opposé à la volonté de Franklin Roosevelt de faire entrer l'Amérique dans ce qui est devenu la Seconde Guerre mondiale, on oublie souvent que Dennis a également été un critique virulent de l'ère de la guerre froide qui s'en est suivie.

Pendant la guerre froide, Dennis était farouchement catégorique sur les dangers de la guerre de sabre contre l'Union soviétique. Il reconnaissait que le communisme ne pouvait pas survivre et affirmait catégoriquement que l'intervention américaine dans le tiers-monde au nom de la "lutte contre le communisme" ne ferait que créer de nouveaux ennemis pour les États-Unis, ouvrant la voie à l'exploitation par les Soviétiques du dégoût du tiers-monde pour l'aventurisme américain.

Ni "conservateur" ni "libéral", Dennis a défié (et excorié) ces étiquettes, bien avant que cela ne devienne à la mode et bien avant que les intellectuels honnêtes ne comprennent que ces termes ont cessé d'être pertinents (et ne l'ont peut-être jamais été).

Et à l'heure du "politiquement correct", il convient probablement de noter que, bien que Dennis soit d'origine afro-américaine des deux côtés de sa famille, il "passait" pour être "blanc". Bien qu'il n'ait jamais formellement nié ses antécédents ethniques, à la grande consternation des hurluberlus modernes qui exigent rétrospectivement que Dennis ait "agi en Noir" et se soit ainsi privé de la possibilité de devenir le diplomate, l'économiste, l'écrivain et le conférencier itinérant que cet être humain aux multiples talents est devenu.

Ironiquement, ce n'est que ces dernières années que de nombreux nationalistes américains de "gauche" et de "droite" ont fini par reconnaître la sagesse de Lawrence Dennis.

Aujourd'hui, même Pat Buchanan se fait l'écho de la position anti-impérialiste et "America First" de Dennis, appelant les critiques de la "Pax Americana", tant à "droite" qu'à "gauche", à s'unir contre le Nouvel Ordre Mondial, qui est - maintenant trop clairement - un amalgame fou, pilleur et guerrier des forces du capitalisme ploutocratique international et du sionisme, unis dans un Axe du Mal.

Cependant, bien avant Buchanan, des revues indépendantes telles que Right, The American Mercury, The Spotlight (toutes disparues depuis) et maintenant American Free Press, ainsi que le magazine bimensuel d'histoire américaine The Barnes Review, commémoraient Dennis.

Willis A. Carto - éditeur de The Barnes Review - était un ami de Dennis et conserve précieusement sa rare collection du bulletin de Dennis, The Appeal to Reason, sur lequel est basée la distillation suivante de la pensée de Dennis concernant le danger combiné de l'ingérence mondiale des États-Unis et du soutien au sionisme à l'ère des armes nucléaires.

En réfléchissant à l'intense réflexion et aux écrits et analyses soigneusement élaborés de Dennis sur les grandes questions de la guerre, du capitalisme, de l'impérialisme et de l'expansion, ainsi qu'à son opposition à ces questions - sans parler de l'interaction de ces forces avec la spirale de l'influence sioniste dans le sillage de la création de l'État d'Israël et de la montée de la prolifération nucléaire - le lecteur sera stupéfait de constater à quel point Dennis était vraiment prémonitoire, alors qu'il écrivait il y a plus de 50 ans.

Il n'est pas étonnant qu'un grand nombre de personnalités influentes du XXe siècle se soient appuyées sur les idées de Dennis : de l'ancien ambassadeur Joseph P. Kennedy (père du président Kennedy) au général Robert Wood, en passant par le célèbre aviateur Charles Lindbergh et des historiens libres d'esprit tels que William Appleman Williams et Harry Elmer Barnes, parmi tant d'autres qui ont respecté la puissance cérébrale dynamique de cet homme étonnant.

Bien que l'on puisse ne pas être d'accord avec tout ce que Dennis avait à dire - et Dennis n'aurait pas exigé cela - il est impossible de nier que Dennis était un prophète capable d'aller droit au but et d'analyser les affaires du monde dans un style vif et sans fioritures. Ses paroles sont un appel à une offensive mondiale contre le Golem nucléaire d'Israël.

"Le plus grand crime du XXe siècle" Par Lawrence Dennis La dynamique des guerres de religion repose sur la haine (du péché) et la peur (du diable étranger). C'est ce que nous avons. Le peuple américain n'a jamais été suffisamment informé du fait que les Première et Seconde Guerres mondiales et le fiasco de la Corée étaient tous des guerres de religion [bien que] j'ai été le seul à insister sur la nature de guerre de religion des Première et Seconde Guerres mondiales et de l'état de guerre froide permanente de l'après-Seconde Guerre mondiale.

Cet aspect des guerres américaines depuis 1914 doit être considéré à la lumière de l'histoire et de l'analogie avec les guerres de religion du XVIIe siècle et des siècles précédents. Cela n'a pas été aussi évident lors de la Première Guerre mondiale que lors de la Seconde. Le Kaiser et l'empereur François-Joseph d'Autriche-Hongrie n'avaient pas d'équivalent dans le nazisme d'Hitler ou le fascisme de Mussolini, ni dans le communisme russe ou chinois d'aujourd'hui.

La Première Guerre mondiale a été transformée en une sorte de guerre de religion par nécessité pratique afin de vendre au peuple américain une intervention dans cette guerre aux côtés des Alliés. Les Américains n'auraient pas pu s'engager dans cette guerre si on leur avait dit que c'était une bonne affaire pour les États-Unis ou que c'était nécessaire pour la défense du pays.

Il a fallu expliquer aux Américains qu'il s'agissait d'une guerre pour mettre fin à la guerre. Pour eux, cela en faisait une guerre religieuse. Vendre la Seconde

Guerre mondiale au peuple américain comme une guerre religieuse a été rendu facile par Hitler et son "isme".

Avant chacune des deux dernières guerres mondiales et avant la prochaine, les Américains ont eu l'illusion que les démons étrangers pouvaient être empêchés ou dissuadés de faire le mal si seulement nous faisions ce qu'il fallait. Les bonnes actions consistent à développer un énorme potentiel de guerre et à dénoncer constamment les démons étrangers pour ce qu'ils sont et ce qu'ils font. Lorsque ces illusions s'avèrent fausses et que le démon étranger refuse de se plier à l'un de nos ultimatums, comme l'ont fait les Japonais avant Pearl Harbor, et lorsque le démon étranger frappe enfin, comme à Pearl Harbor, c'est l'idéologie américaine qui dicte, comme jusqu'à présent, l'action que nous devons entreprendre en tant que nation.

L'obstacle au débat est que presque aucune personne d'envergure ayant une carrière ou un gagne-pain à assurer n'est prête à prendre le risque de dire aux Américains ou aux Britanniques qu'ils ont commis une erreur en menant deux guerres mondiales que la plupart d'entre eux pensent encore avoir gagnées.

Dire cela, c'est s'exposer à l'accusation de défendre les démons allemands et de soutenir qu'il ne valait pas la peine de sauver le monde de la conquête et de la domination allemandes. La réponse est que les résultats de la lutte pour sauver le monde d'un seul diable ont été bien pires que si l'on avait laissé les Allemands et les Russes s'affronter ou les Chinois et les Japonais faire de même.

La réponse est qu'il n'y a jamais eu et qu'il n'y aura jamais qu'un seul diable dont le monde doit être sauvé par des croisés qui, en vainquant ce seul diable, peuvent inaugurer le Millénaire.

L'Amérique non interventionniste a connu un grand succès au XIXe siècle. L'Amérique interventionniste a été un échec dans les affaires mondiales depuis la Première Guerre mondiale. Dans les affaires mondiales depuis la Seconde Guerre mondiale, les États-Unis ont fait plus que ce qu'ils pouvaient mâcher.

L'idée que les Britanniques, les Allemands ou les Américains pourraient, au XXe siècle, reproduire l'Empire romain deux fois millénaire a été largement annoncée dans ce pays et dans le monde occidental. Mais cette idée a toujours été absurdement irréaliste.

L'unification du monde selon n'importe quelle formule semble chaque jour de moins en moins possible. La loi et la force n'offrent aucune formule pour la paix mondiale. Une plus grande tolérance est la seule approche constructive du problème de la guerre. La guerre devient inacceptable en raison des armes nucléaires. La guerre nucléaire ne peut être évitée qu'en faisant appel à la raison et à l'intérêt personnel.

Qu'est-ce que la politique étrangère des États-Unis ou la politique du Moyen-Orient ? C'est l'intervention par la force et l'argent dans chaque crise ou conflit majeur à l'étranger, au nom d'abstractions telles que la sécurité collective, l'État de droit mondial, la défense et les Nations unies.

Les Nations unies ne sont pas unies. L'anéantissement par représailles n'est pas une défense. Une politique interventionniste est imprévisible et incontrôlable.

L'intervention ne peut pas réussir. Seule la non-intervention et le jeu de l'équilibre des forces pourraient servir les États-Unis.

Les États-Unis ont inventé les armes nucléaires et lancé la guerre nucléaire ... notre contribution au déclin de l'Occident. Par conséquent, les États-Unis doivent prévenir la guerre nucléaire en dissuadant ceux qui possèdent des armes nucléaires de les utiliser. C'est absurde ! Nous prédisons qu'une fois la gâchette atomique actionnée, c'est la guerre totale.

Une politique de non-intervention ou de neutralité, aujourd'hui si souvent qualifiée à tort de politique isolationniste, donne à une nation comme les États-Unis beaucoup plus d'initiative et de pouvoir pour façonner les événements et déterminer les résultats que notre politique actuelle d'intervention illimitée et imprévisible.

Grâce à 40 ans d'ingérence américaine dans le monde depuis 1917, le monde est aujourd'hui dans un désordre plus grand que jamais. L'intervention américaine par l'argent ou la force crée une situation ou un équilibre des forces qui ne peut être maintenu que par un déploiement continu et souvent croissant de la force et de l'argent américains.

L'actualité internationale est marquée par le transfert de la responsabilité de la défense aux États-Unis par les Britanniques et les Israéliens.

La politique étrangère américaine d'intervention tous azimuts ne sert bien qu'un seul objectif majeur, celui de maintenir le plein emploi par l'inflation et les dépenses maximales de notre gouvernement.

L'expertise juridique ou la défense d'une partie, que ce soit pour une nation dans le cadre d'un concours mondial ou pour un groupe de pression ou un mouvement, au niveau national, ne contribuera pas à la paix ou à l'amélioration des relations et de la stabilité.

L'internationalisme, l'universalisme et l'unicité du monde sont tous des concepts ou des outils de pensée irréalistes et dangereux. L'universalisme ou l'internationalisme américain est factice.

Nous pouvons respecter tout croyant sincère et cohérent qui défend son culte particulier de l'unicité du monde ou de l'universalisme, qu'il soit religieux, politique ou autre, idéologique ou opérationnel, à condition qu'il ne propose pas d'imposer son ordre mondial par l'épée, comme l'ont fait les croisés chrétiens d'antan et tant d'autres types de fêlés historiques ou de fanatiques religieux.

Mais que des Sudistes américains - aujourd'hui comme hier opposés à l'intégration ou à l'assimilation raciale - prêchent l'internationalisme, le mondialisme, le règne mondial d'une seule loi et une sorte d'universalisme mièvre, voilà qui donne la nausée à toute personne rationnelle.

Il en va de même pour les dirigeants et les porte-parole des syndicats, qui professent tous le plus profond attachement aux valeurs et aux normes d'un internationalisme ou d'un universalisme mondial, mais qui s'opposent tous à l'abaissement de nos barrières à l'immigration afin de permettre à notre marché du travail d'être inondé par des millions de travailleurs bon marché en provenance du monde coloré.

L'internationaliste du travail organisé est un imposteur, tout comme l'internationaliste du Sud et le mondialiste qui est contre l'intégration mais qui voudrait que les forces américaines soient stationnées sur toute la planète pour faire respecter l'État de droit mondial, alors qu'il bafoue ou nie la décision de notre Cour suprême sur l'intégration.

Lorsque les libéraux et les internationalistes faisaient campagne pour que nous entrions dans une guerre antinazie, étaient-ils moins extrémistes que les soi-disant conservateurs qui prêchent aujourd'hui l'anticommunisme ? Les révisionnistes ne sont pas et n'ont jamais été des extrémistes. L'étiquette d'extrémiste devrait généralement être appliquée aux partisans de la guerre.

Le facteur le plus extrême actuellement en vigueur et à craindre est la guerre, y compris les préparatifs de guerre.

La guerre est devenue progressivement un facteur extrême depuis le milieu du 19e siècle. La guerre a fait passer la dette nationale de 43 milliards de dollars en 1940 à 279 milliards de dollars en 1945. La guerre froide l'a portée à plus de 300 milliards de dollars à l'heure actuelle.

L'extrémisme de la guerre peut-il être combattu avec succès par la modération ? Faut-il toujours répondre à un extrémisme par un autre extrémisme ? [John E. Kennedy semble être plus un modéré qu'un extrémiste.

Malheureusement, l'extrémisme, c'est-à-dire une forme ou un type d'extrémisme, a généralement plus d'attrait pour le grand public qu'une politique de modération. Kennedy fait l'objet de nombreuses critiques parce qu'il ne parle pas ou n'agit pas assez durement au goût de la plupart des gens. La plupart des gens n'évaluent toujours pas de manière précise ou rationnelle les nouveaux facteurs de la guerre.

[Ces propos ont été tenus le 7 juin 1963, moins de six mois avant l'assassinat de John F. Kennedy à Dallas. En fait, le commentaire de Dennis préfigurait, à bien des égards, la croyance répandue par la suite que JFK avait été assassiné précisément en raison de son refus d'adopter la ligne "dure" des sionistes et de leurs alliés de la guerre froide qui constituent aujourd'hui la clique des "néoconservateurs" au plus haut niveau du gouvernement américain. - MICHAEL COLLINS PIPER].

La plupart des critiques actuelles à l'encontre de Kennedy se fondent sur son incapacité à réaliser des exploits pour les États-Unis ou à faire preuve de ce que les masses de notre peuple aiment à considérer comme un leadership mondial.

Le Boobus Americanus ou le plouc américain ne comprend pas pourquoi son pays, vainqueur de la Seconde Guerre mondiale, ne serait pas aujourd'hui le leader mondial et ne contrôlerait pas la situation mondiale.

De toute évidence, ni le président Kennedy ni aucun de ses porte-parole ne peut dire au Boobus Americanus que l'Amérique n'a pas gagné la Seconde Guerre mondiale, mais que la Russie et le communisme, uniquement grâce à l'aide américaine, ont gagné la guerre.

Et c'est une chose que ni les soi-disant conservateurs américains, ni les soi-disant libéraux américains ne sont disposés à dire ouvertement ou publiquement.

Les conservateurs parlent durement contre le diable étranger et contre plus de gouvernement à l'intérieur. C'est paradoxal et irrationnel.

Quoi de plus absurde que l'exigence des conservateurs américains d'une politique plus dure à l'égard de la Russie et de la Chine communistes et d'une réduction de l'intervention, du contrôle et de l'imposition du gouvernement à l'intérieur du pays ?

Quoi de plus paradoxal que d'être pour la guerre et contre le socialisme ? La grande faiblesse de la plupart des conservateurs et des libéraux américains est leur incapacité à adopter une vision opérationnelle de la grande guerre moderne. Ils n'arrivent pas à se mettre dans la tête qu'une grande guerre moderne doit être socialiste.

La guerre froide permanente qui se déroule actuellement doit déclasser le monde blanc et améliorer le monde coloré, ce que nos stupides Sudistes [qui ont soutenu] la guerre de Woodrow Wilson pour rendre le monde sûr pour la démocratie n'ont jamais vu. De Gaulle le voit et veut mettre fin à la vaine guerre française en Afrique du Nord.

[En fait, en 1962, De Gaulle a cédé le contrôle de l'Algérie à la France, au grand dam d'Israël, et une nouvelle république arabe d'importance a vu le jour. Au cours de la même période, De Gaulle a commencé à rompre son alliance de longue date avec Israël et à soutenir les programmes d'armes nucléaires d'Israël, précisément au moment où John F. Kennedy protestait vigoureusement contre la volonté d'Israël de se doter d'armes nucléaires. - MICHAEL COLLINS PIPER].

Le temps de l'exploitation rentable par l'homme blanc de l'Afrique ou de l'Asie est désormais révolu. Désormais, seule la coopération rentable est un objectif rationnel et pratique.

L'idée ou l'idéal de l'unité mondiale a été promu pendant plus d'un demi-siècle par nos fondations subventionnées. Elle n'a jamais été étayée par l'histoire ou l'actualité. Aujourd'hui, elle est plus discréditée que jamais.

On a vendu au peuple américain deux guerres mondiales sur la base d'une théorie générale des plus irrationnelles et contraires à la logique de l'histoire passée, dont les événements survenus depuis 1917 n'ont cessé de démontrer la fausseté de manière concluante.

Selon cette théorie générale, une guerre pour mettre fin à la guerre et l'État de droit mondial pourraient imposer la paix dans la justice. Comme nous l'avons si souvent répété, la phrase ou l'idée la plus folle du XXe siècle a été celle d'une guerre pour mettre fin à la guerre.

Quiconque pensait qu'une guerre pouvait mettre fin à la guerre aurait dû être envoyé dans un hôpital psychiatrique pour y subir une analyse et un traitement psychiatriques.

L'une des grandes folies de l'Amérique du XXe siècle a été le prohibitionnisme : Interdire la consommation d'alcool, interdire la guerre. Si c'est un péché, il faut l'arrêter ou l'interdire.

La grande idée des États-Unis : Le monde doit être unifié par la force - la nôtre ou la leur. Cette idée est erronée sur le plan des faits et de la logique. Mais elle est désormais acceptée comme une idée 100 % américaine. Si vous voulez être un conformiste et non un non-conformiste, un dissident ou un subversif, un risque pour la sécurité, vous devez souscrire à cette idée erronée.

La génération qui a commencé à lire Mahan sur la puissance maritime, Kipling sur le fardeau de l'homme blanc et les races inférieures sans la loi, et de nombreux autres sur la destinée manifeste de l'Amérique et de la Grande-Bretagne, a également commencé à recevoir des subventions pour avoir embrassé ces idées.

Les subventions provenaient de millionnaires britanniques comme Cecil Rhodes et Andrew Carnegie et de millionnaires américains comme John D. Rockefeller. Les tendances technologiques et les progrès scientifiques ont été perçus comme soutenant cette idéologie du "nous ou eux devons gouverner le monde".

Les adeptes de l'unification mondiale par la force qui s'opposent au partage sont des imposteurs. Ces internationalistes ont beau jeu de dénoncer les nationalismes comme égoïstes, prédateurs et généralement immoraux. Ils s'en prennent encore plus violemment à certains représentants extrêmes du racisme, c'est-à-dire d'un autre racisme que le leur. Mais ils sont tout aussi coupables que ceux qu'ils attaquent lorsqu'il s'agit de partager ou d'instaurer un ordre mondial fondé sur l'égalité des chances et d'accès.

Nous sommes prêts à nous joindre à nos compatriotes américains pour défendre ce pays contre toute invasion d'étrangers à la recherche d'un espace vital.

Mais nous ne sommes pas disposés à nous battre ou à faire se battre des Américains pour protéger d'autres régions de peuples contre des guerres ou des attaques similaires. Pour de telles guerres, notre conseil est de ne pas s'en mêler, d'essayer de les localiser et de les limiter, d'essayer de les éviter ou d'y mettre fin en usant de bons offices et en négociant avec les deux parties.

Nous ne voulons pas participer à des guerres pour libérer d'autres peuples. Laissons-les se libérer eux-mêmes. Nous ne voulons pas participer à des guerres pour défendre le statu quo dans d'autres régions.

L'intervention du gouvernement dans toutes les phases de la vie domestique est en augmentation depuis la Première Guerre mondiale. Les Noirs sur le sentier de la guerre dans le Sud exploitent cette tendance. Ils surfent sur la vague de l'avenir, amorcée par la Première Guerre mondiale et fortement accélérée par la Seconde.

Les Sudistes qui se battent aujourd'hui désespérément contre la marée montante de la couleur étaient tout à fait d'accord pour que les États-Unis s'engagent dans les Première et Deuxième Guerres mondiales afin de rendre le monde sûr pour la démocratie. Ils n'ont pas eu l'imagination ou l'intelligence de prévoir les conséquences des croisades dans lesquelles les États-Unis se sont lancés.

[Le général Douglas MacArthur a déclaré :] "La guerre mondiale est devenue un Frankenstein qui détruit les deux parties. Elle n'est plus une arme d'aventure, un raccourci vers la puissance internationale. Si vous perdez, vous êtes anéanti.

Si vous gagnez, vous ne pouvez que perdre. Il ne possède même plus la chance du vainqueur d'un duel. Il ne contient plus que les germes d'un double suicide".

L'approche de MacArthur en matière de guerre n'est pas pacifiste, mais opérationnaliste, et c'est la ligne que nous suivons depuis plus de trois décennies.

La dynamique de la haine et de la peur a entraîné l'Occident dans deux guerres. Pour que l'Amérique s'engage dans deux guerres mondiales, il a fallu mobiliser et utiliser la dynamique de la haine et de la peur.

Ces facteurs, bien sûr, ont toujours été présents et opérationnels dans les guerres nationalistes des deux siècles et demi qui ont précédé le XXe siècle et qui ont suivi l'ère des guerres de religion. Mais ces facteurs n'ont jamais été, pendant les deux siècles et demi qui vont de 1648 à 1900, aussi importants qu'ils l'ont été dans le monde occidental au cours du XXe siècle. La démocratie n'est arrivée à maturité qu'à la fin du XIXe siècle.

L'incitation à la haine et à la peur des masses est le moyen le plus facile et le plus sûr pour un dirigeant politique du monde occidental d'accéder au pouvoir et de l'exercer.

C'est désormais le moyen approuvé pour faire entrer un pays en guerre ou pour le maintenir dans un état de guerre permanent tel que celui dans lequel nous nous trouvons actuellement.

Au XXe siècle, l'Occident a enseigné aux Afro-Asiatiques la haine et la peur. Aujourd'hui, ils haïssent et craignent la domination blanche, et non le communisme. Ils n'ont jamais connu le colonialisme russe blanc.

La force du [leader panarabe égyptien Gamal] Nasser aujourd'hui est qu'il peut compter sur la marée montante de l'anticolonialisme ou de la haine et de la peur des intrus blancs en Afrique et en Asie.

Aucun dirigeant politique en Afrique ou en Asie ne peut avoir de meilleur atout que d'être détesté ou dénoncé par nous, les Américains. Le fait que nous soyons "contre" le communisme est le plus grand atout du communisme en Afrique et en Asie. Le fait que nous soyons "pour" un dirigeant ou un régime local en Afrique ou en Asie est le pire handicap pour ce dirigeant ou ce régime.

La minorité mondiale des Blancs devrait avoir l'intelligence de comprendre qu'exploiter ou essayer d'exploiter et d'utiliser la dynamique de la haine et de la peur n'a jamais été et ne sera jamais une bonne affaire pour une minorité privilégiée. La dynamique de la haine et de la peur ne peut, à long terme, que s'avérer fatale pour la minorité. L'Occident blanc, ou les nantis, sont la minorité. La crise permanente du Moyen-Orient fait les gros titres des journaux pour les politiques.

Comment notre élite au pouvoir à Washington pourrait-elle obtenir de 40 à 50 milliards de dollars par an pour les dépenses de défense et l'aide à l'étranger si elle n'avait pas, la plupart du temps, des titres sur les crises de guerre au Moyen-Orient et dans d'autres régions dans nos journaux ?

Il est merveilleux d'avoir un "Hitler du monde coloré" qui est loin d'être aussi dangereux ou puissant qu'Adolf.

Le résultat final est certain. Le temps, les chiffres et l'espace sont avec le monde coloré. Ils sont avec les nationalistes musulmans et contre les nationalistes israéliens. Ce qui a manqué au monde de couleur, c'est l'unité et le dynamisme pour faire la guerre aux Blancs.

Israël contribue à l'unification et à l'activation du monde coloré pour la guerre contre les colonisateurs et autres étrangers.

Les [Russes] ne peuvent pas contrôler, mais ils aideront et encourageront les Africains à s'opposer aux États-Unis et à Israël. Nos patriotes et nos "antis" fanatiques qui veulent porter le fardeau de l'homme blanc en Asie et en Afrique, maintenant que les Européens ont été chassés, sont naïfs lorsqu'ils supposent que Moscou contrôle ou dirige chaque facteur de puissance ou modèle de comportement perturbateur qui donne actuellement des maux de tête à l'Oncle Sam, à l'ONU, aux puissances coloniales occidentales ou à Israël. C'est un non-sens.

C'est une chose d'aider et d'encourager un fauteur de troubles et de tirer profit de ses activités. C'en est une autre de le contrôler ou de le diriger.

La politique et l'action américaines, occidentales et, apparemment, israéliennes récentes, partent du principe irrationnel que les personnes de couleur ne respectent que la force et que, par conséquent, leurs adversaires blancs n'ont qu'à mobiliser suffisamment de force contre les personnes de couleur. Ce qui rend ce postulat de base sur la force et les gens de couleur si insensé est une simple question d'arithmétique.

Les puissances coloniales blanches et les Israéliens ne pourront certainement jamais atteindre une supériorité ultime et décisive sur le monde coloré et les vastes régions qu'il peuple. Cependant, le monde occidental ou blanc, s'il était guidé par le rationalisme opérationnel et le calcul au lieu du légalisme mystique, du moralisme et du traditionalisme, pourrait facilement formuler et élaborer des propositions ou des accords avec le monde coloré qui seraient mutuellement avantageux pour les deux parties ou pour toutes les parties concernées. C'est notre mot "constructif".

Seul un retour à la neutralité, comme le conseillait Washington dans son discours d'adieu, pourrait réellement empêcher notre gouvernement de déclencher et de mener une troisième guerre mondiale en dépit de probabilités numériques écrasantes.

Seule la substitution de la diplomatie à la tentative de jouer à Dieu ou au gendarme du monde peut fournir une alternative opérationnelle pratique à la guerre totale, si un jour, un homme sauvage, quelque part, va trop loin.

Seuls l'opérationnalisme rationnel et la logique de l'intérêt national éclairé, au lieu d'obéir aux impératifs des absolus légalistes, moralistes et traditionalistes, peuvent éviter la troisième guerre mondiale et, avec elle, l'extermination éventuelle de la majeure partie de l'humanité.

Avec l'intensification de la guerre au Moyen-Orient, les États-Unis vont devoir envoyer des centaines de milliers, voire des millions de soldats américains dans cette région pour protéger les puits de pétrole et les oléoducs de plusieurs milliers de kilomètres qui transportent le pétrole jusqu'à la Méditerranée pour l'exporter vers les Européens qui en dépendent. Bien entendu, on ne dira pas au peuple américain que des troupes américaines doivent être envoyées au Moyen-Orient pour protéger les enjeux pétroliers. On lui dira que l'intervention américaine dans cette région est nécessaire pour défendre l'Amérique en stoppant l'agression communiste.

[Bien que Dennis ait écrit cela en 1955, au plus fort de la guerre froide, ses remarques restent valables. Aujourd'hui, l'ennemi "communiste" a été remplacé par l'ennemi "islamo-fasciste" et par les "dictateurs du Moyen-Orient dotés d'armes de destruction massive" (MICHAEL COLLINS PIPER).

Si les dirigeants nationalistes du monde coloré peuvent forcer les États-Unis à déployer à perpétuité des millions de soldats américains dans le monde coloré pour mettre fin au péché communiste [ou, dans le paradigme actuel, au péché "islamo-fasciste" - MICHAEL COLLINS PIPER], de quoi ces dirigeants doivent-ils s'inquiéter ? Plus les troupes américaines ou étrangères tueront d'autochtones, mieux ce sera pour les intérêts à long terme des nationalismes autochtones qui sont maintenant sur le sentier de la guerre contre les étrangers.

Comment les États-Unis peuvent-ils espérer exercer une pression sur des peuples qui vivent si près de la limite de la subsistance ? La pression ne s'exercera que sur les contribuables américains et les conscrits pour les guerres d'intervention étrangère perpétuelle sans retour de butin.

Hollywood n'aurait pas pu choisir un théâtre de guerre plus approprié que la Palestine. Au cours de ce siècle, nous avons avancé vers la guerre nucléaire et reculé vers la guerre sainte. C'est le siècle des guerres de religion.

Pour l'ouverture de la troisième grande guerre de religion d'une vie, aucune région ne pourrait être plus appropriée que la Terre sainte, lieu de naissance de deux, voire trois, des véritables grandes religions du monde, le judaïsme, le christianisme et l'islam.

La mise en scène et la distribution sont superbes et logiques. Sion est le sujet de la Torah, des Prophètes, des Psaumes, des Lamentations et de nombreux grands classiques de l'histoire comme ceux de Joseph et de Maïmonide. C'est la terre d'élection de , le peuple élu. Elle fait l'objet d'une attention particulière de la part de Dieu, ou plutôt de Yahvé, le Dieu d'Israël.

Aujourd'hui, l'Oncle Sam a pris le relais. Bien sûr, Allah est dans l'autre camp, celui des Arabes. Yahvé a aidé les enfants d'Israël à s'emparer de la Terre promise plus d'une fois au cours des quatre mille dernières années. Mais il n'a jamais empêché leurs multiples expulsions et dispersions. C'est ce que l'Oncle Sam doit faire à l'avenir.

Pour des raisons que nous, comme les théologiens, sommes incapables de donner, Yahvé a permis que le peuple élu soit chassé de la terre élue plus d'une fois. Mais l'Oncle Sam ne peut pas permettre qu'une telle chose arrive au nouvel Israël.

L'Oncle Sam n'est pas un défaitiste. Il ne supporte pas la guerre, le péché ou l'agression. Il fait la guerre pour mettre fin à la guerre. Il est perfectionniste.

Les croyants des grandes religions à promesse messianique attendaient et priaient pour la venue du Messie et l'aube du Millénaire. Aujourd'hui, les Américains ne doivent pas se contenter d'attendre et de prier pour le Millénaire, ils doivent se battre pour lui, partout sur la planète. C'est le nouvel internationalisme.

Dieu n'a jamais arrêté la guerre ou le mal dans toute l'histoire, comme l'oncle Sam doit le faire aujourd'hui. Nous savons que l'Oncle Sam s'est engagé à ne pas permettre qu'une guerre ou une agression se produise sans intervenir pour arrêter la guerre. Il ne peut pas permettre que le peuple élu soit chassé d'Israël comme il l'a été, plus d'une fois, dans le passé.

Il est tout à fait approprié que la troisième guerre mondiale commence en Terre sainte. Quels seront la nature, l'ampleur, la durée et les résultats de la troisième guerre menée par les États-Unis en une seule vie pour mettre fin à la guerre et au mal ?

Il sera intéressant de voir les pertes américaines s'accumuler au Moyen-Orient alors que l'Oncle Sam tente d'arrêter ce que Yahvé n'a pas arrêté dans un passé lointain. Et il sera encore plus intéressant de suivre les réactions de masse des Américains face aux morts et aux blessés de la croisade en Terre sainte.

La contribution de l'Amérique à la guerre de religion au 20ème siècle [a été] le mono-diabolisme [c'est-à-dire la désignation d'un seul ennemi "diable"]. Maintenant que l'Oncle Sam a pris le relais et essaie de faire un travail que Yahvé n'a jamais fait, l'Oncle Sam ne peut jamais admettre la moindre imputation de péché ou de mal à l'un de ses alliés ou de ses protégés. L'un des "ismes" doit obtenir une habilitation de sécurité. L'autre doit être considéré comme subversif. Il ne faudra pas attendre longtemps pour que le judaïsme et l'islam fassent l'objet d'une évaluation de sécurité dans le cadre de la guerre permanente. [Dennis a clairement vu qu'en fin de compte, aux États-Unis, le judaïsme bénéficierait d'une cote de sécurité. Il n'en va pas de même pour l'islam. Dennis l'a vu venir... -MICHAEL COLLINS PIPER].

De nos jours, lorsque l'Oncle Sam entre en guerre, il règle de manière simple et décisive toute la question du péché ou de savoir qui et quoi sont bons ou justes et qui et quoi sont méchants et mauvais. Le péché est toujours et uniquement du côté de l'ennemi. C'est ce qu'ont établi les procès de Nuremberg et d'autres procès pour crimes de guerre. Il n'y a qu'un seul diable qui est contre l'Oncle Sam ou qui n'est pas avec lui.

[Et George W. Bush l'a dit : "Soit vous êtes avec nous, soit vous êtes avec les terroristes" : "Soit vous êtes avec nous, soit vous êtes avec les terroristes" (MICHAEL COLLINS PIPER).

La préparation de la troisième guerre mondiale se poursuit au Moyen-Orient à propos d'Israël, du pétrole, des colonialismes occidentaux contre les nationalismes des pays de couleur et de la rationalisation de la lutte entre le monde libre et le communisme. Israël et nos puissances coloniales occidentales sont notre rempart contre le communisme et le monde coloré. Ce schéma correspond à ce que Sir Norman Angell a appelé dans le London Times du 15 avril 1956 : "Le suicide de l'Occident" : "Le suicide de l'Occident".

Selon le modèle de guerre de religion du XXe siècle du suicide de l'Occident, l'Occident part en croisade, se gonfle et se "technologise" jusqu'à ce que mort s'ensuive. Il s'éteint lui-même en essayant de mettre fin à la guerre.

Elle se prépare à rendre le monde inhabitable à l'aide d'armes à fission nucléaire afin de rendre le monde sûr pour la démocratie. Le leitmotiv est l'idée que les péchés et les démons étrangers ne peuvent être supportés mais doivent être éliminés.

Si le savoir-faire de l'homme ne peut mettre fin à la guerre ou au péché, il peut maintenant mettre fin à la race humaine. Nous avons désormais un potentiel infini d'anéantissement. Combien de temps nos idéalistes pourront-ils retenir leur envie de faire le bien en appuyant sur la gâchette de l'anéantissement global ?

Si seulement nous ne disposions pas de la fission nucléaire et de tant de savoir-faire, la vague de folie actuelle pourrait n'aboutir à rien de pire que les futilités sanglantes des croisades ou les guerres de religion des XVIe et XVIIe siècles.

Les anciens militaires, techniciens et capitalistes nazis allemands se déplacent tranquillement [dans le monde arabe] pour coopérer et s'assimiler. Si cela ne rend pas fous les Américains et les Britanniques qui ont succombé à la propagande de la Seconde Guerre mondiale sur le "racisme" allemand, nous ne savons pas ce qui pourrait l'être ! Il est intéressant de noter que Dennis a également commenté ailleurs qu'Hitler n'était "pas assez rationnel" pour s'être allié avec le monde arabe, par exemple, "ayant une trop haute opinion des Britanniques et de la race blanche" - un commentaire qui étonnera ceux qui percevaient Dennis comme un admirateur inconditionnel d'Hitler [MICHAEL COLLINS PIPER].

Si les Allemands s'allient maintenant à la Russie et aux nationalistes anti-blancs du monde coloré, qui les Britanniques et les Français trouveront-ils pour s'engager dans leur troisième guerre sainte ? La réponse est-elle : "Seulement les États-Unis et Israël ? "Seulement les États-Unis et Israël ?" Si c'est le cas, les cartes seront lourdement empilées contre la troisième croisade anglo-américaine.

[Dennis ne savait pas alors que la France romprait son alliance avec Israël ou que, dans la période précédant la deuxième guerre américaine contre l'Irak, la France apparaîtrait comme un allié de l'Allemagne et de la Russie contre les États-Unis, la Grande-Bretagne et Israël. Comme nous le verrons, Dennis a également noté la capacité de la Russie à exploiter les tensions du tiers-monde avec les États-Unis et, de même, il a prédit la défaite de la Russie après son invasion de l'Afghanistan musulman. -MICHAEL COLLINS PIPER].

La Russie compte 21 millions de musulmans, soit plus de 10 % de sa population, essentiellement concentrés dans les régions d'où la Russie tire la majeure partie de son pétrole. L'idée que les communistes russes puissent convertir au communisme et contrôler depuis Moscou les 200 millions d'indigènes d'Afrique et les treize ou quatorze cents millions d'Asiatiques nous semble trop idiote pour mériter une considération sérieuse. Mais la

Russie, seule grande puissance à côté des Etats-Unis, peut profiter de la révolte du monde coloré contre les puissances occidentales.

La nouvelle rationalisation de la guerre de religion consiste à appeler cela l'application de la loi. Les tentatives d'instaurer une règle mondiale irréalisable d'une seule loi garantissent une guerre de religion permanente, l'inflation et le socialisme. Le seul sujet qui fasse l'objet d'un accord général parmi les façonneurs de l'opinion et de la politique américaines aujourd'hui, en ce qui concerne la guerre et la politique de puissance - inter ou intra-nationale - est qu'il ne doit pas y avoir de retour au neutralisme.

La plupart des gens de droite, qui critiquent la décision de la Cour suprême sur la déségrégation et le recours à la force armée fédérale pour la faire appliquer, sont, de manière assez incohérente et amusante, tout à fait favorables au leadership mondial des États-Unis, à l'intervention américaine et à la libération par la force des peuples asservis par les diables rouges du Kremlin.

Les kommissaires du Kremlin font maintenant passer leur ancien chef inégalé et notre noble allié de guerre, Staline, pour un diable, un monstre et un coupable de toutes sortes de crimes ou de péchés. En ce qui concerne Staline, les communistes du Kremlin suivent la ligne des anticommunistes américains. Les anticommunistes américains suivent la ligne communiste du Kremlin.

C'est très drôle. Mais c'est important. Ce qui est prouvé, c'est que nos alliés, sous la direction victorieuse de Staline, en partenariat avec nous, étaient des démons aussi grands et aussi mauvais que les nazis et les fascistes. Les péchés de Staline étaient des inévitables opérationnels du communisme.

Le plus grand crime du 20ème siècle pourrait s'avérer être l'extinction de la race humaine par les radiations nucléaires lors d'une guerre menée avec les armes que nous, bons Américains épris de paix, faisons actuellement perfectionner par nos scientifiques. Nous développons ces armes pour mettre fin à la guerre, au communisme et au péché sur cette planète et ainsi inaugurer le Millénaire.

CONCLUSION

L'"israélisation" de la politique étrangère américaine La planification d'une guerre mondiale au nom de la "démocratie" Iran, Russie, Chine, Venezuela, "islamo-fascistes" Qui sera la prochaine cible des grands prêtres de la guerre ?

Le président George W. Bush est peut-être, en vertu de ses hautes fonctions, le bouc de Judas le plus insidieux et le plus dangereux de l'Amérique. Le rôle qu'il a joué dans l'engagement de l'Amérique dans la guerre en Irak - sans parler de son rôle de premier plan dans la dissimulation de la vérité sur les forces à l'origine de l'attaque du 11 septembre contre l'Amérique - a fait de lui un véritable ennemi intérieur en chef, si l'on peut dire.

Aujourd'hui, il exhorte l'Amérique à mener une nouvelle guerre contre l'Iran. Cependant, la vérité est que l'appel messianique de Bush à une "révolution démocratique" mondiale (énoncé dans son deuxième discours d'investiture et ressemblant beaucoup à la rhétorique du mouvement bolchevique trotskiste mondial) n'est pas vraiment de son fait. Ses mots ont été écrits par d'autres personnes bien plus intelligentes que le jeune Bush. Et les origines de la nouvelle philosophie de Bush sont en effet très révélatrices. Ce qui est peut-être le plus effrayant, c'est que la rhétorique du président américain - poussé par ses "conseillers" en coulisses - laisse présager de plus en plus d'actions militaires à travers le monde dans les années à venir.

Bien qu'un documentaire, Bush's Brain, ait suggéré que Karl Rove, prétendument le principal tacticien politique du président, est le cerveau qui dit au président ce qu'il doit penser, il est désormais clair, sur la base de preuves solides, que le ministre israélien d'origine soviétique Anatoly "Natan" Sharansky est celui qui peut se vanter d'avoir ce titre.

Bien qu'il ait attiré l'attention du monde entier dans les années 1970 en tant que dissident soviétique, il ne faut pas croire que Sharansky ait jamais été un conservateur du marché libre ou un anticommuniste à l'occidentale. Au contraire, Sharansky était un vieux communiste traditionnel qui, comme beaucoup d'autres en Union soviétique, s'est simplement heurté au régime en place. Mais grâce aux médias internationaux, Sharansky a profité de son emprisonnement par les Soviétiques - qui l'ont accusé d'être un espion de la CIA - pour devenir un "militant des droits de l'homme" très en vue.

Plus tard, après sa libération de prison, Sharansky a émigré en Israël et s'est rapidement imposé comme l'un des dirigeants extrémistes les plus virulents du pays, accusant même le Premier ministre israélien Ariel Sharon - surnommé "le César israélien" - d'être "trop tendre" avec les chrétiens et les musulmans palestiniens.

*Une variante de cet essai a été publiée en tant que dernier chapitre de l'ouvrage précédent de l'auteur, The Judas Goats (Les chèvres de Judas). Toutefois, étant donné que les informations sont toujours aussi pertinentes et complètes - en particulier dans le contexte du présent volume -, elles sont réimprimées ici sous une forme actualisée pour le bénéfice de ceux qui n'ont pas lu le livre précédent et avec des excuses pour ceux qui l'ont lu, avec l'espoir qu'ils trouveront que la relecture vaut la peine d'être faite.

Le rôle de Sharansky dans l'orientation de la pensée de Bush n'est pas une "théorie du complot". Au contraire, les révélations de la Maison Blanche elle-même - publiées, bien que de manière peu visible, dans les médias grand public - ont démontré que non seulement Sharansky a personnellement consulté le président lors de la rédaction du discours inaugural désormais controversé, mais aussi qu'au moins deux des principaux publicistes américains de Sharansky figuraient parmi les personnes chargées de rédiger la proclamation révolutionnaire de Bush.

Bush lui-même a déclaré au Washington Times dans une interview publiée le 12 janvier 2005, avant même son investiture : "Si vous voulez avoir un aperçu de ma façon de penser en matière de politique étrangère, lisez le livre de Natan Sharansky, The Case for Democracy. C'est un excellent livre.

Enterré dans le tout dernier paragraphe d'un très long article publié le 22 janvier 2005, le New York Times rapporte que "le président a reçu le livre [de Sharansky] et a demandé à M. Sharansky de le rencontrer dans le bureau ovale [...]. M. Bush a également donné le livre à plusieurs collaborateurs, en leur demandant de le lire également. M. Sharansky a visité la Maison Blanche en novembre dernier". Le Times n'a pas précisé qui a donné le livre au président en premier lieu, mais découvrir qui a réellement pressé le président de lire le livre pourrait être très révélateur.

Confirmant la révélation du Times, le Washington Post a également révélé le 22 janvier 2005 (bien que, là encore, dans les derniers paragraphes d'une longue analyse) qu'un fonctionnaire de l'administration avait déclaré que la planification du discours de Bush avait commencé immédiatement après l'élection de novembre et que Bush lui-même avait invité Sharansky à la Maison Blanche pour le consulter et que, selon les termes du Post, "Sharansky avait également contribué à façonner le discours avec son livre".

C'est le Post qui a révélé que deux célèbres "néoconservateurs" partisans d'Israël - William Kristol, éditeur du magazine Weekly Standard du milliardaire Rupert Murdoch, et le psychiatre devenu journaliste Charles Krauthammer, fervent défenseur d'une guerre militaire et économique sévère des États-Unis contre le monde arabe et musulman - figuraient également parmi les personnes invitées à participer à la rédaction du discours du président.

Kristol - en particulier - et Krauthammer sont généralement reconnus, même dans les grands médias américains, comme faisant partie de ceux que nous avons surnommés "les grands prêtres de la guerre", qui ont joué un rôle déterminant dans l'orchestration de la guerre américaine contre l'Irak, et qui figuraient en bonne place sur la "liste des souhaits" d'Israël pour l'administration Bush.

Ce n'est pas une coïncidence si la personne du personnel de la Maison Blanche qui, selon le Post, a aidé à organiser les conférences de planification pour orienter la réflexion de Bush est un certain Peter Wehner, directeur du Bureau des initiatives stratégiques de la Maison Blanche. Il se trouve que Wehner est un protégé de Kristol, puisqu'il a été son adjoint lorsque Kristol était chef de cabinet du secrétaire à l'éducation de l'administration Reagan ( ), William Bennett, lui-même un protégé du père très influent de Kristol, le célèbre "ex-trotskiste" communiste devenu sioniste néo-conservateur, Irving Kristol.

Ainsi, compte tenu de l'apport considérable de Kristol, qui a façonné l'état d'esprit de Bush, il n'est vraiment pas surprenant que, comme le dit le Post, "les grandes ambitions de Bush aient enthousiasmé ses partisans néoconservateurs, qui considèrent comme noble et nécessaire son appel à placer les États-Unis en première ligne de la bataille pour la diffusion de la démocratie".

De son côté, William Kristol a réagi dans un éditorial du Weekly Standard du 24 janvier 2005 en déclarant que "c'est une bonne nouvelle que le président soit si enthousiaste à l'égard du travail de Sharansky. Cela suggère que, malgré toutes les critiques et les difficultés, le président reste déterminé à continuer à diriger la nation selon les lignes fondamentales de la politique étrangère qu'il a définies au cours de son premier mandat".

Le 22 janvier 2005, la BBC News a noté que Sharansky "évolue en fait dans les cercles conservateurs américains depuis un certain temps".

Dès juillet 2002 - juste avant que Bush ne prononce un discours très controversé appelant à la "démocratisation" du monde arabe - le vice-ministre de la défense conservateur Paul Wolfowitz a assisté à une conférence de Sharansky au cours de laquelle le dirigeant israélien a formulé la même demande.

Peu après, lorsque Bush a prononcé son propre discours, faisant écho à Sharansky, la ligne dure israélienne "a fourni une importante affirmation de dernière minute", selon le néo-conservateur américain Richard Perle, qui - entre deux passages au gouvernement, au cours desquels il a fait l'objet d'une enquête du FBI pour soupçon d'espionnage au profit d'Israël - a fourni des armes à un fabricant d'armes israélien.

Bien que la nouvelle de la profonde influence de Sharansky n'ait pas été largement connue des Américains de base, elle a fait grand bruit en Israël où le Jerusalem Post a titré un article déclarant que "la Maison Blanche s'inspire du livre de Sharansky sur la démocratie". En fait, le journal israélien est allé jusqu'à dire que Bush "fait gratuitement la promotion [du livre de Sharansky]", soulignant que le président a fait l'apologie du livre de Sharansky lors d'une interview sur CNN.

Le fait que Sharansky ait été chargé des "affaires de la diaspora" au sein du cabinet israélien est en effet significatif. Le terme "diaspora" désigne tous les Juifs vivant en dehors des frontières d'Israël et la "déclaration de mission" du cabinet de Sharansky indique qu'il "met l'accent sur Israël, le sionisme, Jérusalem et l'interdépendance des Juifs dans le monde entier".

En substance, cela se traduit par un objectif unique et général : assurer l'existence et l'avenir du peuple juif où qu'il se trouve". En bref, Sharansky n'est rien de moins que le puissant porte-parole du mouvement sioniste mondial . Et aujourd'hui, sans aucun doute, ses opinions orientent la vision du monde de George Bush.

Compte tenu de tout cela, il n'est pas étonnant que le 22 janvier 2005, le média sud-coréen de langue anglaise, Chosun Ilbo, soit allé jusqu'à décrire la philosophie de Sharansky, telle qu'elle est exposée dans son livre The Case for Democracy (Le cas de la démocratie) - aujourd'hui vanté par Bush - comme "un schéma directeur pour la politique étrangère des États-Unis".

La ligne de propagande de l'intransigeant Israélien Sharansky sur laquelle s'est appuyé le discours d'investiture du président était pratiquement un revirement complet par rapport à la rhétorique de Bush lors de la campagne présidentielle de 2000. Cette contradiction est un point qui, en théorie, aurait dû faire réfléchir les républicains qui ont voté pour Bush la première fois qu'il s'est présenté à l'élection présidentielle.

Proclamant avec enthousiasme dans une analyse de première page du 21 janvier 2005 que le discours de Bush posait "les bases d'une mission de liberté mondiale", le Washington Times - une voix "néo-conservatrice" de premier plan qui prône une politique étrangère mondialiste et dure en phase avec les exigences de sécurité d'Israël - a déclaré sans ambages que.. :

Dans son discours d'investiture, le président Bush lance les États-Unis dans une nouvelle mission mondiale, expansionniste et beaucoup plus agressive, visant à libérer les pays opprimés des dictateurs - un changement radical par rapport à sa campagne de 2000 qui mettait en garde contre le risque de devenir le gendarme du monde ... une doctrine internationaliste ambitieuse, peut-être sans précédent, qui pourrait déployer la puissance militaire des États-Unis bien au-delà des engagements actuels de l'Amérique...

Pour sa part, le quotidien "libéral" du Times, le Washington Post, a déclaré le 21 janvier 2005 que le discours de Bush était "plus wilsonien que conservateur", c'est-à-dire qu'il rappelait l'internationalisme messianique de l'ancien président américain Woodrow Wilson, qui n'est guère un héros pour les nationalistes américains ou les conservateurs traditionnels.

Approuvant effectivement le revirement de Bush, le Post a reconnu que la déclaration de Bush "promettait un internationalisme agressif qui, s'il était sérieusement poursuivi, transformerait les relations avec de nombreuses nations dans le monde", affirmant que si Bush était sérieux, la politique américaine "est sur le point de connaître un changement historique".

James Steinberg, ancien conseiller adjoint à la sécurité nationale dans l'administration Clinton, a trouvé l'émergence de Bush en tant que voix du mondialisme assez intrigante, dans la mesure où il s'agit d'une trahison déterminée de ce qui avait été l'opposition républicaine traditionnelle à l'ingérence internationale. Steinberg a déclaré au New York Times le 21 janvier 2005 qu'il est "tout à fait remarquable que l'une des notions auxquelles les républicains ont tant résisté soit l'idée d'une profonde interdépendance dans le monde, et que maintenant [Bush ait] essentiellement adopté l'idée que la tyrannie, où qu'elle soit, menace la liberté, où qu'elle soit" ( ).

De même, Robert Kagan, l'une des voix les plus agressives des médias néo-conservateurs, s'est fait l'écho - dans une perspective différente - de l'American Free Press (AFP), basée à Washington, lorsqu'il a écrit dans le Post du 23 janvier 2005 que les "objectifs de Bush sont désormais l'antithèse du conservatisme". Il a déclaré sans ambages : "Ils sont révolutionnaires" : "Ils sont révolutionnaires". Ce que Kagan a omis de mentionner, c'est la similitude frappante entre le bushisme et le trotskisme.

Dans son éditorial du 31 janvier 2005, l'AFP avait qualifié Bush - pas dans la même veine amicale que l'écrit Kagan - de "révolutionnaire", au grand dam de nombreux conservateurs traditionnels qui - inexplicablement - considéraient toujours le président comme la voix du patriotisme américain.

Ces personnes ignoraient (et ignorent toujours) manifestement que ce que l'on appelle le "néoconservatisme" n'a rien à voir avec ce que les Américains ont longtemps considéré comme "conservateur" au sens nationaliste américain traditionnel du terme.

Cependant, le sioniste Robert Kagan comprend cette distinction et c'est précisément la raison pour laquelle il a déclaré que "Bush pourrait perdre le soutien de la plupart des conservateurs à l'ancienne" une fois qu'ils auront pris conscience de la nature de sa nouvelle politique internationaliste. Bref, les conservateurs se sont fait "avoir". C'est pourquoi l'AFP rappelle à ses lecteurs de ne pas oublier ce que Jésus a dit : "Méfiez-vous des loups déguisés en brebis" ou plutôt "Méfiez-vous des chèvres de Judas".

En attendant, l'influence de Sharansky sur le républicanisme américain - sous George Bush et dans les années à venir - reste substantielle. En fait, il existe une nouvelle marque de républicanisme, du moins selon Ken Mehlman, que le président George W. Bush a personnellement choisi, après l'élection de 2004, pour présider le Comité national républicain (M. Mehlman a quitté son poste en 2007). (Dans un discours prononcé le 14 mars 2005 à Washington devant l'American Israel Public Affairs Committee (AIPAC), le lobby d'Israël, le président national du GOP, alors fraîchement nommé, s'est décrit avec franchise et enthousiasme comme un "républicain Sharansky".

Ce qui est frappant, c'est qu'il semble que ce soit la première fois dans l'histoire américaine que le président d'un des comités nationaux du parti utilise le nom et l'idéologie d'un dirigeant politique d'une nation étrangère - et d'une personnalité connue comme "extrémiste" de surcroît - pour décrire sa propre idéologie.

Dans le passé, il y avait des "républicains Taft" qui se définissaient eux-mêmes comme des partisans des ambitions présidentielles du sénateur nationaliste et traditionnellement conservateur Robert Taft de l'Ohio - populairement connu sous le nom de "M. Republican" - qui a été le leader incontesté du bloc "America First" au Congrès de 1936 jusqu'à sa mort prématurée (et, selon certains, "suspecte") en 1953.

Plus tard, il y a eu les "républicains Goldwater" conservateurs qui, sous la direction du sénateur Barry Goldwater (Ariz.), ont préparé le terrain pour l'ascension des "républicains Reagan" qui ont pris le pouvoir en 1980 sous la direction de Ronald Reagan, un président populaire qui a effectué deux mandats.

Parallèlement, en opposition aux républicains de Taft et de Goldwater, des républicains plus libéraux et internationalistes se sont ralliés au gouverneur de New York Thomas E. Dewey et à l'avocat de Wall Street Wendell Willkie, se surnommant naturellement "républicains Dewey" et "républicains Willkie".

Plus tard, bien sûr, nombre de ces mêmes dirigeants de partis se sont transformés en "républicains Rockefeller", à la suite du gouverneur de l'État de New York, Nelson Rockefeller. Et il y a même eu quelques personnes, pendant un certain temps, qui se sont appelées "Républicains Eisenhower", soulignant leur soi-disant point de vue "courant, modéré" (quelle que soit la définition) dans l'esprit du 35e président des États-Unis, Dwight D. Eisenhower.

Aujourd'hui, le président national du GOP ne se définit pas comme un "républicain Reagan" ni même comme un "républicain Bush" (du nom du président du GOP en exercice, qui jouissait d'une grande popularité auprès des membres de base de son parti), mais salue un dirigeant étranger - un extrémiste notoire - comme le modèle de ce qu'est le républicanisme du XXIe siècle.

Il s'agit là d'un héritage direct de George W. Bush qui a si fièrement installé Sharansky comme l'un des dictateurs idéologiques du Parti républicain, trahissant ainsi l'héritage historique du Parti républicain. La politique de Sharansky visant à promouvoir la "démocratie mondiale" n'est guère dans la tradition américaine, mais elle fait désormais partie intégrante de ce qu'est le Parti républicain "moderne".

Tous ces éléments, pris ensemble, soulèvent des questions quant à l'orientation de la future politique étrangère américaine. Il apparaît d'ores et déjà que les éléments sionistes purs et durs qui entourent George W. Bush ont à l'esprit les guerres et les provocations à venir.

Bien que la soi-disant "guerre mondiale contre le terrorisme" vise ceux que les néo-conservateurs pro-israéliens appellent désormais les "islamo-fascistes" (rappelant commodément le méchant préféré de la juiverie mondiale au XXe siècle : le fascisme), il y a manifestement beaucoup plus à venir, si la rhétorique des "grands prêtres de la guerre" doit être examinée et prise au sérieux.

Outre l'Iran et la Syrie, qui sont depuis longtemps dans le collimateur des faucons sionistes, trois autres pays (la Russie, la Chine et le Venezuela) semblent désormais être les cibles privilégiées de Bush et de ses serviteurs néo-conservateurs. Ces pays ne semblent pas entrer dans la catégorie de la "démocratie" que Sharansky et Bush sont si déterminés à promouvoir à l'échelle mondiale, et même un examen superficiel de la couverture médiatique et de la rhétorique des néo-conservateurs concernant ces nations indique clairement que la guerre - qu'elle soit "froide" ou "chaude" - pourrait bien se profiler à l'horizon. Et les Américains paieront pour ces guerres et les mèneront.

Les chèvres de Judas néo-conservateurs américains et leurs collaborateurs du lobby pro-israélien à Washington ont déjà tiré les premiers coups de canon d'une nouvelle guerre froide contre le dirigeant russe Vladimir Poutine, qui fait de plus en plus l'objet de critiques acerbes et de questions hostiles sur son "engagement en faveur de la démocratie".

Il reste à savoir si Poutine sera considéré comme le "nouvel Hitler" ou le "nouveau Staline", mais des indications récentes suggèrent que la guerre sioniste contre le nationalisme russe a maintenant été lancée sur le sol américain.

La grande question est de savoir si les Américains seront trompés et entraînés dans une nouvelle guerre qui n'est pas nécessaire et qui ne devrait pas être menée.

La vérité est que l'hostilité des néo-conservateurs à l'égard de Poutine découle précisément du fait que Poutine n'a pas été perçu comme attentif aux exigences de l'Israël sioniste.

C'est pourquoi Poutine et les nationalistes russes sont désormais la cible de l'élite sioniste internationale.

Bien que l'hostilité naissante des néo-conservateurs à l'égard de Poutine ait été largement débattue dans les publications pro-israéliennes à petit tirage et dans les journaux de la communauté juive américaine, ce n'est que plus tard que des publications grand public telles que The Weekly Standard et The New York Times, pour ne citer que les plus importantes, ont commencé à se faire l'écho de ces préoccupations concernant Poutine, un peu comme si les grands quotidiens prenaient l'initiative des autres journaux. De plus en plus, cependant, l'idée que "Poutine est un ennemi possible" est désormais présentée à l'Américain moyen, par l'intermédiaire des médias.

Une autre préoccupation majeure à l'égard de M. Poutine tient au fait qu'il s'est vivement opposé à la poignée de milliardaires ploutocrates de Russie (dont beaucoup ont également la nationalité israélienne) qui ont pris le contrôle de l'économie russe avec la connivence du dirigeant russe de l'époque, Boris Eltsine, à la suite de l'effondrement de l'ex-Union soviétique.

Il est clair qu'au fur et à mesure que Poutine s'attaquait aux oligarques milliardaires qui pillaient l'économie russe (et qui, dans certains cas, se réfugiaient en Israël), les principaux médias écrits et audiovisuels américains ont commencé à s'en prendre de plus en plus au dirigeant russe.

Une publication américaine pro-israélienne pure et dure, The New Republic, a soulevé la question le 24 septembre 2004 : "affirmant que, que Poutine reste personnellement au pouvoir ou non, il existe un mouvement grandissant - de nature "nationaliste" - qui exerce une grande influence au sein de la population russe. Le New Republic s'inquiète de la possibilité d'une "révolution fasciste", c'est-à-dire d'un mouvement hostile aux oligarques israéliens (ayant des liens avec la criminalité internationale) qui ont pillé l'économie russe. De même, plus tôt, dans son livre de 1995, Russia : A Return to Imperialism, l'universitaire israélien Uri Ra'anan, basé à l'université de Boston, s'inquiétait du fait que la Russie post-soviétique pourrait constituer une menace pour l'Occident (c'est-à-dire pour Israël et les intérêts sionistes en Occident).

Ces travaux font écho à des auteurs tels que Jonathan Brent et Vladimir Naumov qui, dans leur livre de 2003 intitulé Stalin's Last Crime, concluent en disant que "Staline est une possibilité perpétuelle", laissant ouverte la proposition théorique selon laquelle Poutine, ou d'autres futurs dirigeants russes en puissance, pourraient finalement émerger en tant qu'héritiers de l'héritage antisioniste de Staline.

Dans la foulée, l'influent Council on Foreign Relations (CFR) a officiellement déclaré, à toutes fins utiles, une nouvelle "guerre froide" à l'encontre de la Russie.

Puissante branche new-yorkaise du Royal Institute on International Affairs, basé à Londres et financé par la famille Rothschild, grand mécène d'Israël, le CFR a été, pendant des années, sous la domination de la famille Rockefeller des États-Unis.

Ces dernières années, cependant, un important financier pro-israélien, Maurice "Hank" Greenberg, est apparu comme une figure clé du CFR. De même, bien que dans le passé le CFR ait souvent été décrit (dans les médias contrôlés par les juifs) comme la voix de l'establishment protestant anglo-saxon blanc en matière de politique étrangère, la vérité est que le CFR compte un nombre démesurément élevé de juifs américains qui sont de fervents partisans d'Israël.

Quoi qu'il en soit, en ce qui concerne la Russie de Poutine, le CFR a annoncé fin 2005 la formation d'un nouveau "groupe de travail bipartisan" chargé d'étudier les relations entre les États-Unis et la Russie. Le CFR était à la tête de cette nouvelle unité pour surveiller - en fait, faire pression - sur la Russie afin qu'elle suive les diktats des États-Unis dans le cadre de la poussée de l'administration Bush en faveur de la démocratie mondiale, un thème énoncé par le mentor intellectuel de Bush, Natan Sharansky, né en Union soviétique (mais non Russe).

Actuellement figure de proue des affaires politiques israéliennes, Sharansky a été la force motrice de la politique étrangère de Bush, reconnu comme tel par ce dernier.

Certains diront que ce n'est qu'une coïncidence si le 7 décembre 2005, jour anniversaire de Pearl Harbor, les deux journaux les plus influents du pays, le New York Times et le Washington Post, qui reprennent tous deux les déclarations du CFR et de l'élite (pro-israélienne) de la politique étrangère, se sont livrés à des attaques virulentes contre le président russe Vladimir Poutine.

Le New York Times a proposé à ses lecteurs un article d'opinion intitulé "Moscow's Empty Red Square". Ce commentaire, qui accusait la Russie de Poutine de "devenir de moins en moins démocratique", était signé par le candidat démocrate à la vice-présidence en 2004, l'ancien sénateur John Edwards (Caroline du Nord), et par le candidat républicain à la vice-présidence en 1996, Jack Kemp. Il se trouve que ce duo partageait la présidence du groupe de travail sur la politique américaine à l'égard de la Russie qui venait d'être mis en place par le CFR.

En s'attaquant à Poutine, Edwards et Kemp ont déclaré que "la Russie est confrontée à un choix entre entrer dans le courant principal du monde moderne ou se piéger dans un tourbillon de réaction et d'isolement".

Les porte-parole du CFR ont dit à Poutine qu'il devait mettre en veilleuse la législation proposée qui réprimerait l'opposition intérieure. Cette déclaration intervient à un moment où de nombreux législateurs et leaders d'opinion russes s'expriment ouvertement sur le pouvoir des groupes sionistes nationaux considérés comme gênants pour la Russie, notamment en raison de leurs liens internationaux et de leurs liens avec les oligarques milliardaires et les forces alliées en Israël.

En synchronisation étonnante avec l'attaque du 7 décembre du duo du CFR contre Poutine dans le New York Times, le même jour, le Washington Post - juste une "coïncidence", bien sûr - a publié un éditorial intitulé "L'agenda anti-démocratique" qui soulève la question : "La Russie est-elle un partenaire des États-Unis dans la guerre contre le terrorisme ?

Le Post poursuit en affirmant : "Vous ne le sauriez pas en voyant la campagne acharnée que Moscou mène pour contrecarrer le programme démocratique du président Bush en Asie centrale musulmane", en référence au soutien de Poutine au président ouzbek Islam Karimov et à ce que le Post appelle "un bloc émergent de dictatures dirigées par Moscou", comprenant la Biélorussie, le Turkménistan et le Kazakhstan. Le Post a noté l'aide apportée par Poutine aux dirigeants de ces nations et a ensuite demandé une réponse à cette question : "Est-ce l'acte d'un partenaire ou d'un adversaire ?" Le Post a déclaré qu'il était temps pour le président Bush "d'arrêter d'esquiver cette question". Il est clair que la réponse du Post à la question était implicite dans sa question.

Le fait que ces attaques les plus puissantes contre Poutine se soient produites en même temps, le 7 décembre, a frappé de nombreux observateurs de la Russie comme étant très intéressant et symbolique, c'est le moins que l'on puisse dire.

Plusieurs mois plus tard, le rapport du CFR sur Poutine - prétendument préparé sous la direction des Edwards et Kemp susmentionnés - a été publié et ses conclusions n'auguraient rien de bon pour Poutine. Le dirigeant russe était clairement dans la ligne de mire des puissants intérêts internationaux souvent vaguement décrits comme le "Nouvel ordre mondial".

À la surprise générale, le rapport de la "task force bipartisane" du CFR reprenait et énonçait formellement les mêmes thèmes qu'Edwards et Kemp avaient déjà esquissés dans leur attaque du 7 décembre contre Poutine.

Le rapport du CFR insiste pour que l'administration Bush adopte une ligne dure à l'égard de Poutine. Le CFR affirme que la politique de Poutine n'est peut-être pas dans l'intérêt des États-Unis. Le rapport précise que "l'idée même d'un partenariat stratégique [entre les États-Unis et la Russie] ne semble plus réaliste". En d'autres termes, le CFR a déclaré une nouvelle "guerre froide" contre la Russie.

Et maintenant, dans la foulée de la publication de ce rapport du CFR, il y a des rumeurs (de sources inconnues) selon lesquelles la Russie aurait transmis des secrets militaires américains au gouvernement de Saddam Hussein avant l'invasion par les États-Unis de la république arabe aujourd'hui détruite. Ces rumeurs, qui ont fait l'objet d'une grande attention de la part des principaux médias américains, ne font qu'alimenter la frénésie anti-Poutine qui s'est déjà déclenchée. Toutefois, avant que les patriotes américains ne sautent dans le train anti-Poutine et anti-Russie, ils devraient garder un œil sur les forces qui l'animent.

Essentiellement, avec les néo-conservateurs américains qui s'opposent maintenant à Poutine, c'est comme si nous assistions à un rajeunissement de la guerre contre le nationalisme russe menée par les trotskistes, réaménagée en fonction des considérations géopolitiques du XXIe siècle.

Aujourd'hui, contrairement à la première moitié du XXe siècle, avant la création de l'État d'Israël, le rôle central de cet État du Moyen-Orient dans la vision néoconservatrice du monde ne peut être sous-estimé, car l'inquiétude au sujet d'Israël est une considération de premier plan dans la campagne néoconservatrice contre Poutine.

Mais Poutine et le phénomène nationaliste russe qu'il a redynamisé ne sont pas la seule cible du sionisme et de la machine de guerre américaine, aujourd'hui aux mains des alliés néo-conservateurs d'Israël.

Bien que pendant des années, notre soi-disant "allié" Israël ait vendu des quantités massives d'armes conventionnelles et fourni (à la fois directement et indirectement) la technologie de défense américaine (y compris l'expertise nucléaire) à la Chine rouge, cela a clairement et définitivement reçu l'imprimatur du lobby israélien à Washington.

Aujourd'hui, cependant, grâce à la rhétorique de ces mêmes néo-conservateurs, le tambour de la guerre contre la Chine est dans l'air. Les mêmes forces qui ont aidé la Chine à construire sa machine militaire au cours des 25 dernières années brandissent aujourd'hui le spectre de la Chine comme un danger pour l'Amérique. Depuis plusieurs années, la Chine est de plus en plus considérée comme un nouvel "ennemi" potentiel, un ennemi qui, selon les partisans de la guerre contre la Chine, pourrait devoir faire l'objet d'une action militaire américaine.

Toutefois, ceux qui osent y regarder de plus près trouveront d'autres forces à l'œuvre dans cette rhétorique anti-chinoise.

Notez ceci : le 23 avril 2001, le journal pro-israélien New Republic, publié par le "libéral" Martin Peretz, a pris une position sans équivoque contre la Chine. Pas moins de quatre articles majeurs ont été publiés dans ce seul numéro de sous le thème "Un ennemi pour notre temps" : "Un ennemi pour notre temps". Sur la couverture, une photo menaçante de soldats chinois au visage sombre, armés de mitrailleuses, s'avance vers le lecteur.

Puis, le 30 avril 2001, le Weekly Standard - propriété du milliardaire Rupert Murdoch et édité par le propagandiste néo-conservateur William Kristol - a adopté une ligne dure à l'égard de la Chine dans une série d'articles dont le ton et la rhétorique ne diffèrent guère de ceux de l'homologue "libéral" du Standard, The New Republic.

Ce qui est remarquable, c'est que ni The New Republic ni The Weekly Standard n'ont cité une seule fois l'élément principal qui a permis à l'énorme machine de guerre chinoise (qui ne cesse de croître) d'atteindre le niveau qu'elle a atteint aujourd'hui : Cela n'a surpris personne qui savait que The New Republic et The Weekly Standard - malgré leurs différences cosmétiques entre "libéraux" et "conservateurs" - ont tous deux été des relais médiatiques bruyants et enthousiastes de la propagande du lobby pro-israélien : Israël ne peut pas faire de mal - et cela inclut l'armement de la Chine.

Il ne faut pas s'y tromper. Tout au long de son histoire, qui précède celle des États-Unis de plusieurs dizaines de siècles, la Chine (bien avant qu'elle ne tombe aux mains des communistes) a toujours eu et aura toujours son propre agenda géopolitique.

Toutefois, il convient de se demander si la Chine doit être considérée comme un "ennemi" de l'Amérique.

Pourquoi, soudainement, des voix influentes "conservatrices" et "libérales" représentant les intérêts sionistes ont-elles uni leurs forces pour battre le tambour de la guerre contre la Chine ?

Ne vous réjouissez pas de la conclusion selon laquelle "les libéraux ont enfin compris". Au contraire, il est temps pour les patriotes américains de se réveiller.

La Chine est aujourd'hui désignée, selon les termes de The New Republic, comme "l'ennemi de notre temps". Dans le passé, c'était le Kaiser. Puis Adolf Hitler.

Puis l'Union soviétique. Et maintenant, avec le monde musulman, la Chine est soudain dans le collimateur des "grands prêtres de la guerre". Un programme plus vaste est à l'œuvre. Une "longue lutte avec la Chine nous attend", a déclaré The New Republic, et, sans surprise, The Weekly Standard a abondé dans le même sens.

Ces derniers jours, des "préoccupations" similaires concernant la Chine ont été soulevées dans un large éventail de revues influentes - en particulier dans le royaume néoconservateur de Sharansky-Bush - et de nombreux commentaires dans les médias reviennent sans cesse sur le thème selon lequel la Chine est un "ennemi" ou un "ennemi potentiel". La liste de ces prises de position anti-chinoises est sans fin, mais en voici un exemple notable et prééminent :

Dans un article paru dans le quotidien néo-conservateur Washington Times le 15 novembre 2005 ( ), Frank Gaffney Jr est allé jusqu'à dire que George W. Bush devrait faire comprendre aux dirigeants chinois que la puissance des États-Unis pourrait bien être utilisée pour "aider le peuple chinois à se libérer d'un régime qui l'opprime et qui nous menace de plus en plus".

Le susnommé Gaffney est un acteur de longue date du réseau néo-conservateur pro-israélien à Washington, depuis l'époque où il était l'assistant (aux côtés de l'omniprésent cerveau géopolitique sioniste, Richard Perle) du sénateur Henry M. Jackson (D-Wash.), l'un des plus fervents défenseurs d'Israël au Capitole. Le bellicisme de Gaffney n'est donc pas simplement le fait d'un agitateur peu remarqué.

Le fait que ces voix pro-israéliennes soient si déterminées à lever les armes contre la Chine - alors que, depuis le début, c'est leur nation préférée, Israël, qui armait la Chine - est un phénomène intriguant. Même en pleine guerre froide contre l'URSS, les élites capitalistes occidentales étaient engagées dans des affaires lucratives avec le Kremlin, avec des banques comme la Chase Manhattan et d'autres grandes entreprises qui s'alignaient pour faire des affaires avec leurs ennemis "anticapitalistes".

Et comme nous l'avons noté dans Les grands prêtres de la guerre, ce sont les partisans "néoconservateurs" purs et durs d'Israël qui ont joué un rôle majeur en attisant les sentiments antisoviétiques aux États-Unis, en agitant le spectre de ce qui était en réalité un "accroissement des armements soviétiques" fortement surestimé alors qu'en fait, l'URSS était sur le point de s'effondrer.

En outre, les guerres "sans issue" menées en Corée et au Viêt Nam s'inscrivaient dans le cadre d'un plan plus vaste. En cours de route, Saddam Hussein en Irak, les ayatollahs d'Iran et plus tard le président iranien Mahmoud Ahmadenijad - parmi d'autres - se sont vus accorder une place de choix dans le panthéon de la méchanceté orchestré par les médias.

Le peuple américain - clairement et contrairement à ce qu'il peut dire ou vouloir croire - semble aimer la guerre. Et les ploutocrates et leur presse fantoche (de concert avec les puissants sionistes) sont toujours prêts à en inventer une nouvelle pour satisfaire la demande populaire.

Aujourd'hui, les faiseurs d'opinion "conservateurs" et "libéraux", qui font office de propagande pour l'élite ploutocratique qui contrôle les principaux médias, disent au peuple américain de se préparer à la guerre.

Et si nous ne sommes pas sur le point de nous attaquer à la Chine, nous avons un nouvel "ennemi" à quelques heures de route au sud, qui se prête parfaitement à la "diplomatie de la canonnière" américaine à l'ancienne.

Hugo Chavez, l'homme fort nationaliste vénézuélien haut en couleur, est désormais officiellement la cible du réseau impérialiste néo-conservateur pro-israélien qui dirige incontestablement la politique de l'administration Bush.

Bien que les grands médias aient présenté l'appel de l'évangéliste Pat Robertson à l'assassinat de Chavez par les États-Unis comme une sorte d'accès d'insouciance - que l'administration Bush a officiellement dénoncé, quoique de manière peu convaincante, et pour lequel Robertson a présenté ses propres "excuses" peu sincères - les faits montrent que les "néo-cons" pro-israéliens ont l'image de Chavez sur leur fléchette depuis un certain temps déjà.

Le fait est que depuis l'arrivée au pouvoir de Chavez en 1999, les "grands prêtres de la guerre" néoconservateurs - ainsi que leurs alliés dans les revues et les organes de propagande pro-israéliens aux États-Unis et dans le monde entier - n'ont cessé de marmonner que Chavez et son gouvernement étaient hostiles aux intérêts d'Israel et, par conséquent, "antisémites".

Chavez et ses partisans ont considéré (à juste titre) les remarques de Robertson comme un "ballon d'essai" lancé par Robertson en collaboration avec l'administration Bush - un stratagème pour attirer l'attention sur Chavez, perçu comme un ennemi d'Israël et de l'impérialisme Ce n'est probablement pas une coïncidence si l'appel de Robertson au meurtre de Chavez a été lancé le 22 août 2005, peu de temps après que le journal néo-conservateur The Weekly Standard ait critiqué Chavez dans son numéro du 8 août, affirmant que Chavez était "une menace pour plus que son propre peuple" et que Chavez était une menace pour la minuscule mais riche population juive du Venezuela - environ 22 000 personnes dans une nation de 22 pays. 8 août, affirmant que Chavez était "une menace pour plus que son propre peuple" et que Chavez était une menace pour la minuscule mais riche population juive du Venezuela - environ 22 000 personnes dans une nation de 22 millions d'habitants.

Le Standard a déploré le fait que la télévision d'État vénézuélienne ait diffusé un reportage spéculant que le Mossad israélien pourrait être lié à l'assassinat d'un fonctionnaire local au Venezuela. Des fonctionnaires de police ont effectué une descente dans une école juive qui, selon le gouvernement, abriterait des armes susceptibles d'avoir été impliquées dans le crime.

Cet acte de défense nationale, contre une menace perçue comme émanant de l'agence d'espionnage d'une puissance étrangère - Israël - a été présenté par le Standard comme une sorte d'action de la Gestapo à la manière d'Adolf Hitler.

Affirmant que "l'hostilité envers les Juifs est devenue l'une des caractéristiques du gouvernement vénézuélien", le Standard a cité un "rapport sur l'antisémitisme mondial" du département d'État américain qui prétendait documenter, selon les termes du Standard, "à quel point le gouvernement vénézuélien est désormais ouvertement antisémite". Le journal pro-israélien s'inquiète particulièrement du fait que l'un des plus proches conseillers de Chavez était feu Norberto Ceresole.

Décrit comme "un écrivain argentin tristement célèbre pour ses livres niant l'Holocauste et ses théories conspirationnistes sur les plans juifs de contrôle de la planète", le livre de Ceresole saluant Chavez soulève avec force, dans son premier chapitre, des questions sur l'influence sioniste dans le monde.

Chavez a refusé de reculer face aux critiques sionistes. En 2000, lorsqu'il a annoncé un voyage en Irak pour rendre visite à Saddam Hussein, Chavez a raillé les critiques des médias néo-conservateurs en déclarant : "Imaginez ce que diront les pharisiens lorsqu'ils me verront avec Saddam Hussein".

En fait, les plaintes des partisans d'Israël à l'encontre de Chavez remontent aux premières années de son mandat ( ). En 2000, l'Institut Stephen Roth sur l'antisémitisme et le racisme de l'Université de Tel Aviv en Israël a publié un rapport sur l'antisémitisme dans le monde en 1999/2000 qui visait Chavez en termes très clairs, déclarant : "Le Venezuela a connu une transformation politique spectaculaire depuis les élections générales de 1998, qui a eu un impact négatif sur la communauté juive : Le Venezuela a connu une transformation politique spectaculaire depuis les élections générales de 1998, qui a eu un impact négatif sur la communauté juive. La froideur de la nouvelle administration à l'égard de la communauté et d'Israël a encouragé l'antisémitisme, en particulier dans la presse grand public... Certains observateurs [soulignent] les relations étroites du président avec la Libye, l'Irak et l'Iran, ce qui expliquerait également son hostilité à l'égard d'Israël.

Le rapport évoque également le spectre de l'amitié de Chavez avec le dénommé Ceresole, "l'antisémite argentin bien connu", soulignant ainsi que Chavez est considéré comme un ennemi d'Israël.

Pendant ce temps, bien que les Américains qui ont entendu parler de la provocation de Robertson contre Chavez aient été informés par les médias que

Chavez était un "gauchiste" et un "ami de Fidel Castro" - des accusations qui ne manqueront pas d'enflammer de nombreux Américains - le fait que le réseau pro-israélien avait une dent contre Chavez a été gardé secret. Les critiques du lobby israélien à l'égard de Chavez ont été confinées à des revues à faible tirage mais influentes (telles que The Weekly Standard) lues presque exclusivement par des fanatiques pro-israéliens tels que Robertson et d'autres "partisans de la ligne dure".

Cependant, afin de manipuler les Américains, les grands médias ont aidé l'administration Bush en attisant les craintes de voir Chavez représenter une nouvelle "menace communiste", alors que rien ne pourrait être plus éloigné de la vérité. En réalité, Chavez s'inspire (et inspire sa révolution) de la tradition de Simon Bolivar, qui a libéré les provinces andines de la couronne impériale espagnole et qui (même dans les textes traditionnels d'histoire américaine) a été appelé "le George Washington de l'Amérique du Sud".

Bien que Chavez soit un critique du super-capitalisme mondial rampant, qu'il qualifie de "démon", Alma Guillermoprieto a souligné dans l'édition du 6 octobre 2005 de la New York Review of Books qu'"un grand nombre d'hommes d'affaires ont prospéré sous son règne, et il a clairement indiqué qu'il voyait un rôle important pour le secteur privé et, plus particulièrement, pour l'investissement étranger". Chavez est donc loin d'être un "communiste", malgré la désinformation des médias. Et en ce qui concerne Castro, qui est au crépuscule de sa vie, le fait que Chavez ait été amical envers Castro - comme l'ont été pratiquement tous les dirigeants d'Amérique du Sud, sans parler de ceux qui se trouvent sur le site - n'est pas une "preuve" que Chavez est un "communiste".

Cependant, lorsque Robertson a appelé au meurtre de Chavez dans son 700 Club - une émission incontournable pour de nombreux républicains de base - il a envoyé un message fort et clair : "Nous n'aimons pas Chavez".

Le "nous" dans ce cas était les néo-conservateurs et leurs alliés en Israël qui collaborent étroitement avec Robertson et d'autres évangélistes télévisés de la "droite chrétienne" qui ont fourni au lobby israélien une base de soutien fervente (et puissante).

En fin de compte, tous ces coups de sabre mondialistes au nom d'une forme mal définie de "démocratie" telle que la conçoit le mentor philosophique de George W. Bush, Natan Sharansky, ne permettent guère à l'Amérique de se faire de nouveaux amis à l'étranger. Au contraire, elle se fait de plus en plus d'ennemis et prépare le terrain pour les désastres futurs de la politique étrangère...

Entre-temps, le Dr Mahathir Mohamad, souvent décrit comme le "père de la Malaisie moderne" et respecté depuis longtemps comme le porte-parole des pays en développement, ne recule pas devant ces provocations belliqueuses. Il s'exprime avec passion et franchise.

Dans une interview accordée en 2005 au journal britannique Guardian, le premier ministre malaisien de longue date (qui a pris sa retraite en 2003) a déclaré que l'administration Bush était un "régime voyou" et a dénoncé son allié, le premier ministre britannique Tony Blair, comme un "menteur avéré" pour avoir propagé la désinformation mise en avant par Bush et ses conseillers politiques pro-israéliens.

Ce Malaisien au franc-parler, qui jouit d'une grande estime dans l'ensemble du tiers-monde, a suscité une vive émotion en 2003 lorsqu'il a déclaré, au cours d'une longue conférence devant un rassemblement international de dirigeants de pays musulmans, que "les juifs dirigent le monde par procuration", ce qui n'était qu'un bref commentaire dans un long discours, mais qui a suffi à déclencher une frénésie médiatique mondiale. Cependant, le Dr Mahathir a déclaré au Guardian qu'il n'était pas prêt à retirer ses remarques. Il a déclaré :

Les politiciens [américains] ont une peur bleue des Juifs, car quiconque vote contre les Juifs perdrait les élections. Les Juifs d'Amérique soutiennent les Juifs d'Israël. Israël et d'autres Juifs contrôlent la nation la plus puissante du monde. C'est ce que je veux dire [que les Juifs contrôlent le monde]. Je maintiens ce point de vue.

Les commentaires acerbes de M. Mahathir sur le comportement des États-Unis, notamment en ce qui concerne leur engagement au Moyen-Orient, reflètent non seulement l'opinion musulmane, mais aussi l'opinion croissante en Europe et ailleurs. Mahathir a déclaré au Guardian :

Les États-Unis sont la nation la plus puissante. Ils peuvent ignorer le monde entier s'ils veulent faire quoi que ce soit. Ils enfreignent le droit international. Ils arrêtent des personnes en dehors de leur pays ; ils les inculpent en vertu de la loi américaine. Ils les tuent ...

C'est de la terreur [et] les États-Unis sont aussi coupables de terrorisme que les gens qui ont écrasé leurs avions sur les bâtiments ... Bush ne comprend pas le reste du monde. Il pense que tout le monde devrait être un néocon comme lui.

Venant de l'un des principaux dirigeants musulmans du monde, qui a exhorté ses coreligionnaires à rejeter le terrorisme et l'extrémisme, l'évaluation par le Dr Mahathir de la guerre déclarée par les États-Unis contre le terrorisme est particulièrement pertinente et constitue un avertissement très concret pour les décideurs américains qui sont attachés aux intérêts d'Israël : Même si vous attrapez Ben Laden, vous ne pouvez pas être sûr qu'il n'y aura pas d'autre Ben Laden. Il est impossible de faire signer un traité de paix à des terroristes.

La seule façon de vaincre la terreur est de s'attaquer aux causes fondamentales. Ils ne se font pas exploser sans raison, ils sont en colère, ils sont frustrés. Et pourquoi sont-ils en colère ? Regardez la situation palestinienne. Cinquante ans après la création de l'État d'Israël, les choses vont de mal en pis.

Si vous ne réglez pas ce problème, la guerre contre le terrorisme ne prendra pas fin. Combien de temps allez-vous continuer à examiner les chaussures des gens ?

Mahathir comme une "théorie du complot du monde musulman", rappelez-vous que, comme indiqué précédemment, le Forward, éminent journal juif basé à New York, a rapporté le 11 mai 2005 que Barry Jacobs, de l'American Jewish Committee, avait accusé des hauts fonctionnaires de la communauté du renseignement américain d'être hostiles à Israël et de faire la guerre aux lobbyistes pro-israéliens et à leurs alliés néoconservateurs au sein de l'administration Bush.

Forward rapporte que Jacobs estime, selon le résumé de Forward, que "l'idée que les Juifs américains et les néo-conservateurs du Pentagone ont conspiré pour pousser les États-Unis à entrer en guerre contre l'Irak, et peut-être aussi contre l'Iran, est omniprésente au sein de la communauté du renseignement de Washington".

En fait, les préoccupations de Jacobs sont valables, comme nous l'avons démontré en détail dans ce volume. L'influence considérable du lobby juif en Amérique suscite de plus en plus d'inquiétudes, comme il se doit.

Le fait est que les politiques de George W. Bush ne sont pas seulement une source d'inquiétude pour les pays arabes et musulmans, ou pour la Russie, la Chine ou même le Venezuela. Beaucoup de bons Américains (y compris dans les hautes sphères) voient un réel danger dans ces politiques. Et de nombreuses personnes dans le monde reconnaissent que ces Américains partagent leurs préoccupations.

ans le cadre de ses efforts pour barrer la route à l'impérialisme et aux guerres visant à faire progresser l'impérialisme, le Dr Mahathir de Malaisie a créé l'Organisation mondiale pour la paix Perdana, à laquelle nous avons fait référence plus haut dans cet ouvrage. Le 17 décembre 2005, le Dr Mahathir et les participants à un forum spécial de l'organisation ont annoncé l'initiative de Kuala Lumpur visant à criminaliser la guerre. Comme son nom l'indique, cette initiative et les efforts déployés pour promouvoir son message constituent un appel sérieux à une action mondiale visant à criminaliser la conduite de la guerre. L'initiative se lit comme suit :

L'INITIATIVE DE KUALA LUMPUR POUR CRIMINALISER LA GUERRE

Le Forum mondial pour la paix de Kuala Lumpur, qui réunit des peuples concernés des cinq continents

UNIS dans la conviction que la paix est la condition essentielle à la survie et au bien-être de la race humaine,

DÉTERMINÉS à promouvoir la paix et à préserver les générations futures du fléau de la guerre,

OUTRAGÉ par le recours fréquent à la guerre pour régler les différends entre les nations,

PRÉOCCUPÉS par le fait que les militaristes se préparent à de nouvelles guerres, TROUBLÉS par le fait que le recours à la force armée accroît l'insécurité pour tous,

TERRIFIÉS à l'idée que la possession d'armes nucléaires et le risque imminent de guerre nucléaire conduiront à l'anéantissement de la vie sur terre.

Pour parvenir à la paix, nous déclarons maintenant que :

- Les guerres impliquent de plus en plus souvent le meurtre d'innocents et sont donc odieuses et criminelles.

- Les meurtres en temps de guerre sont aussi criminels que les meurtres au sein des sociétés en temps de paix.

- Puisque les meurtres en temps de paix sont soumis au droit pénal interne, les meurtres en temps de guerre doivent également être soumis au droit pénal international. Il devrait en être ainsi indépendamment du fait que ces meurtres en temps de guerre soient autorisés ou permis par le droit interne.

- Toutes les activités commerciales, financières, industrielles et scientifiques qui aident et encouragent la guerre devraient être criminalisées.

- Tous les dirigeants nationaux qui prennent l'initiative d'une agression doivent être soumis à la juridiction de la Cour pénale internationale.

- Toutes les nations doivent renforcer leur détermination à accepter les objectifs et les principes de la Charte des Nations unies et à mettre en place des méthodes pour régler les différends internationaux par des moyens pacifiques et renoncer à la guerre.

- Il ne sera pas fait usage de la force armée, sauf si cela est autorisé par une résolution adoptée à la majorité des deux tiers de l'ensemble des membres de l'Assemblée générale des Nations unies.

- Tous les législateurs et tous les membres du gouvernement doivent affirmer leur foi en la paix et s'engager à œuvrer pour la paix.

- Les partis politiques du monde entier doivent faire de la paix l'un de leurs principaux objectifs.

- Des organisations non gouvernementales engagées dans la promotion de la paix devraient être créées dans tous les pays.

- Les fonctionnaires et les professionnels, en particulier dans les domaines médical, juridique, éducatif et scientifique, doivent promouvoir la paix et lutter activement contre la guerre.

- Les médias doivent s'opposer activement à la guerre et à l'incitation à la guerre et promouvoir consciemment le règlement pacifique des différends internationaux.

- Les médias de divertissement doivent cesser de glorifier la guerre et la violence et cultiver au contraire l'éthique de la paix.

- Tous les chefs religieux doivent condamner la guerre et promouvoir la paix.

À cette fin, le Forum décide d'établir un secrétariat permanent à Kuala Lumpur pour :

Mettre en œuvre cette initiative.

S'OPPOSER aux politiques et aux programmes qui incitent à la guerre. DEMANDENT la coopération des [organisations non gouvernementales] du monde entier pour atteindre les objectifs de cette initiative.

Les nationalistes américains - les vrais patriotes de l'Amérique - partagent l'esprit de l'initiative de Kuala Lumpur. Et les Américains doivent se rallier tous ensemble - et avec d'autres dans le monde entier - pour barrer la route aux fauteurs de guerre impériaux. Nous devons faire preuve d'une grande prudence avant de nous "rallier au drapeau" et de sauter dans le ou les bandwagons pro-guerre qui s'assemblent sous nos yeux.

George Bush est censé quitter ses fonctions en janvier 2009. Cependant, d'autres tenteront de poursuivre les dangereuses politiques impériales engendrées par les mensonges et la mauvaise gestion de l'ère Bush. Il incombe à tous les bons Américains - et à leurs nombreux amis dans le monde - de travailler ensemble pour mettre ces intrigants à genoux.

Un dernier mot ...

Que faut-il faire ?

Ce volume n'a jamais été conçu comme une analyse scientifique (ou un aperçu historique) de l'arsenal d'armes de destruction massive de l'État d'Israël. La vérité est que seuls les Israéliens connaissent précisément l'étendue de la puissance et des capacités de leur Golem. Et l'histoire (ou du moins une grande partie) des ambitions nucléaires d'Israël a déjà été examinée ailleurs.

Notre objectif est plutôt d'examiner le danger très réel que représente la bombe infernale d'Israël, un danger qui est amplifié, comme nous l'avons vu, par le fait que les dirigeants israéliens - tant ceux du "courant principal" que ceux de la "marge" (qui se rapproche de plus en plus du centre) - sont tout à fait capables de déclencher le Golem s'ils jugent une telle action nécessaire.

Aucune autre nation au monde n'a placé les armes nucléaires au cœur de son existence. Il n'y a pas d'autre nation dans le monde d'aujourd'hui qui perçoive son arsenal nucléaire comme quelque chose de sacré.

Ajoutons qu'il n'existe en fait aucune autre nation qui ait intégré dans sa philosophie fondatrice le concept selon lequel son peuple est un "peuple élu" qui occupe une place spéciale aux yeux de Dieu, qui est supérieur à tous les autres.

Bien que les rivalités et les préjugés ethniques et religieux aient souvent été au centre de controverses dans le monde entier, il n'existe aucune autre nation - à l'exception d'Israël - qui considère son propre peuple comme supérieur à tous les autres peuples et à toutes les autres cultures partout sur cette terre.

Et pourtant, malgré tout cela, Israël est une nation qui, même à l'intérieur, est en proie à des troubles intérieurs qui sont inévitablement rendus encore plus pénibles par les signes constants de corruption massive et de mauvaise gestion, dont les détails apparaissent occasionnellement dans la presse occidentale.

C'est ainsi que la stabilité et l'avenir même d'Israël, en tant que nation, restent incertains.

Alors qu'Israël et ses partisans voudraient nous faire croire que "les Arabes" et "les Musulmans" sont la plus grande menace pour la survie d'Israël, la réalité est qu'Israël lui-même est la plus grande menace pour son propre avenir et celui du peuple juif dans son ensemble.

Bien que de nombreuses personnes (en particulier les Américains, influencés par les médias) perçoivent Israël comme une "démocratie" unie et prospère, rien n'est plus éloigné de la vérité.

Le conflit entre les factions de l'élite juive (et du peuple) d'Israël est, à certains moments, presque aussi amer que le conflit entre Israël et les peuples du monde arabe.

En fin de compte, la minuscule nation d'Israël se présente comme une poudrière de premier ordre, les conflits incessants avec ses voisins ne faisant qu'aggraver le danger.

Pourtant, cette nation troublée et inquiétante de quelque 5 000 000 d'habitants - à peu près la taille de l'État du New Jersey - tient le monde en otage. C'est aussi simple que cela.

Grâce à la puissance de son lobby à Washington - qui dicte indéniablement la politique étrangère américaine - et à la présence du Golem nucléaire israélien (qui, par son existence, confère au lobby israélien de Washington une influence encore plus grande), cet État raciste troublé et inquiétant (qui n'est pas une démocratie, loin s'en faut) peut et doit désormais être considéré - de manière assez horrifiante - comme l'un des plus grands États du monde, par son existence, donne au lobby israélien de Washington encore plus d'influence), cet État raciste troublé et troublant (qui n'est pas une démocratie, loin s'en faut) peut et doit désormais être considéré - de manière assez horrifiante - comme l'une des nations les plus puissantes de la planète - si ce n'est la plus puissante - en vertu de la domination effective d'Israël sur les médias américains (et donc sur le gouvernement américain lui-même).

C'est Israël - et Israël seul - qui a entraîné l'Amérique dans la guerre honteuse et destructrice contre l'Irak, une guerre qui a chassé des millions de personnes de leurs foyers dans une nation autrefois prospère.

Combien de futurs terroristes ont été engendrés parmi les jeunes Irakiens qui vivent aujourd'hui ou sont destinés à vivre en exil ou dans des camps de réfugiés sordides, dans des rues déchirées par la guerre et dans des bâtiments bombardés, dans des villes et des villages autrefois prospères et ravagés par l'invasion américaine de leur pays natal, sous la direction d'Israël.

Aujourd'hui, les États-Unis sont au bord d'une nouvelle guerre inutile contre le peuple iranien. Et, une fois de plus, il s'agit d'une guerre "made in Israël".

Israël a creusé un fossé non seulement entre les États-Unis et les peuples arabes du Moyen-Orient, mais aussi entre les États-Unis et les musulmans du monde entier, sans parler des millions et des millions d'autres bonnes volontés qui n'apprécient pas les machinations mondiales de l'Amérique menées sous la direction d'Israël et de son lobby à Washington.

Les politiciens et les décideurs américains, les universitaires et les chefs militaires, les officiers de renseignement et les diplomates sont tous dans le collimateur : ceux qui osent s'opposer aux intrigues d'Israël sont menacés, soumis au chantage, au boycott, à la diffamation et, oui, à l'assassinat.

Chez nous, aux États-Unis, des mesures ont été mises en place - des lois telles que la loi dite "Patriot" - qui, bien qu'ostensiblement conçues pour "lutter contre le terrorisme", ne sont rien d'autre que des mécanismes de type policier d'État à l'ancienne visant à réduire la dissidence et à mettre en place un régime autoritaire. Mais l'avenir s'annonce bien pire, à moins, bien sûr, que les Américains et d'autres ne s'unissent pour mettre fin à cette folie, avant qu'il ne soit trop tard. Cela ne fait aucun doute. Comme je l'ai déjà dit : Le moment est venu. Il faut faire quelque chose.

Que faire alors ?

Tout d'abord, les officiers militaires américains à la retraite et les vétérans de tous grades qui comprennent la nature de l'influence pernicieuse d'Israël sur la politique américaine doivent s'unir pour utiliser leur bonne volonté parmi le peuple américain afin de faire connaître ce danger. Ils doivent à nouveau s'engager, comme ils l'ont fait auparavant, pour défendre l'Amérique. Et ils auront le soutien de la plupart des Américains de base s'ils osent le faire.

Nos vétérans de guerre américains doivent occuper le devant de la scène politique, si ce n'est en tant que candidats, du moins en tant que voix publiques inflexibles pour la paix, défiant le pouvoir du lobby israélien en Amérique.

Les candidats à la fonction publique qui vantent leur allégeance à Israël doivent être publiquement et bruyamment dénoncés, rabroués, démasqués en tant que pigeons achetés et payés. Les Américains doivent oublier les subtilités et mettre de côté la vieille théorie selon laquelle les fonctionnaires ont droit au respect. Tout homme politique qui continue à soutenir Israël n'a droit à aucun respect. Tout politicien qui soutient Israël devrait être chassé de son poste.

Les Américains doivent protester publiquement et bruyamment en dehors des véritables couloirs du pouvoir. Les Américains doivent oublier les piquets de grève à la Maison Blanche et au Congrès. Au lieu de faire venir 100 000 manifestants en colère contre la guerre à Washington pour défiler sur Pennsylvania Avenue, il devrait y avoir 10 000 manifestants en colère contre la guerre devant chaque synagogue et chaque organisation de la communauté juive dans chaque grande ville d'Amérique.

Ce sont les véritables centres du pouvoir politique aux États-Unis, les points de ralliement pour les millions de dollars de contributions aux campagnes électorales qui soutiennent le pouvoir sioniste en Amérique. Des rassemblements de colère dans les villes et villages d'Amérique alerteraient l'Américain moyen sur ce que sont réellement les folles entreprises impériales de l'Amérique à l'étranger.

Les Américains de tous horizons doivent être prêts à affronter leurs voisins juifs et à exiger d'eux qu'ils cessent de soutenir des organisations telles que l'Anti-Defamation League, l'American Jewish Committee, l'American Jewish Congress et toutes sortes d'opérations pro-israéliennes qui prospèrent aujourd'hui sur le sol américain.

Tout cela peut - et doit - se faire pacifiquement, c'est certain. Les Américains sont de bonnes personnes - des personnes non violentes - mais jusqu'à présent, ils ont eu peur d'affronter de front les fauteurs de troubles parmi nous. Cela ne peut plus durer.

Les Américains - y compris les Américains juifs de bonne foi qui sont prêts à défier leurs dirigeants autoproclamés - doivent faire pression sur les dirigeants et les complices du bloc de pouvoir sioniste et faire comprendre, sans ambiguïté, que les Américains doivent être prêts à se lever - unis - et à déclarer sans ambiguïté, une fois pour toutes, qu'il n'y aura PLUS de guerres pour ISRAËL.

Ce simple slogan, répété suffisamment de fois dans suffisamment d'endroits et devant suffisamment de personnes, expliquera - une fois pour toutes - quelle est la principale source de problèmes dans notre monde. Les gens devraient être prêts à dire tout simplement : "Au diable le lobby juif !

Le Golem nucléaire d'Israël est au centre de cette source de problèmes et donne à Israël l'autorité débridée de conduire ses affaires chez lui, dans les territoires occupés et dans ses relations avec ses voisins dans la région (et dans le reste du monde) d'une manière qui n'est pas conforme aux normes raisonnables du droit ou de l'éthique.

Dans un avenir assez proche, Israël et ses partisans devront reconnaître une simple réalité : ils sont en infériorité numérique. L'expérience sioniste en Palestine a échoué et la conséquence en est un monde en ébullition, résultat direct de quelque quarante années d'intervention des États-Unis au Moyen-Orient au nom d'Israël, pour sauver un État en faillite qui n'aurait jamais dû voir le jour.

À l'heure où nous écrivons ces lignes (juillet 2007), les Palestiniens sont en guerre entre eux - encore une fois à cause des intrigues israélo-américaines - et les Israéliens font à nouveau "semblant", laissant entendre qu'ils sont prêts à travailler avec la faction du Fatah parmi les Palestiniens pour parvenir à un règlement de la question palestinienne. Mais ceux qui connaissent l'histoire des Israéliens reconnaissent qu'il ne s'agit que de "plus de la même chose".

Israël doit être prêt à partager le pouvoir avec les autochtones chrétiens et musulmans de Palestine. L'époque d'un État exclusivement juif, avec une supériorité juive et un statut de second ordre pour les Palestiniens, doit prendre fin et le fera bientôt. La roue de l'histoire tourne de plus en plus vite dans cette direction.

Le monde civilisé doit être prêt à s'engager dans le démantèlement de l'arsenal nucléaire israélien et dans la mise en place d'un nouveau paradigme en Palestine, qui contribuera grandement à l'établissement d'une paix juste et qui garantira en grande partie la fin du conflit au Moyen-Orient qui tourne autour du Golem d'Israël. Autrement, il n'y a pas de doute : L'Amérique et le monde (y compris Israël) rouleront de plus en plus vite sur la route de l'Armageddon.

-MICHAEL COLLINS PIPER

Voici ce que le prisonnier d'opinion israélien Mordechai Vanunu, lanceur d'alerte nucléaire et plusieurs fois candidat au prix Nobel de la paix, a dit de Michael Collins Piper...

Au fil des ans, beaucoup de choses ont été écrites sur la créature connue sous le nom d'État d'Israël. La plupart de ce qui a été écrit sur Israël et accepté par les Occidentaux n'est pas vrai.

Israël a été dépeint comme un ami non menaçant de l'humanité, qui souhaite simplement vivre en paix avec le reste du monde. J'ai vu la bête de près et je peux vous dire que ce n'est pas le cas.

Seuls quelques individus sont assez courageux et honnêtes pour la dépeindre sous son vrai jour, et l'un d'entre eux est Michael Collins Piper dans ses livres tels que Final Judgment, The High Priests of War et The New Jerusalem".

À une époque de bouleversements idéologiques tsunamiques, où des propagandistes audacieux se livrent sans relâche à des efforts frénétiques pour réécrire les faits de l'histoire, Michael Collins Piper arrive pour défier ces tordeurs de vérité : le Voltaire américain, un penseur éclairé et un polémiste qui ne craint pas de se confronter aux dures réalités, le faisant avec élégance et verve.

Ces dernières années, Piper s'est imposé comme l'ambassadeur inégalé du mouvement nationaliste américain auprès des peuples de toute la planète : de Moscou à Abu Dhabi, en passant par Kuala Lumpur, Tokyo, Toronto et Téhéran.

En termes clairs, il a lancé un appel - un cri de ralliement - pour que nous nous unissions tous, que nous nous réappropriions notre héritage et que nous balayions la corruption du capital international et la force malveillante qui en découle, conduisant notre monde au bord de l'anéantissement nucléaire.

Le message de Piper est clair et net : les vrais Américains ne soutiennent pas le plan sioniste visant à exploiter la puissance militaire de l'Amérique pour conquérir le monde ; les bonnes gens qui s'opposent à l'imperium sioniste doivent mettre de côté leurs différences et serrer les rangs, unis pour la bataille finale.

Passionné, ne prétendant pas à l'impartialité, Piper identifie et fustige ceux qui manifestent des attitudes de haine ouverte à l'égard du nationalisme et de la liberté.

Ayant fait de l'écriture historique une forme d'art, Piper a peu de pairs. Il n'y en a pas non plus beaucoup qui disent la vérité au pouvoir comme Piper le fait si bien.

Le rabbin Abraham Cooper, du Centre Simon Wiesenthal, a déclaré que, parce que Piper critique Israël, il est "antiaméricain". En fait, le travail de Piper prouve précisément à quel point il est pro-américain.

>-RYU OHTA, président de la Société pour la critique de la civilisation contemporaine, basée à Tokyo (Japon)

Les médias du monde entier font l'éloge de Michael Collins Piper, mais les médias américains contrôlés le dénigrent...

En mars 2003, à la veille de l'invasion américaine de l'Irak, Michael Collins Piper, l'auteur de The New Jerusalem, était à Abu Dhabi, la capitale des Émirats arabes unis (EAU), en tant qu'invité du distingué Centre Zayed pour la coordination et le suivi, le groupe de réflexion officiel de la Ligue des États arabes. La conférence de M. Piper, qui portait sur la partialité des médias américains en faveur d'Israël, a fait l'objet d'une couverture médiatique très favorable dans la presse arabe et anglaise du Moyen-Orient (voir ci-dessus). En août 2004, M. Piper s'est rendu à Kuala Lumpur, la capitale de la Malaisie, où il s'est exprimé devant de nombreux industriels, intellectuels, avocats, journalistes, diplomates et autres, et a bénéficié d'une couverture médiatique locale similaire, directe et honnête (ci-dessous). En revanche, M. Piper a été violemment attaqué par les principaux médias américains dans son pays d'origine. Ce n'est pas une surprise, puisque Piper - critique des médias pour le journal indépendant American Free Press (AFP) - est un fervent défenseur des mesures visant à freiner la concentration croissante de la propriété des médias entre les mains d'un petit nombre de familles et d'intérêts financiers.

Comment j'ai découvert le problème d'Israël : depuis que j'ai commencé à écrire et à parler en public - il y a environ 25 ans, alors que j'avais encore une vingtaine d'années - on m'a demandé à plusieurs reprises (tant ici aux États-Unis que dans le reste du monde) comment j'étais parvenu à mon point de vue particulier, notamment en ce qui concerne la "relation spéciale" des États-Unis avec Israël. Il me semble approprié d'utiliser ce forum pour répondre à cette question pour ceux que cela intéresse.

Ayant toujours été intéressé par la politique depuis l'âge de sept ou huit ans, j'ai commencé par m'intéresser à l'histoire de la guerre civile. À partir de là, mon intérêt pour les affaires politiques américaines en général s'est développé.

Comme beaucoup de gens, j'ai cru au mythe selon lequel la politique se résumait à l'opposition entre démocrates et républicains et, plus tard, j'ai adhéré à la théorie selon laquelle il existait une réelle différence entre les "libéraux" et les "conservateurs".

En fin de compte, cependant, j'ai compris que la véritable différence se situait entre les nationalistes et les internationalistes et, en fin de compte, il m'est apparu clairement que la principale force de pouvoir - pratiquement incontestée - dans les affaires américaines était le rôle du lobby juif et l'agenda sioniste mondial. La façon dont j'en suis arrivé à cette conclusion a été un processus d'apprentissage en soi - et un processus très personnel.

Vous voyez, quand j'étais enfant - pendant la guerre du Viêt Nam - j'étais très opposé à la guerre parce que j'étais instinctivement anti-guerre. Puis j'ai fini par voir les effets de la guerre sur mon frère aîné, qui a été enrôlé et envoyé au Viêt Nam. Il est mort aujourd'hui. Il a survécu à la guerre du Viêt Nam, mais il ne s'est jamais complètement remis de l'impact physique et psychologique de la guerre. Ce livre - Le Golem - est en partie dédié à mon frère. Malheureusement, il n'était qu'une des nombreuses victimes de la guerre.

Et pourtant, ironiquement - si je dois dire toute la vérité, et je le ferai - mon frère était un fervent partisan de la politique de George W. Bush. Comme beaucoup de bons patriotes américains, mon frère - un conservateur traditionnel - s'est laissé prendre par la propagande sioniste de Fox News et d'autres médias "conservateurs" répandus aujourd'hui.

À certains égards, mon frère rejetterait probablement les fondements de ce livre, ne serait-ce que parce que sa thèse va tellement à l'encontre de la ligne de propagande qu'il a fini par accepter au cours de sa trop courte vie.

Quoi qu'il en soit, étant très, très anti-guerre, j'ai commencé à étudier la politique étrangère des États-Unis.

À l'âge de 16 ans environ, j'en étais arrivé à la conclusion que le principal baril de poudre - le principal problème - de la politique étrangère des États-Unis était le Moyen-Orient. Et c'était précisément - je l'ai déterminé - à cause du soutien inconditionnel des États-Unis à Israël.

En conséquence, je pense que nous avons été victimes des attaques terroristes du 11 septembre. Quel que soit le responsable du 11 septembre - et je pense qu'Israël est le principal instigateur du 11 septembre, un sujet que je vais aborder dans le cadre de la présente conférence -, je pense qu'il n'y a pas de raison de s'inquiéter.

A Reflective Essay by Michael Collins Piper to explore in a forthcoming book - the bottom line is that the 9-11 tragedy was a direct outgrowth of the U.S.

involvement in the Middle East, specifically, U.S. favouritism for Israel. Même si, comme le prétend George Bush, des musulmans radicaux sont responsables des attentats du 11 septembre, ceux-ci sont toujours liés à l'attitude partisane des États-Unis à l'égard d'Israël.

Il y a des années et des années, j'ai dit à qui voulait l'entendre que les États-Unis finiraient par être victimes d'une attaque terroriste du monde musulman en raison de notre politique au Moyen-Orient, et bien que les États-Unis aient été victimes d'une attaque terroriste massive, je ne crois pas - comme je l'ai dit - que les musulmans en soient responsables.

Mais dans un certain sens, j'ai été justifié, du moins si l'on croit les mensonges de George W. Bush. Et beaucoup de bons Américains croient à ces mensonges. Mais ils semblent incapables d'établir un lien entre cette soi-disant "attaque terroriste musulmane" et les politiques corrompues du gouvernement américain dans la conduite de la politique étrangère de notre pays.

Aujourd'hui, bien sûr, nous nous sommes retrouvés embarqués dans cette guerre en Irak. Et si les sionistes et les politiciens qu'ils contrôlent, comme George W. Bush, parviennent à leurs fins, nous entrerons en guerre contre l'Iran.

Inutile de dire que, comme je l'ai toujours dit, la politique américaine au Moyen-Orient est fondée sur le mensonge, l'intimidation et la politique du deux poids, deux mesures : La seule constante de la politique américaine au Moyen-Orient est qu'elle est basée sur le mensonge, l'intimidation et la politique du deux poids, deux mesures. Cette politique doit être (texte manquant ?) En raison de mon intérêt pour le Moyen-Orient, j'ai évidemment beaucoup lu sur le sujet et j'ai découvert qu'il y avait un aspect de la politique américaine au Moyen-Orient qui était à peine exploré dans les documents publiés sur le sujet : le fait que John F. Kennedy était engagé dans une guerre secrète en coulisses avec Israël, tentant d'arrêter les efforts incessants d'Israël pour construire des armes nucléaires de destruction massive.

Ayant toujours été intéressé par l'assassinat de JFK, j'ai rapidement découvert, au cours de mes propres recherches, qu'il y avait de bonnes raisons de croire qu'Israël avait effectivement joué un rôle majeur dans ce crime qui a eu un impact si profond sur le cours de la politique américaine à l'égard d'Israël et du monde arabe.

La publication de mon propre livre sur l'assassinat de JFK, Final Judgment, m'a conduit à approfondir mes recherches dans le domaine de la politique étrangère des États-Unis et, en conséquence, mes livres ultérieurs relatifs au problème d'Israël et à son impact sur notre monde ont commencé à se matérialiser. Franchement, je pense que mon œuvre résistera à l'épreuve du temps.

En temps voulu, grâce à mes efforts, j'ai eu l'occasion de voyager dans des endroits où je n'aurais jamais espéré aller et de rencontrer de nombreuses personnes de qualité partout sur cette planète qui partagent mes préoccupations. En conséquence, je suis convaincu, aujourd'hui plus que jamais, qu'il y aura une solution finale au problème d'Israël.

UNE LETTRE DE L'AUTEUR ...

MICHAEL COLLINS PIPER

Chère lectrice, cher lecteur :

L'influence pernicieuse du sionisme dans le monde d'aujourd'hui n'est pas près de disparaître. À cette époque de l'histoire mondiale, le sionisme reste la principale influence qui façonne le cours des affaires humaines.

Dans les pages du GOLEM, nous avons vu comment l'État d'Israël, grâce à son arsenal nucléaire d'armes de destruction massive, a atteint le statut de superpuissance.

Ce que nous avons exploré n'est que la proverbiale partie émergée de l'iceberg et les dangers augmentent de jour en jour. Nous ne pouvons pas laisser la situation s'aggraver.

Au quotidien, vous devez communiquer à vos amis et à vos voisins les informations contenues dans ce livre. Vous devez expliquer à toutes les bonnes volontés que tant que le problème de l'arsenal nucléaire israélien n'est pas résolu, il n'y a aucun espoir d'arrêter le terrorisme, de ramener la paix au Moyen-Orient, de remettre les États-Unis sur les rails et de s'occuper de leurs propres problèmes intérieurs, plutôt que d'essayer de jouer les gendarmes du monde.

Vos cartes, appels, courriels et lettres sont très encourageants et toujours appréciés, en particulier vos critiques constructives de mon travail.

Meilleurs vœux et que Dieu vous bénisse !

MICHAEL COLLINS PIPER

C'EST MICHAEL COLLINS PIPER ...

Il ne fait aucun doute que Michael Collins Piper est l'une des principales cibles du lobby israélien aujourd'hui...

Qualifié de "Voltaire américain", Michael Collins Piper est véritablement l'auteur que le lobby israélien adore détester. Attaqué à plusieurs reprises par les propagandistes d'Israël, Piper ne se laisse pas abattre, même si sa vie a été menacée par Irv Rubin, chef violent de la Ligue de défense juive, une organisation terroriste. Un jour, après avoir découvert que son téléphone était sur écoute, Piper a ironisé : "Ce n'est pas le Vatican qui a mis cette écoute sur écoute".

Dans le style de son arrière-arrière-grand-père combatif et haut en couleur, le célèbre constructeur de ponts "Colonel" John Piper - père de substitution et premier partenaire commercial du géant industriel Andrew Carnegie -, l'auteur au franc-parler se réjouit de toute occasion de confronter ses nombreux détracteurs, bien que ceux-ci refusent généralement de débattre avec lui.

Comme son ancêtre, Piper est un bâtisseur de ponts à sa manière : Ces dernières années, il a donné des conférences dans le monde entier, dans des lieux aussi divers qu'Abu Dhabi (Émirats arabes unis), Moscou (Russie), Kuala Lumpur (Malaisie), Tokyo (Japon), Téhéran (Iran) et dans tout le Canada. Les partisans de la guerre et de l'impérialisme à l'esprit policier ont été troublés par les efforts énergiques de Piper pour forger des liens de compréhension entre les peuples de toutes les croyances et de toutes les couleurs.

Amoureux des chiens, des chats et de tous les animaux, progressiste américain à l'ancienne dans la tradition de LaFollette-Wheeler, Piper rejette les étiquettes "libéral" et "conservateur" qu'il considère comme archaïques, artificielles et source de division, manipulant les mots à la mode des médias conçus pour supprimer la dissidence populaire et le libre examen. À une occasion, Piper s'est vu offrir une mission lucrative dans une opération secrète de renseignement en Afrique, mais il l'a refusée, préférant son indépendance - une position en accord avec son héritage ethnique : un autre des arrière-arrière-grands-pères de Piper était un Amérindien de plein sang.

Puisant une grande partie de ses écrits dans sa bibliothèque de quelque 10 000 volumes, dont de nombreux ouvrages rares, Piper contribue régulièrement à l'American Free Press, l'hebdomadaire national basé à Washington, et à la revue historique The Barnes Review. Un critique des médias a salué M. Piper comme l'un des 25 meilleurs écrivains sur l'internet. En 2006, M. Piper a commencé à animer un commentaire radio nocturne sur le réseau Republic Broadcasting Network à l'adresse republicbroad-casting.org sur l'internet.

Tout au long de sa carrière, M. Piper a ouvert la voie à plusieurs histoires majeures. En 1987, il a été le premier à révéler le coup monté par le ministère de la justice contre Budd Dwyer, trésorier de l'État de Pennsylvanie, qui a conduit au suicide public choquant de ce dernier. Piper a également été le premier à révéler que Roy Bullock, basé à San Francisco, était un agent de la Ligue anti-diffamation (ADL), un intermédiaire du Mossad israélien, impliqué dans l'espionnage illégal de citoyens américains. Cela s'est passé sept ans avant que le New York Times ne confirme le lien de Bullock avec l'ADL. L'ADL ne pardonnera jamais à Piper le rôle essentiel qu'il a joué en première ligne pour démasquer Bullock.

Piper a été le seul journaliste à oser affirmer que l'attentat d'Oklahoma City était une opération "false flag" du Mossad visant à impliquer Saddam Hussein - un projet déraillé par les enquêteurs américains qui ont rejeté les machinations d'Israël, optant à la place pour une autre "dissimulation de fou solitaire". Le travail de pionnier de Piper sur le rôle d'Israël dans le 11 septembre a été repris par les chercheurs de vérité et condamné par les défenseurs d'Israël pour son exactitude.

Autres titres

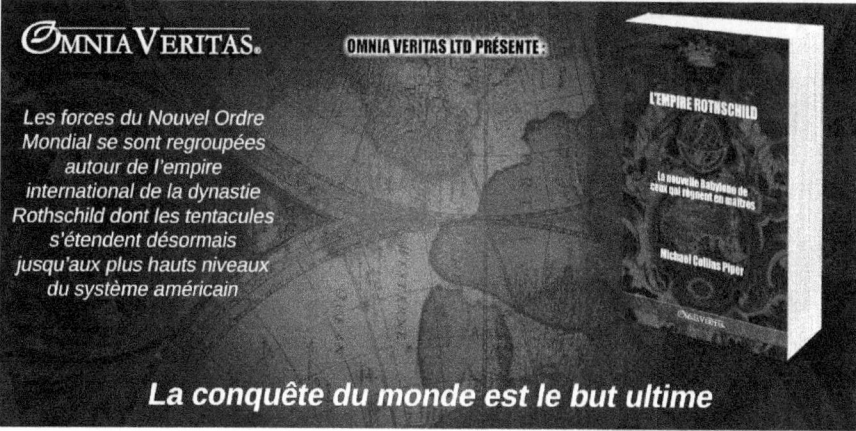

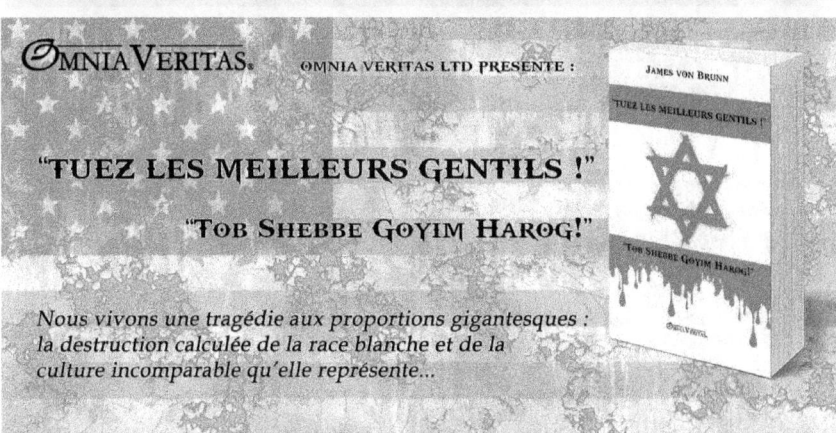

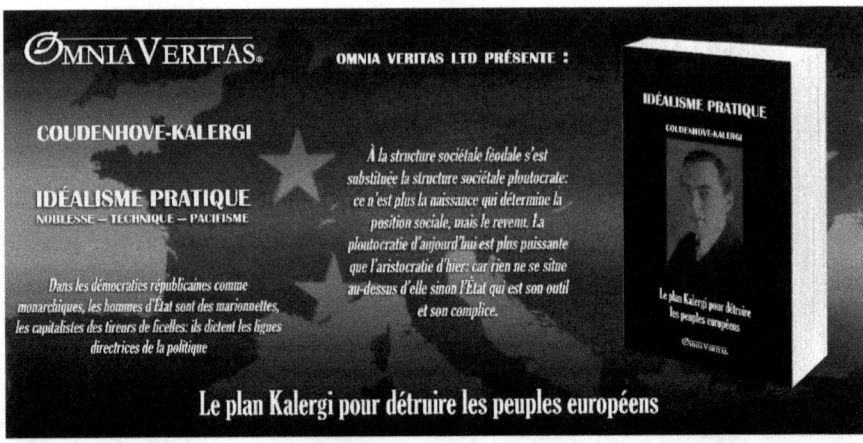

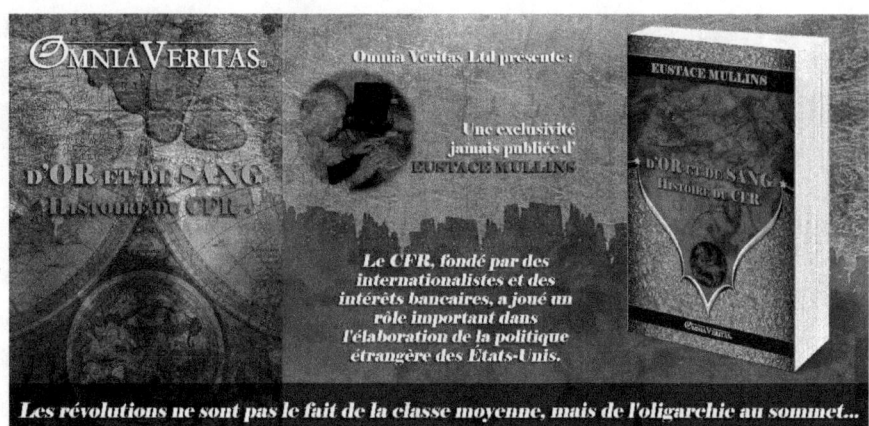

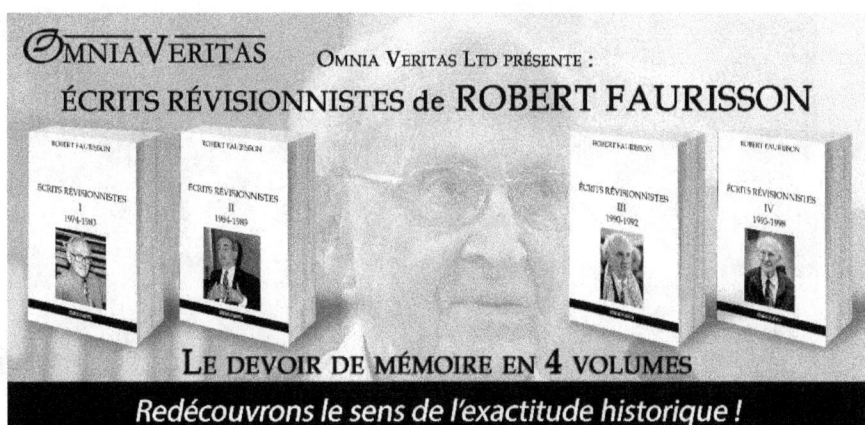

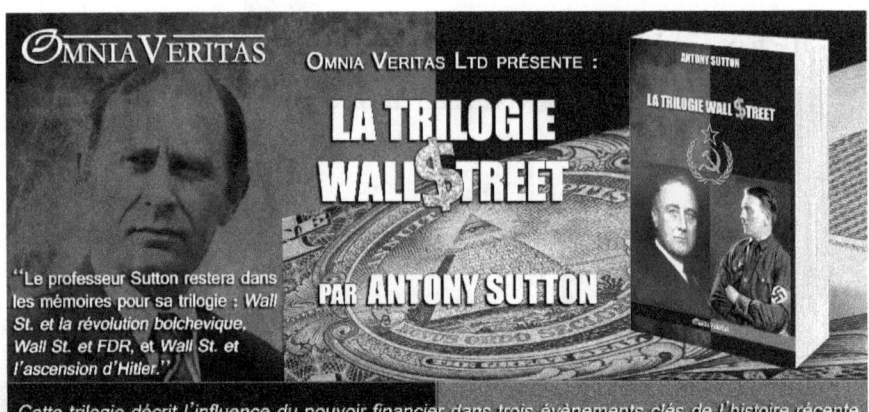

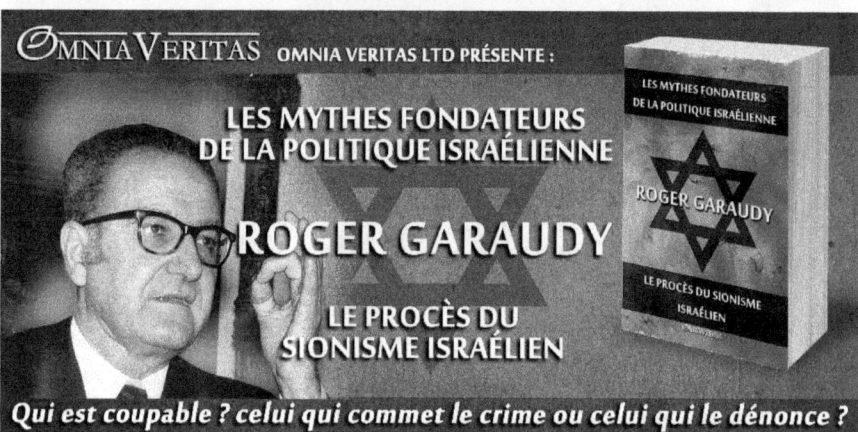

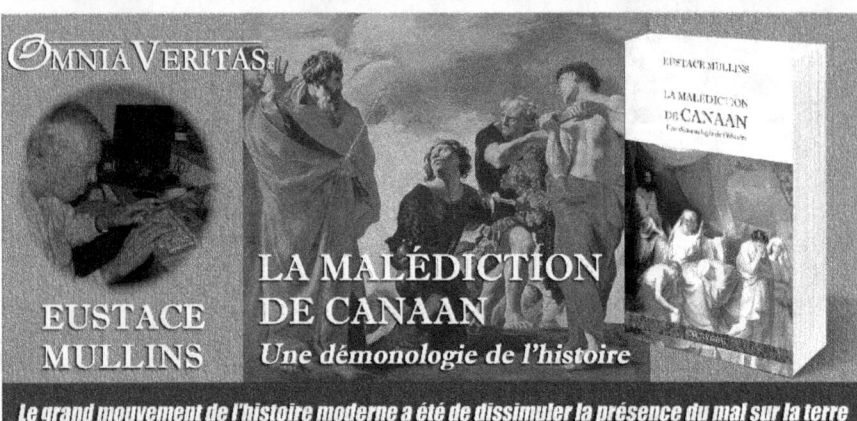

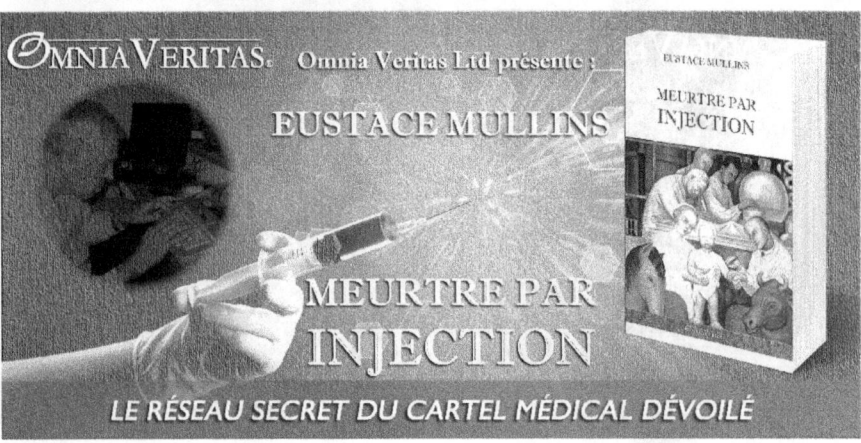

www.ingramcontent.com/pod-product-compliance
Lightning Source LLC
Chambersburg PA
CBHW050138170426
43197CB00011B/1881